教育部人文社会科学研究青年基金项目（编号：2

汉语自闭症儿童语用发展能力的评估与干预研究

Evaluation and Intervention of Pragmatic Competence for Chinese Autistic Children

■ 程璐璐　著

上海外语教育出版社
外教社　SHANGHAI FOREIGN LANGUAGE EDUCATION PRESS

图书在版编目(CIP)数据

汉语自闭症儿童语用发展能力的评估与干预研究 /
程璐璐著. -- 上海：上海外语教育出版社，2022
　　ISBN 978-7-5446-7391-4

　Ⅰ.①汉… Ⅱ.①程… Ⅲ.①孤独症－儿童语言－研
究 Ⅳ.①G766

中国版本图书馆CIP数据核字(2022)第202364号

出版发行：**上海外语教育出版社**
　　　　　（上海外国语大学内）　邮编：200083
电　　话：021-65425300 (总机)
电子邮箱：bookinfo@sflep.com.cn
网　　址：http://www.sflep.com
责任编辑：奚玲燕
印　　刷：上海宝山译文印刷厂有限公司
开　　本：635×965　1/16　印张 19.5　字数 300千字
版　　次：2023年1月第1版　2023年1月第1次印刷
书　　号：ISBN 978-7-5446-7391-4
定　　价：60.00元

本版图书如有印装质量问题，可向本社调换
质量服务热线：4008-213-263　电子邮箱：editorial@sflep.com

　　本研究得到教育部人文社会科学研究青年基金项目"汉语自闭症儿童语用发展能力的评估与干预研究"（20YJC740008）的资助，谨致谢忱！

目录

IV

第一章

研究缘起

笔者第一次深入接触自闭症谱系障碍儿童(以下简称"自闭症儿童")是在 2017 年初夏的佳木斯大学附属第三医院。看着本应该天真烂漫的他们缺少了快乐与灵动,一股心酸涌现心头,我心中暗想:应该为这一群体做点有意义的事。

语言,作为言语行为的社会部分,是儿童探索世界的工具。然而,对于自闭症谱系障碍(以下简称"自闭症")儿童而言,这种优势却被剥夺了。事实上,社会交往技能是维系良好人际关系的核心,是儿童社会化发展的有力佐证。自闭症儿童的核心问题是社会交往技能缺失。相关的诊断标准,比如 DSM‐V(美国精神病学会的美国精神疾病分类与诊断标准),也有对自闭症儿童社会交往技能障碍的阐述。与一般障碍不同的是,自闭症儿童的社会交往技能障碍是一种实质性的障碍,这种障碍不但会对自闭症儿童形成一定的发展障碍,更会对其建构社会意义产生一定的影响,从而使自闭症儿童生活在自己的世界之中。

社会交往技能往往通过语用学进行考察。Sperber & Wilson(2005:468)指出,语用学是研究语言使用的学科,确切地说,是研究语境因素如何与语义作用从而影响话语解读。自闭症儿童的语用困难通常表现为有限的社会互动以及社会交往技能较差(2011:175)。这种较差的社会交往技能是自闭症儿童的三大症状之一,也是自闭症儿童的主要核心特征(周念丽,2011:81)。可以说,社会交往障碍的确是自闭症儿童的最主要问题,也是评价自闭症儿童语用发展能力的一项重要指标。在交往过程中,自闭症儿童根据不同的语境适时调整自己的语言形式表达交际意图,实现交际目的。

相关研究提示,多数自闭症儿童在婴幼儿时期就已凸显出社会交往困难。无论如何取悦自闭症儿童,他们也毫无表情,并回避他人的目光。1~1:1岁①时,他们的症状逐渐凸显。即便是对自己身边亲近的家人,自闭症儿童也会对他们没有任何愉快的反应。直到2~3岁后,自闭症儿童通常表现为缺乏与他人主动交往的倾向(周念丽,2011:81)。即使在与同伴玩游戏时,他们也是喜欢自顾自地玩耍。虽然自闭症儿童具有亲近小伙伴的倾向,但是由于其语用发展能力较差且缺乏必要的社会交往技能,因此难以传递语用目的。

综上所述,自闭症儿童具有语言发育迟缓及社会交际障碍等问题,对自闭症儿童展开研究并从语用学相关理论出发结合心理学、言语病理学、神经语言学等学科知识揭示其语用问题的形成原因及分类标准,为自闭症儿童的语用障碍评估量表的研制提供理论依据,在此基础上提出干预或教育建议,为今后相关研究以及自闭症儿童语言能力全面评估及提高其社会交往能力提供参考及借鉴。

---

① 表示1岁零1个月。

第二章

自闭症儿童语用障碍研究理论背景

第一节 核心概念界定

一、自闭症谱系障碍的基本概念

自闭症谱系障碍（Autism Spectrum Disorders，简称 ASD），又被称为广泛性发展障碍（Pervasive Development Disorders，简称 PDD），可能是世界上发病率增长最快的疾病之一，全球发病率较高（Levy *et al*.，2009；Baio *et al*.，2018；Traut *et al*.，2018），严重影响自闭症谱系障碍儿童的语言能力（Elsabbagh *et al*.，2012；Lombardo *et al*.，2015；Sanchack & Thomas，2016；Lord *et al*.，2018）。语言发育受损也使自闭症谱系障碍人群处在一条残疾的轨道上。更进一步而言，与语言相关的异常神经活动影响自闭症谱系障碍人群的交流能力（Bookheimer，2002；Bennett *et al*.，2008；Green *et al*.，2010；Pickles *et al*.，2014）。这一现象目前备受国际学界关注。据不完全统计，每 2 000 名儿童中就有 1 名儿童患有自闭症谱系障碍。此外，男童女童患儿的比例为 5∶1。这种障碍对儿童的言语、非言语行为以及社会化过程造成负面影响。一般而言，患儿在 3 岁前起病（王梅、张俊芝，2007），2～5 岁是患儿的临床特征表现最为凸显的阶段。事实上，患儿在 6 个月时已显现出某些症状，并在 30 个月时凸显无疑。这也是医学界诊断儿童是否患有自闭症谱系障碍的最佳时期。自闭症谱系障碍具体表现为患儿的人际交往、社会化过程具有缺陷，行为较为反复与刻板，喜欢拘泥于某一感觉体验，难以适应环境的变化和日常生活规律的打破（周念丽，2015：1）。此外，他们的兴趣受限，感觉过度（American Psychiatric Association, 2013）。自闭症谱系障碍主要包括阿斯伯格症以及卡纳型自闭症、非典型自闭症、雷特（Rett）综合征以及童年瓦解性精神障碍。

阿斯伯格症得名于德国的儿童医生汉斯·阿斯伯格（Hans Asperger）。他在 1944 年基于亲身观察，报告了 4 例具有社会交际障碍等神经系统发育障碍的自闭症谱系障碍儿童。之后，该类儿童便被称为"阿斯伯格症患儿"。阿斯伯格症患儿多为男孩，且在 7 岁左右表现显著。由于阿斯伯格所呈现的该类儿童特点并未表现出显著的智力落后以及语言表达能力等问题，认知发育趋于正常。更具体地说，他们在早期语言发展方面没有出现明显的临床延迟①，只是在社会交际方面具有困难且性格较为固执、兴趣狭隘，这似乎与自闭症谱系障碍儿童的表现类似。此外，他们在动作行为的协调性方面表现不佳，因此阿斯伯格症患儿通常被认为只是性情孤僻或少不更事而被忽视，属于自闭症谱系障碍症候群中表现较轻的一类。但值得注意的是，阿斯伯格症患儿攻击行为发生的频率较自闭症谱系障碍儿童要高得多。在最新一版的《精神疾病诊断与统计手册》（DSM‐Ⅴ，美国心理协会，2013 年）中，阿斯伯格综合征作为高功能自闭症的一个变体被列入自闭症谱系，因为这两个亚群的语言技能在成年期往往是无差异的。

卡纳型自闭症儿童由美国医生卡纳在 1938 年最先提出，此后其通过观察 10 名左右具有交际困难却又记忆力惊人的儿童，将上述症状命名为"情感接触的自闭症障碍"（Autistic Disturbances of Affective Contact）②。他们的主要表现为：① 难以与他人发展人际关系；② 言语发育较迟或较好的语言能力出现退化或丧失现象；③ 具有刻板行为；④ 不具有想象力；⑤ 机械性记忆较好；⑥反复进行刻板的机械操作行为；⑦ 生理外表正常。

---

① 根据美国精神病学协会（2000）的研究，儿童在 2 岁时不能说出孤立的单词，3 岁时不能说出句子，就属于语言迟缓。

② 这一概念的翻译来自台北师范学院特殊教育学系助理教授杨宗仁所发表的论文。该论文发表于《花莲师院特教通讯》，2002 年，第廿一及廿二期（合订本），第 49‐53 页。

而卡纳型自闭症儿童看起来极其孤僻与冷漠,少言寡语或基本缺少语言表达以及社会交往能力且行为刻板而机械,该类儿童往往智力落后。此外,卡纳型自闭症儿童中的高功能自闭症儿童,其智商在 75 以上,并未表现出明显的语言障碍,这种情况与阿斯伯格症儿童非常相似,难以将他们进行区分。鉴于此,Lona Wing 在 1981 年提出了"自闭症谱系障碍"这一概念,以便包含上述两种类别的患儿。目前,这一概念的提出已获世界范围内诸多儿童心理发展与特殊教育领域专家学者的共识。由此,凡是在社会交往层面出现障碍且在行为和兴趣方面存在反复性与固执性的,均可列为自闭症谱系障碍(周念丽,2015:3)。然而,这一概念过于宽泛,目前医学界诊断自闭症谱系障碍儿童选用的是《国际精神行为障碍分类诊断标准(第十版)》(*International Classification of Mental and Behavioral Disorder Diagnostic Criteria for Research*,10th)以及《精神疾病诊断与统计手册》(*Diagnostic and Statistic Manual of Mental Disorders*,简称 DSM - IV)。此外,自闭症行为量表(Autism Behavior Checklist,简称 ABC)、自闭症诊断访谈量表(Autism Diagnostic Interview,简称 ADI)、克氏行为量表(Clancy Autism Behavior Scale,简称 CABS)等测量工具也被用来对自闭症谱系障碍儿童的看护人进行调查,或通过研究者的观察进而对自闭症谱系障碍儿童予以筛查与诊断。然而,上述测量工具还存在诸多问题,如尚未根据自闭症儿童的年龄细化分类以及提供统一的标准,也并未根据具体的相关情况制定干预策略。无论何种测量工具,均将缺少互动、语言障碍、行为刻板等表现视为自闭症谱系障碍的显著标志性特征。

非典型自闭症多见于 3 岁后,属于弥漫型发育障碍。其与自闭症的最主要区别为发病年龄较晚,不满足自闭症的诸多诊断标准,如交际异常、社会交际障碍、兴趣局限且刻板重复等。该类型儿童多数为发育严重滞后,或具有某种特定的感受性言语发育障碍。

雷特(Rett)综合征是比较罕见的渐进性脑病,属于严重制约儿童精神运动发育的疾病。发病者中女孩较多,表现为各个方面的进行性智力低下,也具有自闭症行为特点。患儿双手失用,会出现双手漫无目的的反复刻板行为,如不断摩擦双手、搓手、咬手、绞手等。此外,患儿不具有精细化运动能力,步幅不稳导致行动困难,共济失调。同时,即使他们之前已具有一定的语言表达、理解、运用等能力,这些能力也会逐渐丧失,以至于难以同他人进行正常交流,而仅能面带微笑地注视着他人。

6

童年瓦解性精神障碍,又被称为"Heller 综合征"(婴儿痴呆:Dementia Infantilis),分属于广泛性发育障碍的亚类型,一般常见的发病儿童年龄为 2～3 岁,其症状不超过半年就会非常显著,但不具有性别差异。患儿的表现为以前所具有的语言能力、社会能力甚至是生活自理能力都会瞬间不复存在,对任何事情均提不起兴趣,而无目的性趋势较为明显,且常常处于兴奋状态。与之形成对比的是,在 2 岁之前,儿童的语言和社会交际等处于正常发育状态。但是在发病之前,他们的征兆为易怒、焦虑、烦躁,甚至还会出现不同层次的自残行为,进而其语言能力会逐渐丧失,运动能力也不断退化。然而,有时上述情况会出现好转。患儿通常在 1～2 年内会发展到完全痴呆的程度,但面部表情还属正常,也没有出现神经系统异常体征。通常患儿会在几个月内,多则几年内死亡。可以说,童年瓦解性精神障碍与成人痴呆病非常接近,不同的是,该病所导致的功能丧失在不久后会有不同程度的恢复情况。与自闭症较为类似,虽然该病也会出现语言或社会化的损伤,但没有出现智力减退的情况。如果有患儿因为伴随脑病导致童年瓦解性精神障碍,则需进行结合诊断。

同时,我们根据自闭症程度以及智商高低将自闭症障碍儿童划分为高功能自闭症和低功能自闭症。

一般认为,智商发育属于正常范围,即≥70,具有一定的语言及认知能力,可以与他人进行情感交流,不存在脑器质性病变及癫痫病等,为高功能自闭症;如果智商低下,且难以使用语言及非语言方式传递交际意图,沟通具有严重障碍,则为低功能自闭症(王淑荣,2015:3)。

二、自闭症谱系障碍的致病机理

自闭症谱系障碍属于一种复杂的遗传性症候群以及精神发育类疾病,是世界范围内不利于儿童身心健康发展的难题之一。到目前为止,自闭症谱系障碍的致病机理在世界医学界仍属无解之题。尽管自闭症谱系障碍的致病机理尚未明确,但近年来关于这一方面的研究却从未停歇,主要集中于遗传因素、环境因素、神经生物学因素、免疫系统因素以及围产期因素等。

(一) 遗传因素

行为遗传学研究发现,自闭症谱系障碍具有高遗传率。对有自闭症谱系障碍患儿的家庭进行研究发现,如果家庭中有 1 名自闭症儿童,其兄弟姐妹患自闭症谱系障碍的概率为 2%～6%[1],是正常人群发病率的 50～100 倍,这也说明遗传因素已成为儿童自闭症发病的重要因素之一。自闭症谱系障碍属于一种遗传生物缺陷疾病,与多个染色体诸多基因变异相关。研究者通过连锁分析以及关联分析法探索导致自闭症谱系障碍的具体基因。通过连锁分析法,Wassink 等的研究显示自闭症谱系障碍群体在 4 个染色体区域(1q、13p、16q、Xq)上存在连锁现象;在 2 个染色体(7q、13q)上存在连锁的现象逐渐减少;通过关联分析法,Anderson 等对 400 多名自闭症谱系障碍儿童家庭基因分型进行研究,发现第 11 号染色体上的基因 HTR3A 的标记与自闭症谱系障碍具有显著关联。[2] 目前,研究者认为第 21 号染色体上的 DYRK1A 基因是辨别自闭症谱系障碍的候选基因之一,因为自闭症谱系障碍群体已被检测到其 DYRK1A 基因的突变,即发现两个无义突变 R205X、E239X 对蛋白质功能造成了影响。但是该基因与自闭症谱系障碍之间的关联度尚未达成共识。[3] 由此可见,遗传因素的致病机理尚不明确。

(二) 环境因素

相关研究显示,父亲从事体力劳动过多[4]、家庭关系不和谐、家族有神经疾病史、母亲性格较为内向、母亲的生育年龄大于 35 岁[5]等家庭因素以及受重金属污染、孕前及孕期不良因素接触以及羊膜早破、新生儿患有不可逆损伤的脑疾病、婴幼儿过早接触电子产品、人工喂养婴儿等外部环境因素均会提高自闭症谱系障碍出现的风险。不良的环境因素对儿童的语言、行为等层面产生的障碍显著增加,然而至今尚未有研究表明上述任何一种因素与自闭症谱系障碍的发病直接相关。

---

[1] 李晶,林珠海,朱莉琪.孤独症谱系障碍的遗传基础与神经机制 [J].生物化学与生物物理进展,2012(10):953-954.

[2] 同上.

[3] http://news.sina.com.cn/o/2017-02-16/doc-ifyarrcc7335657.shtml.

[4] 马新歌.自闭症儿童语言障碍问题的个案工作介入 [D].南昌:江西财经大学,2018.

[5] 吉洋,柳晓琳,于阔.孤独症谱系障碍发病影响因素 [J].中国实用儿科杂志,2016(1):62.

（三）神经生物学因素

越来越多的研究者探索大脑不同区域活动以及脑功能异常与自闭症谱系障碍交际功能之间的关系。美国神经生物学相关研究者认为自闭症谱系障碍儿童语言模仿功能欠佳是由于某种镜像神经元的异常造成的。还有研究报道自闭症谱系障碍儿童的认知能力欠缺与多巴胺、五羟色胺、肾上腺素等神经传导递质有关。而杏仁核发育的早期异常往往会导致自闭症谱系障碍儿童在社交层面存在障碍（Baron-Cohen，Ring & Bullmore *et al.*，2000：355）。此外，自闭症谱系障碍儿童的前扣带回的白质、总体积以及静息新陈代谢率均有递减的趋势，且左前扣带回区域的葡萄糖代谢与其言语和非言语交际具有相关性。

（四）免疫系统因素

一些研究表明，免疫系统出现障碍或许与自闭症的产生存在某种关联，但具体作用机理众说纷纭，莫衷一是。其主要观点有病毒感染说、自身免疫因素以及免疫接种因素。

病毒感染说认为，人类的免疫系统往往会受到某些药物、微生物或重金属的刺激，使妊娠期母亲及其胎儿体内的诸多成分发生改变。① 这样，对于免疫功能缺失的个体，其在胎儿期或新生儿期感染病毒的概率增加。同时，胎儿自身的免疫系统会受到母亲体内免疫水平的影响。而该病毒会造成他们的中枢神经系统的永久性紊乱，进而导致自闭症的产生。

自身免疫因素认为，相对于正常人群而言，自闭症谱系障碍人群脑部组织的免疫反应更为活跃，主要体现在小脑区域（Pardo，2004）。此外，相关研究还表明，自闭症谱系障碍人群的脑脊液内的细胞激素水平也比正常人群偏高，诸多迹象显示，自闭症谱系障碍人群的大脑以及小脑区域具有炎症。

持免疫接种观点者认为，接种疫苗或许与自闭症症状相关。由于学龄前儿童的免疫系统发展尚未完善，疫苗中的病毒很可能启动其体内自

---

① Short，S. J.，G. R. Lubach & A. I. Karasin *et al.* Maternal influenza infection during pregnancy impacts postnatal brain development in the rhesus monkey［J］. *Biological Psychiatry*，2010，67(10)：965 – 973.

身免疫系统应答机制,从而诱发自闭症的产生。但近来的研究成果驳斥了这一观点,因为与不接种疫苗的儿童相比,接种疫苗的儿童患自闭症的比例并无显著性差异。

(五)围产期因素

与自闭症相关的孕产期高危因素有病毒感染、发烧、吸烟、精神抑郁、服药、剖宫产、患儿早产、患儿在出生时体重偏低、产伤、呼吸窘迫综合征、先天畸形等(刘学兰,2012)。过往研究认为围产期因素可以导致自闭症,但目前的研究却发现,围产期因素并非导致自闭症的直接诱因,只是增强了遗传因素的易感性,从而提高了自闭症发病的危险性。

尽管自闭症的病因纷繁复杂,但遗传因素和神经生物学因素的阐释在学界获得了较多的认可。随着对自闭症致病机理研究的不断深入,相信其他致病因素也会取得更加明确的进展。

三、自闭症谱系障碍儿童的心理发展特点

(一)自闭症谱系障碍儿童的语言特点

自闭症谱系障碍儿童(以下简称"患儿")语言能力发展迟缓,其表达与理解均存在问题。更进一步来说,他们开口说话的年龄也较迟,甚至有1/4~1/2的患儿也许终生不能开口说出完整的话语,而只能用其他替代方式表达交际意图,如通过哭喊或肢体语言等。但当患儿的意图由于无法被正确解读而难以实现时,他们通常会表现出情绪上的过激行为。对于有些患儿,他们还存在构音或声音障碍。构音障碍指的是患儿在说话过程中会将某些音素遗漏、替换或增添某些音素,从而造成言语异常。而声音障碍意指患儿声音的音量、音调、音质等出现异常。对于语义层面,虽然患儿具有一定的词汇量,但由于他们的思维模式较为单一,因而在词汇提取方面较为困难。在语法层面,患儿会出现一些语序颠倒的句子,比如他们会将"我把手表弄丢了"说成"手表弄丢了我"。就语用层面而言,患儿主动发起会话能力较弱,且难以将自身的感受通过语言加以传递。通常来说,他们只是自顾自地说话,较难考

10

虑受话人的实际需求,不能完成较为复杂的人际交往任务。即使患儿意图表达自己想要某样东西,也不知如何与他人进行沟通、交流。由此认为,患儿尚未掌握如何将语境与话语相结合的技巧,在话语理解、连续讲述以及关切主题方面均存在问题。

同时,患儿的语言特点还有"鹦鹉式学舌",如模仿他人刚才所说的话语,语句乏味、空洞,没有实质内涵,缺乏交际意义。关于模仿语言,存在以下类型:一是即时模仿,比如你问患儿:"你几岁了?"患儿也会说:"你几岁了?"二是延迟模仿,即将过去听到的句子嫁接过来,但是此句子却与会话主题不甚相符,给人一种不知所云之感。比如,当说话人谈论关于"喜欢的食物是什么"这一话题时,患儿会突然背诵起乘法口诀表。事实上,患儿并不是故意转移话题,只是突然在一定外界或生理状态的刺激下激活了相关记忆。

关于人称代词,患儿对该类代词的使用还处于混乱状态,最为典型的是他们难以正确区分出"你""我""他"等。比如,当幼儿园老师对患儿说"你爸爸来了"的时候,他认为"你"指代的就是自己,由此在今后的话语中就用"你"来指代自己。比如,患儿饿了时不说"我饿了",而是说"你饿了"。虽然,某些患儿意识到自己所说的是错误的,但是却不知道是哪里出了问题。因此,他们在说话时为了避免出错,不再使用代词,而是以全名来代替。

(二)自闭症儿童的行为特点

通常来说,人们除了借助言语进行交际,还会使用非言语行为进行沟通,比如,借助面部表情、模仿、手势指示、给予物品、展示物品等方式进行交际。患儿在理解以及使用非言语行为时具有障碍。当患儿想得到某件物品时,他们往往会拉着成人的手,并将他们的手放在想要得到的物品上面。此外,患儿还会出现不适切的行为表现,比如,对他人不理不睬、听而不闻、干扰他人的生活或随意闯进他人的活动之中、在公众场合做不当行为等。与此同时,多数患儿会出现刻板行为,他们通常会坚持生活中的某些细节而拒绝改变,比如,从家到学校一定要走同一条路线;柜子里的衣服一定要按照他们的习惯进行摆放;只喝同一品牌的牛奶;长时间摆弄同一物品而乐此不疲;等等。如果将他们的习惯强制打破,患儿会出现焦躁不安等情况,某些患儿还会出现不停地晃动身体或头部、不停地原地旋转、不断地绕圈等现象。有研究认为,患儿重复相同的行为是为了满足自身的心理或感官需求。这些重复性的行为并没有社会意义,甚至对正常的学习和生活都会有一定的干扰。

(三) 自闭症儿童的认知特点

首先,患儿的注意力有缺陷。他们较少将自己喜爱且感兴趣的物品展示给他人,同时缺少与他人分享喜爱之物的乐趣。此外,患儿难以用眼神与他人交流,且不能跟随他人的手势指示去注视某一物体。患儿注意力的稳定性和选择性都有问题,难以掌控并灵活调控自己的注意力。有时,患儿的注意力还会被某些外部或内部的无关刺激所吸引,譬如,某些患儿总是不停地背唐诗、背乘法口诀表等,这也会在某种程度上分散他们的注意力。但是,患儿在听觉方面的注意要差于视觉方面的注意,在对人方面的注意要差于对物方面的注意。在平时的生活中,患儿的注意力主要由兴趣调配,对自身感兴趣的事物的关注可能会比典型发育儿童要长久,但他们的学习专注能力却严重不足。

其次,患儿在某些方面具有超凡的记忆力,比如说他们对文字、图片或数字的机械记忆较好,但他们尚无法理解与现实世界相关事物之间的联系。这是由于患儿往往将信息以整体的方式予以存储与记忆,但不能灵活地调整或重组。某些患儿对地名记忆得非常精准;某些患儿甚至对日期等推算得异常精准,但对这些数字所表达的真实意义却难以解读,需要一定的提示线索。反之,有些患儿甚至在上小学高年级之后还会出现记不住小伙伴名字的现象,直至连自己班主任的姓氏也记不住。总而言之,患儿的记忆大多数需要基于生动鲜明的形象记忆。

再者,患儿的思维特点属于具体化思维。患儿难以对事物的确切含义有所理解。在患儿的大脑中,事物的存在方式是相互独立的,他们对此进行整合有困难,从而导致他们不善于进行抽象思维。譬如,对于同一类问题的解决方案,他们做不到触类旁通,不能将学过或见过的知识加以迁移。此外,患儿的心理理论缺损,不能进行象征性游戏,不具有时间概念,较难解读"起始""中途""结局"的具体含义,因此在做事情时往往缺少规划,不会去耐心等待。凡此种种,我们将此归因于患儿的思维属于直观动作性思维或具体形象思维,但抽象思维发展得较晚,且不均衡。同时,患儿还有以自我为中心的思维方式,典型表现为不将他人放

在眼里,以自我为中心。心理理论测试结果就足以说明患儿的这一特
12 点。由于患儿的这些思维特点,他们不善于学习抽象的数学概念,譬如
计算公式,反而更善于进行视觉思考,因此有些患儿在绘画或动手作品
(如,搭积木)方面具有极高的天赋,他们的作品通常很美。对于患儿而
言,他们的语言往往是视觉图像。确切地说,我们所说的声音语言需要
患儿转换成图像语言才可被加工、处理,此后患儿还需要将处理好的图
像语言转化成声音语言来进行回答。此外,某些患儿具有天才般的音乐
天赋,甚至在没有经过专业训练的情况下,也会在听到某些旋律之后就
可以弹奏出来。但是,他们在阅读方面的能力却较差,需要特殊的培训。

(四) 自闭症儿童的情感和情绪特点

首先,对于患儿而言,他们对父母双亲或是身边人的依赖较晚才会
显现,甚至基本表现不出来。他们在乎或关注的事物通常是毫无生命表
征的东西,会表现出对某种事物的极度依恋,但是对人却没有这么深的
依恋情感。某些患儿虽然也会与成人有肢体触碰,比如牵着大人的手
等,但只是形式上的亲近而已,并没有在内心深处与他人建立情感关系。
所以说,患儿有别于典型发育儿童的情感依恋方式。此外,当患儿遇到
害怕、难受、痛苦的事情时,他们的表现也不同于典型发育儿童。在上述
情况下,典型发育儿童会求助于家长或亲人,但是患儿却没有任何特别
的反应,往往独自一人发呆,不会去寻求成人的帮助。譬如,在听到害怕
的声音时,他们往往会蜷缩在角落里,如果有成人去安慰或拥抱他们,他
们反而会哭起来。

其次,患儿难以通过他人的面部表情去体会他人的情绪或情感反
应。有时,他们还会拒绝家长的肢体触碰等行为,对他人的主动亲近也
表现得"冷漠无情",缺少共情能力。同时,患儿也无法表达出自己的情
绪和情感,难以在社会交际中恰当、有效地完成情感交际。患儿的情绪
处于不稳定的状态,多数与基本的生理功能相关,与心理感受或体验无
关。他们的情绪较为单一、简单,尚未达到具有掌控高级情绪的水平。
可以说,患儿的情绪属于应急反应,该种情绪也并非针对具体的人或物。

(五) 自闭症儿童的意志力特点

总体来看,患儿的意志力较为薄弱,他们会不假思索地听信他人的

建议并会被他人随意地带动,缺乏对观点正误的客观分析能力,难以推导出他人的真实意图。因此,患儿往往会被他人欺负,或很容易被他人哄骗等。正因为他们意志力薄弱,所以患儿难以克服困难、难以坚持完成任务。但是,对于某些他们感兴趣的事,患儿却又表现出顽强的意志力,固执地去做好此事。但是这种固执通常属于较低层次的需求,属于不适当或变态的表现。比如,患儿正在把玩某一玩具,他人想要取走时,他们会固执地持有;当想要某种物品却没能得到时,他们会固执地要求他人必须满足自己。患儿的主动性也较差,不会主动地支配或调整自己的行为,不能为完成某一项任务而主动地去克服眼前的困难。患儿需要教师或家长帮助他们,向他们提出具体的要求,并监督他们,才有可能完成任务。此外,由于患儿的认知能力较差,导致他们具有难以抑制的个性冲动以及不当的行为方式。譬如,患儿可能因为一些微不足道的事表现出强烈的情绪以及难以抑制的冲动,比如,为了自己喜欢的食物或玩具会表现出强烈的占有欲,他们会坚持、固执地通过抢夺、发脾气、大喊大叫等方式占有此物,甚至会产生自残行为。这种不良行为属于原始的冲动,他们不假思索,不会顾及行为所带来的后果,只是被当时的情境所支配。

(六) 自闭症儿童的个性特点

个性通过患儿的需求、动机、兴趣等方面体现。

需求是个人对生存和发展所需的事物的外在表现,包括马斯洛所提出的基本的生理需求、安全需求,到中间层次的社交需求、尊重的需求,再到高层次的自我实现的需求。患儿的需求发展极不稳定,他们的需求往往属于最基本的生理需求。随着年龄的增长,典型发育儿童的需求会逐渐提升,但是对于患儿来说,他们还是只需要满足人类最基本的、最原始的、最低级的生理需求,而中间层次以及最高层次的需求发展较慢,比如,患儿很少关注自我提升、获得尊重、被他人认可等方面。与此同时,患儿对某些事物的需求特别强烈,甚至达到难以控制的程度。比如,有的患儿对"饺子"特别"需要",在已经达到饱腹感的情况下还是要进食。这种"过度需要"属于一种病态的现象,这与患儿大脑皮层的调节失衡不无关系。皮层下中枢不能过度兴奋,否则皮层无法控制个人自身的调节能力,就会出现上述现象。可以说,无论患儿是出于生理需求还是社会

14

需求,往往都会以自我为中心,表现出一定的"自私",不会设身处地地思考他人的需求其实不同于自我需求。比如,一名患儿非常喜欢吃果冻,就可能认为他人也非常喜欢吃果冻,自然也就会强硬地要求他人也吃果冻;有的患儿不想继续从事某种活动,以为其他人也不想继续,因此就会停止正在从事的活动。

就动机来说,除非患儿对该事物特别感兴趣,否则他们缺少从事任何事情的动机。康复师也认为患儿在学习上缺少动机,教学活动无法吸引患儿对学习任务的关注,因而难以开展。实际上,患儿不是缺少学习动机,而是他们对此并不感兴趣。患儿感兴趣的事物往往较为特殊或怪异。比如,典型发育儿童会认为赞扬或奖励是激励他们学习的动机,但是对于患儿而言,寻求自我刺激或是把玩小伙伴不感兴趣的玩具会成为他们强烈的动机。

就兴趣而言,患儿喜欢较为独特的物品,比如圆形的物品、旋转的物品等。实际上,患儿对事物的某些表面特征较为感兴趣,甚至会反复触摸这些物品。此外,他们还会对某种特别的气味极其感兴趣。

四、自闭症谱系障碍儿童的语用障碍表现

语用学主要聚焦人们如何理解并运用语言以及在理解和运用语言时的心理认知,是对说话人传递意义和受话人接受意义过程的动态研究(Thomas,1995)。由此,语用学的研究内容既是语言学家的研究对象,也是心理学家的研究对象(Davis,1991;李捷、何自然、霍永寿,2010:2)。然而,在语言的社会使用层面,研究者发现自闭症谱系障碍具有某些特征:在会话过程中,往往纠结于某一细节;对某一话题进行多次重复;长时间把持话题,并随意打断他人讲话或是变换他人话题。Tager-Flusberg(1993)研究发现,由于自闭症谱系障碍儿童难以掌握社会互动中的会话规则,因此难以理解与他人的交际意图。实际上,关于儿童语用能力方面的研究经历了 3 个不同阶段:第一阶段主要关注儿童如何在不同的语境中借助委婉语表达自我交际意图;第二阶段重点聚焦儿童如何习得定位话题,话题转换以及进行会话修补等;第三阶段重点探讨儿童在语言的习得过程中如何获取知识,以便在交际中准确、恰当、有效地

运用语言。正如 Firth(2003)指出,无论自闭症谱系障碍儿童的句法或语义技能水平如何,他们的语用技能水平普遍较低。[①]

　　概括而言,作为一种发展性障碍,自闭症谱系障碍儿童在言语和非言语层面具有障碍。具体为在社交、行为以及言语沟通层面出现障碍。事实上,自闭症谱系障碍儿童在半岁时已表现出某些症状,但在 2 岁半左右会出现刻板及反复性的行为,拒绝所处环境或生活规律的改变,喜欢沉浸在固定的感觉体验之中。自闭症谱系障碍儿童的语用障碍表现为对社会提示信息反应不敏感,尽管他们具有较好的语言能力,但是他们却不能进行有效交际(Blank,Gessner & Esposito,1979)。究其原因,自闭症谱系障碍儿童的记忆力、注意力以及推理能力有限。针对自闭症谱系障碍儿童的语用障碍研究,主要从语用交流行为和会话能力两个层面展开。

(一) 语用交流行为

　　研究发现,自闭症谱系障碍儿童往往难以展现其语用交流行为。尽管与典型发育儿童相比,患儿在借助语言表达要求、进行假装游戏并对自我进行管理时的表现差强人意,但其较少使用具有社会指向性的言语行为,如感谢受话人、评价、询问信息、进行展示等。但在使用语言进行社会交际时,患儿较少会对正在发生的或已经发生的行为进行评论,也不会借助语言来获取关注或分散他人的注意力,难以为他人提供新信息并表达交际意图。尽管有学者用“潜在的语用交流行为”(PCA)来暗指那些可以被受话人解读,但事实上难以直接推断出患儿的交际意图的行为(Sigafoos *et al.*,2000)。Drain & Engelhardt(2013)通过观察 6 名自闭症儿童的 155 种交际行为,发现多数患儿需要他人诱发交际行为(如,言语提示)。Keen,Woodyatt & Sigafoos(2002)的研究认为,设计针对父母、教师或康复师的访谈问卷可以更好地获取患儿非正式的或特殊的语用交流行为,这或许正是患儿具有交际意图的沟通方式。Braddock,Pickett & Ezzelgot(2015)试图探索自闭症谱系障碍儿童的潜在语用交流行为。结果显示,患儿使用的手势类型数量越多,其在语言理解与表达,非言语思维方式方面得分越高。此外,Rollins(1998)等人对自闭症

① Firth, U. *Autism: Explaining the Enigma* (2nd Ed.) [M]. Oxford: Blackwell, 2003.

16

谱系障碍儿童的言语倾向水平层面进行测试,发现其与唐氏综合征儿童相比,基本不会回应母亲发出的关于关注物体的提议。同时,他们表达交际意图的言语倾向类型较为有限,甚至出现语用交流倾向发展倒退现象,即语用交流行为发展异常。患儿在言语行动水平方面的表现也显现出其只能表达较为基本的交际需求。

(二) 会话能力

对自闭症谱系障碍儿童的会话能力展开研究,结果显示,患儿对话题的发起能力较典型发育儿童差,很少会主动发起会话。Sudhalter *et al*.(1990)研究发现,自闭症谱系障碍儿童往往会出现异常重复话语;Capps、Kehers & Sigman(1998)的研究也显示出自闭症谱系障碍儿童在半结构对话中对提问或评论往往不作回复,难以基于已有信息延伸话题。即使自闭症谱系障碍儿童已经掌握了说话人的交际意图,但通常而言,他们也会对问题的回复处理得相对狭隘。

此外,患儿的另一种特异性言语方式即为回声式话语,这指的是他们对交际者的话语进行完整重复或者是部分重复,甚至对语音语调也会进行准确复制(周兢、李晓燕,2007:38)。回声式话语又进一步分为即时性回声话语以及延时性回声话语。即时性回声话语又被称为"鹦鹉学舌",是指重复或模仿刚刚听到的全部或部分话语内容。如询问患儿"你今年几岁了?",患儿的回答也是"你今年几岁了?";延时性话语指患儿会重复或模仿在过去某一时间点听到的话语,如成人问患儿:"你想玩什么游戏呀?"患儿回答道:"沙盘里面有什么?"成人又继续问:"哦,你喜欢玩沙盘游戏吗?"患儿回应:"小朋友在荡秋千呢。"该例说明,患儿正在使用延时性回声话语与成人进行交际,其并没有直接回答成人的问题,因为他们缺乏对语用问题的理解,仅仅将过去某一时间点听到的话语作为问题的答案。实际上,典型发育儿童在早期的语言发展阶段具有回声式及公式化话语,这是儿童尝试理解新的词汇的必经阶段,如儿童模仿或重复成人的话语。但是,该种现象在儿童 30 个月左右时会逐渐消失。如果儿童在 3~4 岁以后还持续具有回声式话语,则认为这是病理性问题(Ricks,1975)。

患儿在会话过程中还会出现主动发起话题困难、发起话题的行为较为奇特等现象。这是由于患儿的感知觉发育迟钝且过于敏感,因此会导致共同注意力缺陷。有研究者发现,患儿较少借助话语进行评论、进行社会互动、询问信息或考虑受话人。即使是年龄较长的高功能自闭症谱系障碍儿童,也较少在会话情境中描述或阐释事件过程。对于会话维持,患儿在这一方面的表现较为困难,并产生诸多偏离主题或不相关的话语,难以达到语义或信息的期望,这使得患儿无法继续对话。同时,我们也会注意到患儿在话题转换方面也具有困难。这主要体现在如下三个方面:一是所谈论的话题过于狭窄,过于沉浸在自己的话题之中;二是对于自己没有兴趣或是不愿谈及的话题,会采用不断转换话题或是逃避的方式予以回避;三是患儿会一直按照某种固有的模式将话题不断地转移到其熟悉的模式上来。

研究儿童语用障碍问题也离不开发展语用学的视角,因为发展语用学强调儿童习得和运用适当的言语和非言语形式表达言语和非言语意图,或研究在一定的语境中实现交流目的的方式。所以,发展语用学提供了从知识、语言、行为等层面透视语用障碍儿童语用发展全过程的机会和路径。实际上,针对儿童语用障碍问题的研究始于 20 世纪 90 年代,但研究成果目前仅有个别报道(Cohen *et al.*, 1998; Geurts *et al.*, 2004; Laws & Bishop, 2004)。研究者主要集中于探索儿童语用障碍在知识、语言和行为层面的表现形式。研究发现,在知识层面,患儿难以满足伙伴的话语需求,缺乏掌控话语技巧的能力,无法理解交际意图。此外,在语言层面,对语用障碍儿童进行叙事分析也是用于观察患儿语言表现形式并辨别其语用障碍的重要手段,并且是预测其学业成就和社会认可度的重要因素(Ketelaars *et al.*, 2015: 162)。叙事是指依据时间顺序进行口头表述相关真实或想象中的事件,是一种延展性的语言能力。对患儿在叙事产出性和故事内容组织性等维度上的得分进行量化,相对于正常儿童而言,患儿得分一般相对较低,但其在叙事连贯性方面却表现较好。在行为层面,多数语言障碍患儿还会伴随某些行为障碍(Landa, 2005; Hill & Coufal, 2005; Mackie & Law, 2010; Cross, 2011),反之,出现行为障碍的儿童也会伴有语言障碍(Gallagher, 1999; Ketelaars *et al.*, 2010; Hartas, 2012)。上述研究可被认为是对自闭症(Autism)或是特殊型语言障碍(SLI)等语言发展障碍类型中涉及语用障碍问题的探索,然而,语用障碍问题并不仅仅局限于上述语言发展障碍类型(Bishop & Norbury, 2002: 918)。

第二节　相关理论基础

一、心理障碍理论

Premack & Woodruff 在对黑猩猩进行实验的基础上,首次提出了"心理理论"(Theory of Mind,简称 ToM)这一概念。作为人类的一种主要认知技能,心理理论是区别于灵长类动物的标志。尽管灵长类动物具有复杂的社会行为,但是他们都不能被证明已掌握人类复杂的心理推测能力(Kaminski,Call & Tomasello,2008)。除此之外,神经镜像研究表明,大脑某些特定区域与成人心理推测能力有关(Gallagher *et al.*,2000;Saxe & Baron-Cohen,2006)。当人们在思考他人的心智状态而不是外表或人格特征时,大脑右半球的颞顶交界处处在被激活状态(Saxe & Kanwisher,2003;Perner,Aichhorn *et al.*,2006)。这一结论提示,心理推测能力是人类社会认知的主要组成成分。"心理理论"又被叫做"心理推测能力",指推测他人心理状态,如信念、意图以及理解他人等能力,并且可以解释并预测由心理状态趋势而产生的行为(Baron-Cohen,1995;Caruthers & Smith,1996b)。事实上,婴儿 1 周岁时就已经具有了心理推测能力。该能力对于儿童日后语用发展能力以及语言、概念积累、元表征知识的获得意义非凡。

围绕心理理论,研究者从行为以及神经机制角度展开系列实验。针对行为层面研究,具有代表性的当属"错误信念"(false-believe)实验。经典的"错误信念"实验由 Baron-Cohen 等人借助意外转移的预设情境来考察自闭症谱系障碍儿童的心理推测能力。该实验所选取的受试为平均智商为 4 周岁的自闭症谱系障碍儿童、弱智儿童以及典型发育儿童。实验过程是请受试同步观看一段木偶短剧,在此之后回答与短剧相关的问题。短剧内容为 Sally 将自己的玩具放在一个盒子之中后离开。这时,躲在角落里看到这一情境的 Anna 悄悄地将 Sally 放在盒子里的玩具挪到了另外一个同样大小的盒子中。等到 Sally 来找自己的玩具时,主试便向受试提问:Sally 会去哪个盒子里找自己的玩具呢? 实验结果显示,弱智儿童和典型发育儿童基本都会回答 Sally 会去她最初放玩具的盒子里找。但自闭症谱系障碍儿童却给出了错误的答案。究其原因,研究者认为是由于自闭症谱系障碍儿童并未真正了解该短剧的全部情节并理解其内涵意义,仅仅根据某些片面的情节来回答问题。因此,可以说,自闭症谱系障碍儿童不具有从他人(Sally)的立场和心理来思考问题的能力。在此之后,有研究者借助"错误信念"实验方法进行类似研究,结果再一次验证自闭症谱系障碍儿童难以通过"错误信念"实验的原因是他们普遍具有认知障碍。因此,"心理障碍理论"便用来阐释自闭症谱系障碍儿童由于在人际社会信息加工过程中出现认知障碍因而难以理解他人(周念丽,2015:38-39)。事实上,自闭症谱系障碍儿童并非完全不能依据他人的愿望推测其行为,但在解读他人给出的错误信息时则呈现出明显的困难,尤其是在理解他人由错误信息所产生的认知情绪方面(焦青,2001)。心理障碍的直接后果是自闭症儿童的理解受限,此外,他们难以灵活使用心智状态词汇,如表示情感、信念及其他命题态度的词汇(认知或道义情感词汇)(Hobson & Lee,1989;Roth & Leslie,1991;Perkins & Firth,1991;Nuyts & Roeck,1997;Wilson & McAnulty,2000)。那些不能理解玩笑话语(St. James & Tager-Flusberg,1994)以及幽默话语(Werth,Perkins & Boucher,2001;Emerich *et al.*,2003)并参与交际活动如"假装游戏"(Leslie,1988)的自闭症儿童都会被认为具有心理障碍。

同时,还有诸多研究者从神经机制视角进行"心理理论"研究。Gallagher & Happé(2000)的研究显示,自闭症谱系障碍儿童的左内侧前额皮质、前扣带回皮质、靠近前杏仁核的前额叶区域颞顶交界的颞上沟脑区激活水平明显低于典型发育儿童。此外,临床研究进一步表明,杏仁核对于心理推测能力具有影响作用,它是理解他人情绪或情感的重要脑区(周念丽,2015:40)。Baron-Cohen(1999)也针对杏仁核脑区做过相关研究。研究结果显示出杏仁核、扣带回、内侧前额、颞上回等脑区都与自闭症谱系障碍儿童的心理推测能力有关。

当今,心理理论已演化成了三大学说,即模块论(Modularity Theory)、理论论(Theory of Theory)以及模拟论(Simulation Theory)。

谈到模块论,最早要从 Fordor 说起。Fordor 于 1983 年在其专著《心智模块》中首次提出"模块"这一概念。但是他并没有给"模块"以确切的定义,而仅仅强调心智是由模块组成的。而模块又是遗传上所特有的、独立的功能。在该书中,Fordor 对心理模型进行了浓墨重彩的描写。比如,他认为心智的某些认知功能(感知)是由具有某种特殊属性的模块来调节的。这里主要强调的是信息的封闭性。如视觉感知模块仅仅通达视觉感知信息而没有通达语言数据信息的权限(只有语言模块会有)。此外,模块还具有"领域特殊性",即,一个模块只处理与其特定功能相匹配的特殊化信息。一个模块只处理某些类型的数据,而自动忽视其他潜在输入的数据。Fordor 的模块论对认知科学,尤其是语用学产生了深远的影响(Cummings,2014:108)。

模块论的代表人物为 Leslie 和 Baron-Cohen,他们认为模仿能力的先天认知图式属于一种模块化机制,这便是儿童心理理论的形成与获得的生理基础。Leslie 认为心理理论的形成源于具有遗传特征的固定神经结构的成熟。比如,具有较高智商水平的自闭症儿童难以形成心理推测能力,而智商低下的唐氏综合征患儿的心理推测能力却发展正常;存在严重语言障碍的患儿,其心理推测能力却完好无损。这似乎是在说明心理推测能力的发展独立于智力的发展而存在。心理推测能力由某特殊封闭的模块负责,这些特定模块具有特殊性及专门性,属于完整的心理理论机制(Theory of Mind Mechanism, 简称 ToMM)。而自闭症谱系障碍儿童负责心理推测能力的部位存在缺损。Leslie 提出了三个模块,分别是身体理论机制模块(Theory of Body Mechanism),婴儿三四个月时就开始出现;另外两个模块是心理理论机制模块(ToMM),婴儿大约 6～8 个月时出现 $ToMM_1$(一期心理理论机制模块),18 个月时出现 $ToMM_2$(二期心理理论机制模块)。此外,身体理论机制模块主要处理物质客体的行为信息,从而表征物质客体的机械特征,这可以使婴幼儿意识到动因性客体因为有内在的能量可以使自己处于运动状态(Wellman & Gelman,1998)。心理理论机制模块用来加工动因性客体的意向性或指向性。其中,$ToMM_1$ 处理主体与行为(指向的目标)之间的相关性,主要加工综合信息并处理社会参照(social reference)。$ToMM_2$ 使主体儿童可以表达某种命题态度(propositional attitude),如希望、认为、怀疑,等等。因此,$ToMM_2$ 是对元表征进行处理。与此同时,Baron-Cohen 在 Leslie 所提出的心理理论模块基础上提出了弱化的先天模块模型,即三个儿童早期发展模块:意图探测器(Intentionality

Detector，简称 ID)、视觉-方向探测器(Eye-Direction Detector，简称 EDD)以及共同注意机制(Shared Attention Mechanism，简称 SAM)。婴儿很早就具有意图探测器模块以及视觉-方向探测器模块，但直到 1 周岁左右才具有共同注意机制模块。相形之下，完整的心理理论机制模块出现得较晚。意图探测器模块主要用于形成目的和愿望，并将婴幼儿的注意力引向具有生命运动的客体对象，从而使婴幼儿获得对目标指向学习的机会。视觉-方向探测器主要控制眼睛的运动，负责探测客体对象的位置和方向，并掌握将注视作为了解他人心理状态的线索。共同注意机制模块可接受上述两个模块的输入，可帮助婴儿探测自己和他人的注意方向是否保持一致，从而确保共同关注的话题或注意的焦点。在该弱化的先天模块模型中，Baron-Cohen 将心理理论机制模块看做某种更加成熟的共同注意机制模块。由此，上述模型并不是认为心理理论机制模型是通过某种完整的先天模块方式再现出来，而是最大限度地弱化了该先天性假设，不过仍然假定存在与生俱来的社会信息加工机制。除此之外，Morton & Johnson(1991)并未假设存在 ID、EDD 以及 SAM 等先天机制，而是假设存在 CONSPEC 和 CONLERN 机制。CONSPEC 机制可把婴幼儿的注意力引向面部的刺激；CONLERN 机制可帮助婴幼儿将注意系统引向面部刺激的学习。据此，凝视双眼的倾向属于先天，但不体现为某种 EDD。CONLERN 帮助婴幼儿追视变化中的社会刺激物，从而学会其内涵所指(邓赐平、刘明，2005)。从某种意义上说，EDD、SAM 以及 ToMM 模块应属于后天习得的，而不属于与生俱来的。事实上，模块论意在强调生理上的成熟、大脑的正常发育对他人心理推测能力发展的重要作用。

理论论的代表人物是 Wellman、Flavell 以及 Perner。该理论指儿童会逐渐领悟心理知识，据此阐释并预测他人的行为。最初，儿童仅仅获得某种表征性的心理理论，基于此，心理理论会逐渐被儿童内化为具有系统化的知识。实际上，儿童的心理理论向成人心理理论过渡需要经历几个阶段。2 岁左右，儿童首先掌握了愿望心理学(desire psychology)；3 岁左右，掌握了愿望-信念心理学(desire - believe psychology)；4 岁左右，掌握了成人的信念-愿望心理学(believe - desire psychology)。这里，信念和愿望被认为同时决定了人的行为。由此认为，儿童心理理论的获得经历了由简单到复杂、由仅仅了解自己的想法到可以推测他人想法的发展过程。理论论者强调社会经验对于儿童心理理论发展的重要作用。

22 这些社会经验可帮助儿童获得心理理论难以阐述的信息,以便儿童不断完善已有的心理理论。当儿童不断知道人们的行为不仅要用愿望来阐释,还要求助于信念时,就会慢慢从掌握愿望心理学过渡到掌握信念-愿望心理学。社会经验在这里的作用等同于皮亚杰的心理平衡调节理论,即儿童的早期社会经验会在同化和顺应的过程中逐渐打破并保持动态平衡,从而掌握更高级的认知,获得新的理论(王桂琴、方格等,2001)

提倡模拟论者,如 Harris 认为,2 岁左右的儿童就可以进行"装扮游戏",并借此来"模拟"他人的心理状态。可以说,这属于在自我心理体验的基础上理解他人内心活动的心理建构过程。模拟论凸显游戏中角色装扮的意义,因此这可以帮助儿童身临其境地站在他人的视角来考虑并推理问题。模拟论看重"第一人称意识",即自我意识。这可以帮助儿童直接通达他人的心理,属于一种"在线"(on-line)的心理体验。换句话说,儿童通过参照自己的心理状态来内在地模仿或感受他人同样的面部表情或行为方式。因为儿童的大脑里具有镜像神经元(Gallese & Goldman,1998:493),因此其在实施行为动作时所激活的脑区与观察他人在实施同一动作时激活的脑区属于同一部分(Perkins,2007:77)。同时,Harris(1992)表示,婴儿早期就可以参与"主体间活动",与他人从事共同关注的事物,体验共有的情绪等。比如,早期阶段的婴儿就具有移情反应,对他人的情感体验感同身受。2 岁左右的儿童便具有情感解读以及知觉领悟能力,在这样的意向状态的作用下,儿童可以模拟他人与目标客体之间的意向关系,也可操控他人的行为,该过程属于"离线"(off-line)模拟。而这一过程也使儿童不断提高想象力,并与其对他人意向态度的理解同步发展,直到可以在超现实的状态下想象他人的心理状态。由此,在线模拟他人的愿望或信念的能力获得发展。

综上,研究者均通过相应的证据提出并证实了各自的理论,但都有其无法解决的问题。透过心理知识的发展轨迹,理论论似乎更胜一筹,因为心理知识是借助社会经验的不断总结从而达到完善的程度,以便可以通过心理因果关系来阐述行为过程。然而,婴幼儿早期心理推测能力的获得过程似乎难以阐述;模块论凸显心理成熟对于儿童心理推测能力发展的重要意义。但是,如果缺少社会互动,儿童难以获得社会经验知识,从而无法较好地掌握心理知识。自闭症儿童的心理理论知识薄弱与其社会交往较少不无关系。

Kasher 的模块语用学理论（Modular Pragmatics Theory）强调从认知的视角来解读话语意义，其试图在大脑中定位语用知识类型，并认为模块语用知识位于大脑的左半球，以便处理会话含义；语用学主体知识位于大脑的右半球。Kasher 主张语用模块观，认为部分语用现象可归属为模块问题，模块可以准确解释心智能力，即语用模块负责处理基本的言语行为过程（Cummings，2014：110）。此外，Kasher 表示心智语用能力的模块结构（pragmatics in the mind）是由语用模块、大脑中枢系统中的语用部分以及语用界面构成，并以言语行为中的间接言语行为为例来说明大脑中语用模块的存在，该模块可对话语的句法和语义层面进行处理从而获得话语意义。大脑左半球的贡献通过语用模块的形式表现出来；而大脑右半球对于构成中枢系统的一般理性原则起作用（Cummings，2014：111）。同时，推定的话语意义可以进入中枢系统之中，与说话人的交际意图共同起作用。由此，有些推定被保存下来，而有些推定则被排除。此外，语用界面强调语言（语用）模块中的输出信息与视觉感知模块中的输出信息进行整合，从而作为输入信息进入中枢认知系统之中，以便与语境结合来解读话语意义（Cummings，2007：150）。然而，Sperber & Wilson 并不赞成语用模块论，认为模块是对非语用能力的解释。如果语用能力需要通过模块加以解释，那就必然存在语用代码（Sperber & Wilson，1991b：584），交际过程也涉及语用代码的编码与解码，而解码也难以保障对交际信息的准确获取，对话语的隐含、寓式以及文体信息的语用解读应立足于语境。据此，语用模块论并不能精确阐述话语意义。同时，解码说话人的意图不仅要从言语行为层面入手，还要从非言语行为层面入手。事实上，话语理解是说话人所传递的交际意图与听话人对此的理解之间的最大吻合。

二、执行功能障碍理论

Damasio & Maurer 通过研究发现前庭受损患者的某些行为与自闭症患者的表现有相似之处，因此首次提出了"自闭症患者可能存在执行功能障碍"这一假设（Damasio & Maurer，1978：777–786）。Rumsey 在

1985 年提出了执行功能障碍（Executive Dysfunction）理论。该理论认

为自闭症个体在实施某一认知任务时会遇到障碍，即从执行功能的视角来阐释认知障碍形成的机理。执行功能用来描述一系列高级认知过程，如计划、目标制定、监控、评估、抑制控制、问题解决、决策以及其他认知功能，如记忆、注意以及感觉运动行为，如感知和行为等（Perkins，2007：82）。执行功能障碍主要表现为在推理方面出现困难，这也是语用障碍的主要标志（Martin & McDonald，2003）。从临床视角来看，一般认为大脑的前额叶主要是司管个体执行功能的区域，而大脑的前额皮层损伤会导致自闭症儿童出现执行功能障碍。同时，研究还发现，处于婴幼儿早期的自闭症儿童并不存在某种执行功能障碍，而学龄前儿童晚期才会出现执行功能障碍（Griffith，1999：817；侯婷婷、杨福义，2016：12）。

研究者针对自闭症儿童的执行功能障碍进行了相关研究。早在 1945 年，Goldstein 在对自闭症的个案研究中认为执行功能障碍是导致自闭症儿童社交障碍以及学习障碍的主导因素，并首次指出自闭症儿童可能存在执行功能障碍。此外，Rumsey（1985，1988，1990）等人对自闭症儿童进行相关实验，发现他们有固执行为倾向，缺乏变通性，难以调整策略以便解决问题，这些都是自闭症儿童具有执行功能障碍的表现。Ozonoff、Pennington & Rogers（1991）的研究也发现，执行功能测试是自闭症儿童难以完成的任务之一。

目前，关于自闭症儿童执行功能障碍主要集中在工作记忆以及抑制能力或自控能力以及认知灵活性 3 个方面进行展开。

对于计划能力，加拿大研究者 Das 通过 PASS 理论对个体的认知能力进行评估与阐述。PASS 代表计划（Plan）、注意（Attention）、即时性加工（Simultaneous Processing）以及继时性加工（Successive Processing）。Das 建议从上述四个过程来探察具有发展障碍的儿童的认知能力。由此，计划能力的欠缺可通过执行功能障碍表现出来。Hughes、Russell & Robbins（1994）的研究也支持上述观点，即自闭症儿童具有不同程度的执行困难。这可能是导致他们行为刻板、兴趣狭隘以及思维固执的原因之一。

认知灵活性是指个体可以灵活转换、合理调节的能力，以便适应不同条件下所具有的规则（王静梅、张义宾、郑晨烨等，2019；Diamond，Carlson & Beck，2005）。认知灵活性可以帮助儿童准确发现并纠正错

误,更新思考问题的方式,以便掌握随机应变的能力,并在有信息提示时随时调整行为方式。

关于工作记忆,研究者通过"河内塔"实验、词长测验以及空间记忆等项目来考察自闭症儿童在信息加工过程中所涉及的工作记忆情况。如Goldberg(2005)的研究显示,即使是高功能自闭症儿童,其工作记忆能力也存在一定程度的障碍;Russell(1996)的研究也表明,自闭症儿童的工作记忆容量要低于典型发育儿童。然而,另有研究结果显示,自闭症儿童在视觉空间工作记忆方面与典型发育儿童相比无显著性差异(Ozonoff & Strayer,2001)。此外,Li等人(2014)的研究发现,自闭症儿童的非言语行为能力可以预测其工作记忆能力。

针对抑制能力或自控能力,Russell等人(2003)在利用窗口任务对自闭症儿童的抑制能力进行评估时发现,随着年龄的增长,自闭症儿童的执行功能有提升的趋势。Hughes(1996)等人的研究发现,自闭症儿童与轻度学障儿童情况类似,他们的抑制控制以及自我控制能力与言语发展水平相关。Sinzig(2014)等人的研究结论与Hughes(1996)相似,即自闭症儿童的抑制能力与言语智商相关。Faga等人(2013)的研究显示,自闭症儿童的自控能力与社会行为、社交主动性相关。这说明,社会交往行为等因素可能对可反映出学龄前自闭症儿童执行功能发展的自控能力具有一定的影响。

目前,针对执行功能的实验当属美国北卡罗来纳大学教堂山分校研究团队最具代表性,因为其信度和效度相对较高。该实验主要利用翻页书(Flip-book)对3~5岁的儿童进行测试。测试内容包括工作记忆项目中的工作记忆广度(Working Memory Span)、自主选择指示(Self Ordered Pointing)、视觉空间工作记忆(Visual Spatial Working Memory);抑制控制项目包括目标小动物呈现(Animal Go/No-Go)、空间冲突箭头(Spatial Conflict Arrow)、动物叫声反向选择(Silly Sound Stroop);认知灵活性项目包括灵活分类选择(Flexible Item Selection)。该实验方法较好地解决了人物中存在的纯粹性不足的问题(王静梅、张义宾、郑晨烨等,2019:3)。

事实上,自闭症儿童既不能较好地完成执行功能任务,也难以通过心理理论测试,这一迹象表明,执行功能和心理理论具有某种特殊关联。但是,有研究者表示,心理理论主要考察自闭症儿童的理解能力,而执行功能主要集中于阐释自闭症儿童的输出行为。同时,心理理论任务中也涵盖执行功能成分,如工作记忆、抑制控制等。此外,Flynn、Malley & Wood(2004)的微观发生实验也证实了儿童的执行功能能力的发展先于心理理论能力的发展。这一结论也得到了 Sabbagh 等人(2006)的证实,他们对北京地区的儿童进行测试也发现 4 岁的儿童才能顺利完成心理理论任务。此外,李红等人(2004)以及 Oh & Lewis(2008)的研究也得出了类似结果。所以说,执行功能是获得心理理论的先决条件,这也受到了绝大多数研究者的支持,即心理理论的执行说(Russell,1996;Moses,2002)。相反,Fine、Lumsden & Bair(2001)的研究结果显示,心理理论是执行功能获得的先决条件,因为执行功能对心理理论具有预测性。学龄前自闭症儿童的认知灵活程度可预测其心理以及思维之间的交互过程。由此,心智理论和执行功能两者为动态互动关系,神经系心理学证据也显示,在实施心理理论任务和完成执行功能任务时,在脑成像层面有 8 个共同的脑区(除右颞连接处)处于激活状态,这表示心理理论和执行功能分享共同的神经机制(Saxe & Powell,2006;张婷,2010)。自闭症儿童早期的社会感知技能主要来自想象、期待等模块化认知过程。在此之后,其主要借助于言语以及执行功能等高级的社会认知能力不断发展。

三、弱中央统和理论

弱中央统合理论的提出可以用来阐释心理理论以及执行功能理论难以解释的现象,如独特的感知能力、特质领域等。弱中央统合(Weak Central Coherence)最早是由 Firth 等人(1989)在基于自闭症儿童的狭隘兴趣以及特殊技能的基础上所提出的。可以说,这种独特的感知能力既是一种优势,同时也是一种障碍。中央统合指外界输入的信息需经由人脑的中心处理系统予以整合及概括。据此,人类可以在语境、因果联系等逻辑线索的帮助下将边缘信息通过格式塔的平行加工或自下而上的加工形式整合成较高层次的信息,即将各种局部信息整合成具有意义的整体。而这种注重较高层次的整体意义结构往往会忽视对细节的关注。因此,普通儿童在处理信息时会缺少对细节以及表面结构的关注,常常会形成整体的意义结构,而自闭症儿童却有细致入微的观察能力,难以把握事物的整体结构，只是将物体视为相互分离的部分。换言之，自闭症儿童的局部加工能力要好于整体加工能力，这是由于他们的认知风格只注重局部而忽视整体所致。由此，自闭症儿童的认知缺陷是其中心处理系统薄弱的体现，这也较好地解释了自闭症儿童虽然有着惊人的记忆力却无法将记忆的片段串连成完整内容的原因所在。此外，诸多研究者针对自闭症儿童的中央统合功能，提出了相关理论。

Navon(1977)所提出的整体优先假设（Global Precedence Hypothesis）强调正常个体对整体的关注要多于局部，进而具有优先知觉整体的偏向。这说明，典型发育个体在对视觉加工时往往是先分析整体特征，再分析局部特征。整体加工方式即为中央统合的指标。比如，当看到图 2.1 时，多数人也许首先注意到的是 WFF（世界自然基金会）的 logo 中熊猫的图标，随后才会关注图片中分散的元素。

图 2.1　WFF 的 logo

四、镜像神经元功能障碍

镜像神经元功能障碍理论（Autism Mirror Neuron Dysfunction，简称 AMND）又被称为破镜理论（Broken-Mirror Theory），作为较为全面地阐释自闭症的诸多临床行为表现理论，主要从神经生理学视角来阐释动物及人的模仿能力不足这一假设。该理论是 20 世纪 90 年代初由意大利的 Rizzolatti 提出。事实上，动作模仿的神经基础就是镜像神经系统。相关研究显示，自闭症儿童具有明显的重复行为和刻板行为，其语言以及动作模仿能力较差。鉴于此，相关学者聚焦于自闭症儿童的模仿等能力以及神经基础的研究，旨在借助于镜像神经元功能障碍理论来阐释自闭症儿童的语言以及动作模仿能力欠佳的原因。

1992 年，意大利 Parma 大学的 Rizzolatti 等人的研究团队（Pellegrino，1992：176 - 180）在对猴子的前运动皮层 F5 区进行研究时无意间发现，无论猴子是有目的地实施某个动作（如，摘果子）还是听见与动作行为相关的声音(如,剥花生),都可以在这一区域检测到神经细胞的放电现象。
更进一步来说,当猴子看到同伴做出相似的动作时或仅仅听到声音的情
形下,神经元同样会被激活。研究者将这种类似镜子、可以投射他人动
作行为的细胞视为"镜像神经元"(mirror neuron)。此外,研究者进一步
发现,镜像神经元既存在于观察动作行为的皮质区,又存在于模仿行为
的皮质区(周念丽,2011:49)。鉴于此,Rizzolatti 的研究团队将上述具
有镜像特征的神经元称为"镜像神经元系统"(Mirror Neuron System,简
称 MNS)。上述发现随即引起研究者对人类镜像神经系统的探索。然
而,由于难以在人脑中植入单电极,因此只能借助于非侵入式技术,如功
能性磁共振成像、经颅磁刺激等间接探索人脑镜像神经元的存在。如,
1995 年,Fadiga 等人借助于经颅磁刺激技术对人类的前运动皮质进行
刺激研究,结果表明,与静止状态相比,人在观察由视觉引导的且有目的
的手部动作(如,拿勺子喝汤)时,手部肌肉的诱发电位记录会显著增多。
此外,其肌肉收缩模式也与动物相近。由此,Fadiga 等人通过细胞结构
推测出猴子的 F5 区与人类的布洛卡区同源。同时,诸多研究比较受试
者实施行为或观察他人实施行为时共同被激活的脑区,发现在顶下叶
(IPL)、额下回(IFG)以及运动视觉输入的颞上沟(Superior Temporal
Sulcus,简称 STS)存在着与镜像神经元相似的区域,上述三个部分统称
为人类镜像神经元系统(MNS)(Rizzolatti & Craighero,2004;汪寅、陈
巍,2010:298)。而关于人类模仿行为的脑成像研究显示,不仅在观察他
人的动作时,而且在实施相应的动作时,人类大脑的布洛卡区以及镜像
神经系统都处于选择性地被激活状态(Iacoboni,Woods,Brass *et al*.,
1999;Decety,Chaminade,Greeze & Meltzoff,2002),这也表明人类
动作行为模仿的神经基础是镜像神经系统。还有研究发现,当进行观察
以及模仿行为时,人类位于额下的岛盖部以及喙后顶叶皮质处于显著激
活状态(Rizzolatti & Craighero,2004;Macro & Mirella,2006)。然而,
自闭症儿童在进行模仿行为时,其额下回的岛盖并未处于激活状态。由
此认为,镜像神经元功能障碍理论可以用来阐释自闭症儿童的模仿能力
欠佳以及语言发展障碍等问题。按照 Rogers 以及 Pennington 的"自
我-他人表征假设"(Self - Other Representation Hypothesis)进行解释,
自闭症儿童的感觉和运动能力均属正常,只是他们难以建立自我与他人
在社会行为上的表征联系。此外,镜像神经元还与人类的诸多社会行为

以及认知相关。其一为心理理论。Pineda & Hecht（2009）发现，负责处理心理理论任务的脑区可能属于镜像神经元系统的一部分。Ochsner 等人的研究也发现，自闭症儿童在评价自我对某一幅画的情绪反应以及推测他人对该幅画的情绪反应时，其中前额皮层均有活动，这再一次说明中前额皮层在心理理论任务中所扮演的重要角色。尽管，中前额皮层并不属于传统上所划分的人类镜像神经元系统，但是该皮层所具有的镜像特征似乎表明其可作为该系统中新的成分。其二为共情。William（2008）的研究表明，自闭症儿童可以感知诸多情绪，并对情感的变化敏感。可见，他们的情感感知能力较为完整，只是在感知-动作模型中的自动激活部分尚有缺陷。之后的面部表情模仿研究也进一步证实，当对正常受试进行面部表情刺激时，他们会无意识地对表情进行模仿（van der Gaag *et al.*，2007；Clark *et al.*，2008）。McIntosh 等人（2006）通过EMG（electromyogram）肌电图发现，与典型发育儿童相比，自闭症儿童自动模仿图片中的面部表情能力较差，但是如果他们被要求主动模仿图片中的表情时，其肌电图所示结果又与典型发育儿童相吻合。这似乎暗示自闭症儿童只是自动模仿功能具有缺陷。其三是语言理解。经颅磁刺激技术以及神经影像学的研究结果均显示，正常受试在听到或读到与某一动作行为相关的话语或执行某一动作行为时，他们的镜像神经元系统均处于被激活状态，该结果表明，镜像神经元系统介入语言的加工与理解（Hauk & Pulvermuller，2004；Buccino *et al.*，2005；Tettamanti *et al.*，2005；Gazzola *et al.*，2006；Aziz-Zadeh *et al.*，2006；Corballis，2010；Perlovsky & Ilin，2013）。事实上，自闭症儿童的词汇、语法、语义甚至语音都存在问题（Tager-Flusberg，2000）。高功能自闭症儿童往往会创造一些稀奇古怪的词，但这些词对他人而言是毫无意义的（Volden & Lord，1991）。此外，他们还具有代词错用的问题，如将"他人"说成"我"；而低功能自闭症儿童往往具有重复模仿的问题，比如在交际中重复他人刚刚叙述的话语（McEvoy *et al.*，1988）。[1] 解剖学上的证据也表明，镜像神经元系统的确和语言产生与理解的区域关系密切。具体为，在语言产生的布洛卡区可以定位到镜像神经元系统的额下回（IFG）。在语言理解的韦尼克区同样可以定位到镜像神经元系统的颞上沟（STS）（Le Bel *et al.*，2009）。

---

① 汪寅，陈巍.孤独症破镜儿童述评［J］.心理科学进展，2010(2)：299 - 300.

第二章 自闭症儿童语用障碍研究理论背景

30 综上所述,镜像神经元功能障碍理论较好地阐释了自闭症儿童在对动作行为进行理解或模仿、心理理论、移情以及语言方面的缺陷。换言之,镜像神经元系统与自闭症儿童的诸多临床表现关系密切。但是,除镜像神经元系统发生障碍之外,也可能与其他的认知缺陷有关。因此,只能说镜像神经区域的受损很可能是用来解释自闭症儿童症状的原因之一。

五、关联理论

关联理论(Relevance Theory,简称 RT)是由 Sperber & Wilson 于1986 年在其著作 *Relevance: Communication and Cognition*(《关联:交际与认知》〈1995 年该书第二版对部分内容做了修正〉)一书中首次提出。关联理论自产生之日起就备受语言学界的广泛关注。在批判并继承了Grice 的会话含意理论的基础上,该理论从认知的视角阐释人类在交际以及认知层面的诸多共性。关联理论侧重于处理认知加工过程,一个认知-推理的明示过程,强调语用推理在话语理解中的重要意义,而不是仅仅关注语境行为或是使用原则(Sperber & Wilson,1995)。确切而言,该理论指人类在信息处理过程中需要付出一定的加工努力,如果此时付出的努力程度越大,其成功获取话语意义的关联概率就越大;反之亦然。为了达到上述目的,交际者就必须关注与自己最为相关的现有信息。这里,认知环境在信息处理过程中发挥着举足轻重的作用。同时,关联理论认为关联原则成为明示-推理这一交际模式的总概括,每一个明示交际行为的前提是假设其本身具备最佳关联性。上述论述即为关联理论的两条关联原则。而对于受话人而言,其在理解话语并做出推理的过程中需要遵循这一假设,即沿着最小处理努力的路径且按照语境可及性依次推导话语认知效果的过程止于在关联期待获得满足之时。

例如:

A:Is Mary a good friend of yours?(玛丽是你的好朋友吗?)

B:I know her.(我认识她。)

B 试图对 A 的提问做出相关回答,因此推测 B 的回复试图传递如下信息:Mary is not a good friend of mine.(玛丽并不是我的好朋友。)同样,B 认为作为受话人的 A 完全可以最小的认知处理努力来解读该话语。最小认知处理努力意味着借助于语境可以立即获取交际意图。那么,究竟如何获得此交际意图呢? 根据关联原则,在此语境下,"我只略微了解玛丽"以及"好朋友不应该只是略微了解"应该被推断出来,前者是基于语境进行推理;后者是基于百科知识进行推断。上述两个推导出的信息综合起来产生交际意图,即玛丽并不是我的好朋友。进一步来说,整个推理过程如下:既然 B 仅仅略微了解玛丽,而好朋友是彼此相互了解,那么玛丽不可能是 B 的好朋友。因此,B 的答案确实和 A 的问题息息相关。与 Grice 不同,Sperber & Wilson 坚信关联原则不仅对隐含意义的形成起作用,而且对语言或非命题的意义的理解至关重要。我们是通过如下过程来进行话语理解或生成的(如图 2.2)。这里,Sperber & Wilson 认为语言意义来自一种特殊的语言处理器,并可以生成非命题逻辑形式。这些语义上不完整的形式不可能存在真假值。例如,"He stepped on her foot."(他踩了她的脚。)这个句子不可能是正确的,也不可能是错误的。因为这一句子首先要经历指称赋值(reference assignment)①的过程,进而在可能成为真命题或假命题之前,需要填补

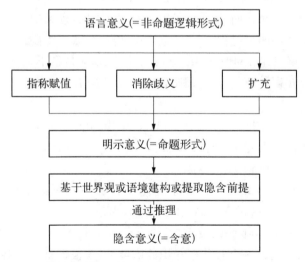

图 2.2 从关联理论视角理解语用意义(Sperber & Wilson, 1995)

---

① 指称赋值作为话语理解的一部分,其目的是确认说话人所传递的命题和态度,确定交际意图,其标准唯有最佳相关。

"他"和"她"在概念上的空白,即他-约翰-我的-说话人的丈夫,踩在玛丽的-我的-说话人女儿的脚上。该填补过程以关联原则为指导,生成明示意义。明示意义指的是介于语言意义和隐含意义之间的意义。除了指称赋值这一过程外,明示意义还通过"消除歧义"(disambiguation)和"扩充"(enrichment)来实现。例如,为了可以理解该句子"It's time to put down the baby."(该把婴儿放下来了。)的隐含意义,首先就要消除 put down 一词的歧义,因为 put down 一词有"放下(使)睡觉""杀死(危险或病重的动物)"等诸多含义。而最终在消除歧义之后所获得的意义就是明示意义。但是,受话人在对 put down 进行词义选择时又是如何选择前者而非后者的呢?原因就在于借助于关联原则以及世界知识加之语境中涉及婴儿,因此前者是唯一可能的选择。扩充过程会使非命题形式变为命题形式,以此来产生明示意义。例如,在观看一场激动人心的网球比赛时,观众并没有安静下来以便球员进行发球。这时,裁判严厉地说出"Please!"(请!),便可扩充为"请保持安静,以便准备发球的球员可以发球"。如果没有扩充这一过程,受话人不可能理解裁判的"请"字。同理,扩充过程也离不开关联原则,这样关联性阐释才得以产生。当明示意义生成之后,我们会获得隐含意义(implicated meanings)或含意(implicature)。而它们并不能在语言意义或明示意义中产生。含意的产生也需要经历两个过程。第一,需要获得一个或多个隐含前提;第二,需要推导出隐含结论(唯一的结论,在关联原则的帮助下)。隐含前提需要基于世界知识并遵循关联原则才能提取或建构。

例如:

A:Did your daughter get a place at the university?

（您的女儿考上大学了吗?)

B:1. She didn't get 3 As.

（她在 B 级时没有获得 3 个 A。)（共享知识:对于 B 级,你需要至少获得 3 个 A 才可能进入大学。)

2. She didn't get 3 As.(她没有获得 3 个 A。)（无共享知识)

在 B 回答的第一个有共享知识的语境下,A 很容易基于共享知识的前提以及所陈述的前提推导出隐含结论(隐含意义/含意),即"My daughter did not get a place at the university."(我女儿并没有考入大学。)而对于第二个没有共享知识的语境,A 需要基于他/她的世界知识以及关联原则建构隐含前提,即将 B 的话语(陈述前提)进行指称赋值以及扩充,从而进入推理过程。

实际上,关联理论的核心思想也是一种认知心理学理论,它的主要独特之处体现在从认知的角度研究语用现象,通过概念表征在认知语境中加工并传递刺激信号(话语),说话人调用合理假设(assumption)(话语双方在主观上认为是一种事实的思想且这种思想与原来的思想相互作用以便产生新的语境效果、提供证据以此增强原假设或与原假设产生矛盾使原假设被取消),对话语意义进行心理表征。受话人在接受语句之后,为理解该语句需要不断调整认知语境,调用或加入相关假设以便产生语境效果。但是受话人不会无止境地付出过多的处理努力(processing effort)搜索语境效果,即对语句进行认知加工中所耗用的心智力量。可以说,心智力量要与相应的语境效果进行匹配,关联理论借助心智力量与语境效果之间的对应关系来界定关联(relevance)的内涵。语境效果越大,说话人传递的言语信息就越具有关联性;相反,在其他条件恒定的条件下,心智力量越大,言语的关联程度就越小。话语双方期望实现的是言语可带来足够多的语境效果且遵循认知省力原则以便实现语境效果和心智力量的黄金比例,从而达到优化关联(optimal relevance)。对于说话人而言,他/她所选择表达思想的方式会使受话人以此为基准使用适当的心智力量得到相应的语境效果。所以说,说话人为了使受话人完全理解其话语意义,会尽最大可能使用最具关联性的表述方式。受话人在解读话语时会选择认知语境中排序最靠前的假设。因此,说话人和受话人在无形中都使用了关联原则,用最小的心智力量推导最佳的认知效果,直到关联期待得到满足。而说话人话语信息的处理以对关联期待的满足或放弃为基准。

至此,国内外学者对关联理论进行深入探究,并将其应用于话语理解、话语标记语、预设、翻译、二语习得等领域。这些应用关联理论所探讨的领域涉及语义学、语用学、语篇分析、认知科学、语言哲学、心理语言学等,并对其他交叉学科也有一定的影响,如人工智能、逻辑学、翻译学、交际传播学等。

针对外界对关联理论尚缺少实证数据的支持这一问题,Sperber 在引领一个新的潮流,即采用认知心理学的实验方法对关联理论的心理现实性予以验证(Noveck & Sperber, 2004; Noveck & Sperber, 2007),使实验语用学得以诞生。因此,关联理论可以用来分析成人阿斯伯格综合征患者(Happé,1991)、精神错乱患者(Garcia *et al.*,2001)、脑额叶受损患者(McDonald & Pearce,1996)、大脑右半球损伤患者(Dipper,Bryan & Tyson,1997)、精神分裂症患者(Mitchley *et al.*,1998)、创伤性脑损伤患者(McDonald,1999)、自闭症儿童(Firth,1989)以及其他语用障碍患者之间的对话。实际上,有研究表明,关联理论旨在深入了解这类群体之间的交互本质,不仅对探索患儿的语用障碍问题至关重要,而且能为患儿的治疗提供有价值的借鉴(Leinonen & Kerbel,1999:367)。根据关联理论,话语被认为要在某种程度上相关联,并值得受话人予以关注,以便确保其付出最小的努力就可以获得最佳关联。根据 Sperber & Wilson 所述(1995:162),与 Grice 的会话合作原则及其相关准则需要被遵守、被违反来取得某个交际效果不同,交际不需要遵守关联原则,因为人类的认知本质上是以关联为导向的。Foster-Cohen & Konrad (1996)强调,甚至 4 岁半的儿童就可以运用关联原则;而认为"儿童年纪太小,不会理解讽刺话语"这一论断却被父母使用条件句以此来违背儿童期望时打破。比如,父母对儿童说:"现在食物很烫,如果你想烫伤你的嘴的话,请便。(It's really burning hot so if you would like to burn your mouth, you're feel free.)"儿童是可以理解的。因为儿童只要有最为初级的心智理论知识,关联原则便开始起作用。Happé(1993)在对自闭症谱系障碍儿童的调查中,发现患儿难以借助关联理论对隐喻以及反语进行解读。因为他们不能推断超越字面意义的交际意图,而关联理论需要交际者推理出他人的交际意图。

Loukusa *et al.*(2007a)通过关联理论来测试阿斯伯格综合征以及高功能自闭症儿童基于语境回复问题的情况。在此实验中,受试需要借助于关联语境来回答问题,当找到正确答案时,受试需要停止关联推理过程。研究发现,即使受试已经做出准确解答时,他们并没有停止关联推理过程。研究者表示,语用障碍产生的原因不能仅仅借助于关联理论进行解释,但是关联理论却可以帮助我们定位造成交际中断的要素。Leinonen & Kerbel (1999)借助于关联理论框架来阐释三名儿童的语用困难问题。研究表明,关联理论可以帮助判断,在某一特定语境下某一表达方式是否存在问题。该理论使我们可以从仅仅描述表面行为过渡到可以理解交际困难如何产生。Dipper 等人(1997)利用关联理论来解释大脑右半球损伤的成人连接推理困难。这里，连接推理包括三种类型，分别是篇章、篇章强化以及百科知识。其中，篇章连接推理基于语篇的语言内容；篇章强化连接推理主要依靠连接词，从而在前一句的基础上来理解此句；百科知识连接推理主要利用记忆中的百科知识。研究结果显示，与正常受试相比，大脑右半球损伤患者通过文本有限的语言提示信息，即基于语篇的连接词进行推理的能力有限。相反，他们仅仅依靠百科知识进行推理。除此之外，关联理论还被用来调查特殊型语言障碍儿童对参照物的指定（Schelletter & Leinonen，2003）以及评价该类儿童的语用理解能力（Ryder *et al.*，2008）。因此，在与自闭症儿童进行交际时，为达到有效的交际目的，说话人需要承担推理任务，为自闭症儿童提供较多的语言显性信息，使其付出较少的推理努力（Perkins，2007：20）。目前，关联理论被认为可以用来阐释语用障碍儿童理解/生成话语的过程。

（一）理论价值

目前，患儿所具有的语义困难（例如，歧义、省略、代词）被置于语用学领域予以解读，因为关联原则可以用来析取话语的命题内容。换言之，关联原则对于解读话语的明示意义作用非凡，而具有语义困难的患儿难以习得非命题意义（语言意义）。既然语义学与语用学有了更加明晰的描述，现在就更容易推断出某一特别的交际障碍出现在语义层还是语用层。

（二）语用障碍

1. 第一种可能是具有语用障碍的患儿通过扩充、指称赋值或歧义消解的过程将语言意义变成命题意义存在困难。此种情况下，语用障碍发生在明示意义层，这就会具有阻碍隐含意义获得的可能性。

2. 第二种可能发生在推导隐含前提的过程中。在此种情形下，患儿将在提取现有信息作为前提或基于现有信息建构新的前提方面还存在困难。与前者相比，后者在认知处理上更费力。

3. 最后，语用障碍可以出现在隐含结论的推导中。患儿不可能通过推导过程来获得结论，或者说患儿无法通过权衡有用的证据来获得相关结论。（在此，关联原则并没有派上用场。）

（三）理解问题

36

1. 理解语言意义

词汇和语法意义是理解话语意义的基础。正如关联理论所指出的，语言的意义（或非命题意义）是进一步实施理解的基础，这包括明示意义和隐含意义的形成。例如，考虑如下对话。该对话的语境是一个小孩准备将一罐辣椒酱倾倒在食物上。

例如：

Mother：Careful with that. It's very hot.（母亲：当心，很辣。）

Child drops the bottle and blows onto his hand.（儿童将装有辣椒酱的罐子扔下，赶紧吹手。）

此例中，该儿童的误解主要来自 hot 这一词汇。为了解读母亲的话语，该儿童需要借助语境来消除 hot 所具有的含义（"辣的"以及"烫的，以至于不可以用手去触碰"）。如果该儿童仅仅掌握 hot 关于"烫的"这一层意义的话，那么他就不可能将句中的 hot 解读成"辣的"的意思，进而难以理解母亲话语的深层内涵。假设该误解源自该儿童尚未掌握 hot 的另一层含义，可以说这种交际障碍是语义层面的。然而，如果该儿童对 hot 的上述两层含义都已经掌握，仍然没有正确解读出该话语。那么，此儿童在消除歧义方面存在问题（该儿童的认知和记忆力存在问题，或缺少该领域的经验），难以在语境的帮助下从记忆深处提取相关含义，这也被归为语用学的问题（基于关联理论）。

2. 推导明示意义

正如上文所述，明示意义是从语言意义以及隐含意义之间推导而得。根据 Sperber & Wilson 的研究，在推导会话中的明示意义时，三个过程不可避免：消除歧义、指称赋值以及扩充。

总而言之，我们可以应用关联理论的相关观点来探索、理解以及阐释语用障碍儿童在动态交互过程中出现的交际障碍。同时，该理论为确定交际的充分性提供了坚实的基础。当其中一个过程与说话人所要传递的意图相矛盾时，理解过程即会受到影响。在诸多情况下，上述过程相互组合，构成整体。

3. 消除歧义

众所周知，话语具有双层或多层意义，这就需要受话人在语境的帮助下消除话语的歧义。具有语用障碍的儿童在消除歧义方面的确表现出其问题所在,比如下面的例子。(该对话发生在图片排序任务之时。图片展现的是一名儿童正坐在餐桌前吃早餐,时钟指示的是八点整。接下来的图片展现的是该儿童带着餐盒准备离开家去上学。)

例:

A:What time of day do you think this might be when they are eating?

(A:你认为他们吃饭时可能是几点钟?)

B:Mmm ... It is summer.

(B:嗯嗯……是夏天。)

进一步证实得知,儿童 B 的确知道"时间"(time)和"天"(day)的精确意义,但是没有证据可以证实她已掌握了短语 time of day(这一天的什么时间)的意义。该例说明,显而易见,儿童 B 仅仅关注了 time(时间/时候)这一单词。所以,她需要基于研究者的问题来消除关于 time 的歧义。当然,time 一词既可以指"一天中的时间"也可以指"一年中的季节"。图片中的语境提示一名儿童在早上 8 点的时候正在吃早餐,然后出门上学。关联原则会帮助儿童 B 消除歧义,从而定位 time 指的是"一天中的时间"。此外,该图片也没有显示天气情况,即没有季节指示。这表明,儿童 B 具有概念困难,难以区分季节、钟表显示的时刻以及月份等。

4. 指称赋值

尽管研究认为具有语用障碍的儿童同时具有指称困难,但是没有数据表明儿童在话语理解中广泛存在指称赋值问题。因为在许多情况下,儿童并不能直接回应研究者的问题或评论,因此并不能判断在处理研究者的话语时,儿童是否正确分配了指称。或许成人在与语用障碍儿童交流时更严格地遵守关联原则,以确保患儿可以轻松自如地进行指称赋值。

5. 扩充话语

下例将揭示患儿在扩充理解过程中存在困难。对研究者问题的"奇怪"回答有时可反映出患儿没能按照研究者的意图去丰富话语。(此例中成人针对图片中的"洪水"进行提问。图片中有生活用品、牛、树,还有人抱着木头碎片顺流而下。住在河边小镇上的人们似乎也被洪水困住,因为他们正坐在车顶上。）

38　　例：

　　A：Why are people sitting on the roofs of their cars?

　　　　（A：为什么人们坐在车顶上？）

　　B：Um … er… （laughs）… er… because，because they might slip down because they might slip into the water they might slip.

　　　　［B：嗯……（大笑）……嗯，因为，因为他们可能会滑下去，因为他们可能会滑进水里，他们可能会滑。］

事实上，研究者想要得到的最直接的答复是"因为他们不想被弄湿或被淹死"。或者回答"他们都吓坏了"也是合情合理的，因为受话人完全可以通过丰富话语使之成为完整的命题形式来得到预期的答案："如果不是坐在车顶上，而是坐在汽车里或走在大街上，就会有被淹死的可能，因为水位很高。"而此例中患儿的回答反映出其不能思考出人们坐在车顶上的原因。然而，他们难以作答也揭示出其具有不可以正确扩充话语、没有听从指令等问题。该例中患儿的回答是针对"图片中他们为什么坐在车顶上而不是站在车顶上"。由此可见，由 why 引导的问句作为问题将使研究者可以深入探索患儿出现该问题的原因。

（四）理解隐含信息

成功地解读了话语的语言意义并获得了预期的明示意义之后，受话人可能需要进一步处理话语所产生的隐含意义。正如上文所述，处理含意涉及两个阶段——提取并建构一个或多个隐含前提以及由此推导出的隐含结构，而交际障碍可能是发生于两个阶段之一。

　　例如：

　　S：You know after Christmas I am going on holiday.

　　　　（S：你知道圣诞节后我将会去度假。）

　　A：Mmm.

　　　　（A：嗯。）

　　S：An' I won't be at school.

　　　　（S：不用去上学了。）

　　A：Where are you going then?

　　　　（A：那么，你要去哪？）

S：I don't know. I might go to the same holiday. I'm not going to a different one.

（S：我不知道。我可能去同一个假期。我不会去别的地方。）

A：The same as what?

（A：和什么一样？）

S：The same holiday. Umm we like going on the beach.

（S：同一个假期。嗯，我们喜欢去海滩。）

A：Umm. It'll be a bit cold in January, after Christmas, won't it?

（A：嗯。圣诞节过后，1月份会有点冷，难道不是吗？）

S：Yeah, a bit cold (slight laughter).

［S：是的，有点冷（轻微的笑声）。］

A：Do you think that you still go on a beach holiday? Or is it ... do you have to go on an aeroplane?

（A：你认为你仍然会去海滩度假吗？或者说，你必须乘飞机去吗？）

S：Umm ... (No, going on a train).

［S：嗯……（不，乘火车）。］

A：(Going to fly?) Alright. So you're not coming back after Christmas to school?

［A：（乘飞机吧？）好吧，那么你不打算圣诞节之后去上学吗？］

该例表明，儿童 S 并没能对含意进行理解。如研究者表示"圣诞节过后，1月份会有点冷，难道不是吗？"基于语境，儿童 S 应该根据此句推导出你不能在1月份去英国的海滩度假，因为天气太冷了。这一含意基于如下一系列隐含前提：1）S 打算在圣诞节之后去海滩度假（建构前提）；2）圣诞节之后英国有点冷（前提源于百科知识以及研究者的话语）；3）天冷的时候人们不会去海滩度假（建构前提）。然而，儿童 S 仅仅回答道："是的，有点冷。"此时，该儿童的回答并没有基于语境且没能思考研究者话语的含意。可以推知，儿童 S 实际上并没有推导出研究者话语的含意，而仅仅对研究者话语的语言意义做出反应，可能无法建构部分或全部的隐含前提。事实上，研究者意识到儿童 S 并没有理解其话语意义，由此，研究者继续以不同于先前的方式追问该儿童 S 的假期："你认为你仍然会去海滩度假吗？或者说，你必须乘飞机去吗？"研究者试图启发该儿童再一次尝试推导含意,如问道:"你要去一个遥远的地方,去海滩度假吗?"为了获得话语的隐含结论,儿童 S 需要推导出两个隐含前提:第一,该儿童必须基于其世界知识以及之前的经历推导出一个人乘坐飞机去旅行所要走的路很远,但是可能比乘坐汽车要容易些或更可行;第二,该儿童要知道必须有这样一个地方,虽然有点冷但可以在 1 月份足够温暖,可以让人享受到拥有海滩的假期。只要该儿童可以建构这些隐含前提,她完全有可能推导出研究者的隐含结论,即在询问该儿童是否要到很远的地方去享受海滩假期。遗憾的是,儿童 S 的回答却是"不,乘火车",这表明她并没有抓住研究者该话语的潜在含意。

此外,儿童 S 的交际障碍还存在于其在处理扩充话语以及消除歧义的过程之中。该儿童对于成人的提问"和什么一样?"时,不能给予清晰的阐释。事实上,儿童 S 完全可以通过扩充话语以及消除歧义的方式推导出成人提问中的明示意义,即,你认为这次假期跟哪次假期一样,是到同一个地方? 然而,该儿童难以推导出问题中所涉及的明示意义。因此,她只是简单地重复之前的话语以便完成话轮转换的任务。①

关联理论提示,儿童在理解语用意义时具有困难或难以产生最佳相关话语有如下原因:

① 缺少世界知识;

② 提取相关信息或建立相关语境前提出现困难;

③ 认知推理过程出现困难(如,推理);

④ 判断语境凸显出现问题,并且在判断他人所知或者所能处理的过程中出现困难;

⑤ 在判断哪些是他人所掌握的最相关信息时出现困难。

上述原因为进一步探索儿童语用障碍问题提供了依据。这也表明,认知与语用意义之间存在着密切的联系,因此有理由相信语用障碍是基于认知基础的。值得我们深思的是由于患儿并不"了解"关联原则,因此他们会产出不合时宜的话语。事实上,从 Sperber & Wilson(1995)的观点来看,这是不可能的。因为他们认为,交际者和受众不需要了解太多与交际相关的原则,就像他们不需要知道与繁殖有关的遗传学一样。交

---

① 参见 Leinonen, E. & D. Kerbel. Relevance theory and pragmatic impairment [J]. *International Journal of Language & Communication Disorders*, 1999, 34(4): 367–390.

际者无须遵守关联原则,即使他们想违背也难以实现。因为关联原则毫无例外地适用:每一个明示交际行为都传递了相关性假设。上述例子也表明,患儿在推导语用意义时并不总是可以与预期的意义相符,尽管他们的目标可能是生成最大程度相关的话语,并以最相关的方式理解话语。但问题的关键是患儿在应用关联原则的过程中出现问题。此外,从最佳关联原则的定义中也可明显看出,该理论表明,对于生成以及理解相关话语出现困难的最好阐释是说话人对受话人的认知能力及语境资源(百科知识)预估不足。这就意味着说话人可能高估或低估受话人的资源,从而导致潜在的交际障碍。过高的预估导致受话人无法理解所要表达的意思;而低估会导致信息的不恰当表达,因为其预想这些信息对于受话人而言是已知的。同时认为,患儿还存在社会认知障碍,这包括对心智理论的掌握。实际上,这已经在 Shields(1996)关于语用障碍儿童的实验中得到证实。

Sperber & Wilson 注意到推理交际的本质即是不确定的过程,在此过程中,受话人只能基于所有的已知信息建构假设。即使是在最完美的状态下,交际也可能失败,因为交际与推测有关,虽然并不是随机推测。由此,语用障碍儿童在理解语用意义时出现障碍是由于患儿无法权衡已有信息并基于此建构更多的相关前提,以便获取最具相关性的信息。与此同时,Bishop & Adams(1992)以及 Leinonen & Letts(1997)的研究均表明,语用障碍儿童在开放的交际情境中或从诸多可能的解释中选择一个最合适的解释存在困难。

六、预设

预设(Presupposition)也被称为"前提""前设""先设",最初起源于哲学界。之后,随着语义学的蓬勃发展,该术语获得了语言学家的关注,并被视为一种语义关系,需要借助于逻辑概念、语义以及语境等推导出话语意义的先设条件。而语用学的兴起又为此项研究注入了新的生机。语言学家对预设的关注主要始于对语义关系的探讨。他们将预设视为两个语义命题间的关系。在诸多语义关系中,"蕴含"(entailment)是最为关键的。它是指如果在任何使 A 真实的条件下,B 同样也真实,那么可以说,A 在语义上蕴含 B。如:He is a bachelor. 这一句便蕴含 He is a man. 因为,在任何情形下,如果他是位单身汉,那么他一定是个男人。此外,句子 A 若是蕴含 B 必须满足两个条件:

1) 如果 A 为真,B 亦然;

2) 如果 A 不为真,B 可能为真,也可能不为真。

与蕴含一样,预设也是对句子命题所进行的推理。如果 A 和 B 两个句子具有预设条件,必须满足如下两个条件:

1) 如果 A 为真,B 也为真;

2) 如果 A 不为真,B 仍然为真。

例如:

Carter is married.

此句的预设是:

Carter exists.

如果上句话并非真实,即,

Carter is not married.

它的预设为 Carter exists 仍然为真。

预设一般分为语义预设(Semantic Presupposition)以及语用预设(Pragmatic Presupposition)。语义预设的关键是真值条件,大部分是由语言本身所决定的。如,Mary's sister is beautiful. 无论这句话是否真实,先设条件 Mary has a sister 永远存在。所以说,语义预设是属于语句命题本身的意义,是抽象且静态的存在。但是,我们都知道,话语使用在具体的语境中,因此仅仅从语义的视角探究预设还相去甚远,有必要从语言运用的视角来探究预设,这就是语用预设。语用预设指的是那些对语境敏感的,与说话人(有时包括说话对象)的信念、态度、意图有关的前提关系(何自然,1997:68)。据此,语用预设将说话人与预设相关联,与语境密不可分,是具体且动态的存在。

此外,对于语用预设目前存在 3 种解读方式。

第一种对语用预设的理解为说话人对言语语境所进行的假设。如下例:

a:Lisa realizes that Zagreb is the capital of the Republic of Croatia.

b:Lisa does not realize that Zagreb is the capital of the Republic of Croatia.

c：Zagreb is the capital of the Republic of Croatia.

在这组例句中,句 a 和句 b 的预设都为 c。换言之,说话人在阐述 a 和 b 两句话时已经具有 Zagreb is the capital of the Republic of Croatia 这样的预设。

第二种认为语用预设是在实施一个言语行为时所必须满足的适切条件或某一话语具备的社会适切性应需满足的条件。如下例:

a. Susan criticized Mike for chatting on line.

b. Mike chatted on line.

对于这组句子,句 b 是句 a 的预设。Keenan(1971)将预设视为话语的社会适切性所需要满足的条件。她认为诸多句子在有文化的制约或符合某一语境时才可使这些句子被人所解读。这些条件即为句子的预设。如,Mr. Dave, can I get your car? 这句话具有如下预设:受话人是成年男性,他的社会地位要比说话人的高,或者交际双方并不熟络。

第三种的解读为将语用预设视为交际双方所共享的知识或背景知识。如:

a：Susan has a brother.

b：Susan exists.

可见,语用预设的三种解读方式相互联系。第一种和第三种,从某种程度来看是重叠的,因为说话人视为交际双方共知的内容也是说话人认为真实的。此外,对于第二种解读,即将预设视为施行某一种言语行为的必要条件,也认为说话人相信这种预设是存在的。无论如何,上述三种阐释的一致性在于预设是交际双方所共享的知识,基于此,说话人才有机会对受话人讲述某一话语,并认为受话人可以理解其话语,也正是基于共享的背景知识,受话人才能正确解读说话人所传递的话语意图。如上例,如果不存在 Susan 这个人,抑或是交际双方并不知道此人的存在,那么说话人也不会说"Susan has a brother."

综上,正如 Yule(1996)所言,蕴含和预设均是说话人没有直接表达但在交际之中得以传递的信息,它们都可归为已知信息。但它们的差异是,预设取决于说话人的概念,蕴含取决于句子的概念。换言之,预设是说话人在阐述话语之前所进行的诸多设想;蕴含是基于话语内容所实施的逻辑推理结构。由此认为,说话人持有预设,句子含有蕴含。

但是,国内学者陈新仁(1998)认为语用预设是推理的前提。推理的成功与否在很大程度上取决于对预设的共知性,但是这种共知性并不绝对,这样就为说话人留下了构想空间。由此,为确定语用预设对话语解读应具备的条件的同时还需探索其自身的特性。首先,语用预设是单向度的。这里意指语用预设是由说话人单方面实现的。而共同性针对的是话语理解,是话语理解的基础。就单向度而言,在经受话人推导之前,语用预设只存在于说话人一方。通过会话,交际双方可建立共知,在此过程中使预设得以显明。其次,语用预设带来主观性,其本身并无真实或正确与否。它与语境或是说话人本身有关(Stalnaker,1971;Leech,1981)。此外,语用预设还具有可取消性,该特性与说话人的态度和信念息息相关(何自然,1997:68)。最后,语用预设较为隐性。预设的部分内容是隐含的,这就会导致受话人将说话人的"断言性"预设视为真实并予以接受。

此外,语用预设还具有某些交际功能。一是使语言表达简明扼要。说话人在话语编码的过程中不会将常识性知识引入其中。由此,凡是说话人认为受话人所熟知的、已知的或是可理解的信息,均可以通过预设的方式表达,避免话语的复杂性。二是增强话语的信服度。预设往往隐含于话语之中,不属于话语的字面意义,属于附加信息。如某些广告语言往往借助于预设的非明说意义以及社会心理学,使受众更加信服。三是预设可帮助传递更多信息或言外之意。借助于预设的隐含性,说话人可将难以启齿或不方便透露的信息以预设的方式隐含在话语之中。四是预设可符合说话人的利益。预设是交际的起始,其适切与否会推动交际的发展与方向。利用语用预设的主观性特征,说话人可以基于自己的交际目的选择预设,使话题有利于自身。五是实现难以企及的交际目的。说话人可以借助于预设,有目的地选择符合自身交际目的的预设,从而实现交际目的。

对于儿童而言,只言片语同样也具有预设,因为儿童话语需要依靠适切的语境等因素才得以解读。例如,儿童在父亲没有出现,只听到其脚步声的情况下,仅仅说了句"daddy",就预设出父亲即将进屋。又如,儿童只说了"self"一词,预设其可以自己去给面包涂黄油,而不用妈妈帮助。再如儿童 Matthew 的姐姐 Lauren 说道:"Let me do it."而Matthew 却对妈妈说:"Mommy."显然,该词表示要将"做"这一动词的主体换成 mommy。这也预设"有人要做这件事"。由此认为,Let's do it

是"旧"信息,而 Matthew 的回答"mommy"是新信息。而当儿童的确定性话语与所涉及的语境相关时,这些话语就被称为"旧"信息,而不确定的话语则为"新"信息(Clark,1974;Chafe,1970)。再比如母子之间的对话,母亲问道:"What do you want?"儿童回答道:"Showel (shovel)."可见,该儿童只干净利落地为母亲提供了其所需要的信息,即新信息。母亲的问句所隐含的预设为该儿童想要某样东西。当然,这在该儿童的回复中尚未体现出来。儿童仅仅使用了一个单词,就提供了问题所需的信息。诚然,这种对话方式在母子之间的对话中屡见不鲜。由此看来,非语言层面上的信息和确定性之间的感知或认知差异被转化为语言层面上的新-旧信息。

诸多研究聚焦儿童对于事实性信息的理解(Abbeduto & Rosenberg,1985;Hopmann & Maratsos,1977;Scoville & Gordon,1980)。上述研究主要是为了探究儿童从何时开始可以对事实/非事实性信息进行区分。研究结果表示,4~7 岁之间,儿童可以对事实性/非事实性信息予以区别。尽管不同的研究获得了不同的结果,这可能也会跟实验任务有关。例如,Abbeduto & Rosenberg(1985)报道,大多数 4 岁的儿童已经意识到诸多动词(know,remember,forget)可预设补足语的真实性,而有些动词,如 think 却不能。Scoville & Gordon(1980)认为儿童成长到 7 岁自然而然地会习得事实性与非事实性动词。Hopmann & Maratsons(1977)表示,儿童在 5~7 岁这一时间段,在短时间内就可掌握这些区别。深入研究发现这些结果与任务要求、任务的复杂性、目标陈述语言语境以及动词选择有关(Olson & Astington,1986)。早期多数研究认为事实性信息属于逻辑概念,这就构成了儿童理解心理动词的重点有所差异的局面。这也是从语用学的视角来探究意义,关注语言的使用和语境,并试图从儿童对心理状态术语的理解和产生中推断出儿童对信念以及其他心理状态的构念。通常而言,有证据显示 4 岁儿童就有一个相当清晰的心智理论,使他们能够理解认知的区别,如区分 know 以及 think,这种区分是基于说话人、受话人对信息的解读以及指称情境。Moore & Furrow(1991)认为,事实性判断取决于儿童对心智理论的掌握,且其受制于儿童对动词的语用解读而不是其逻辑能力。这一观点得到了实验的支持,如 Moore & Davige(1989)发现,4 岁孩子并不能够区分事实性动词 knew 以及非事实性动词 sure,可能是因为这两个动词对于儿童而言具有高度的主观性。然而,他们的具体结论必须通过使用隐蔽手段来检验事实性信息。目前,检测儿童对事实性以及非事实性信息的语言直觉可借助于两种不同的任务。第一个任务(真值任务)通过要求儿童对补语从句的真值判断来探索动词的事实性预设;第二个任务(非任务)属于一种非正式的判断,可能依赖于话语层面的理解过程:给儿童展示一个复杂的句子,这个句子在对目标动词的事实性解读上是自相矛盾的,但在对动词的非事实性解读层面具有语义可接受性。儿童需要判断该句子是否可以接受。而判断预设的最关键环节则是在不引起逻辑矛盾的基础上,某些事实是否能不被否定。儿童对事实性信息的认知程度会随着语言的发展而不断变化,尽管事实性信息的概念较为抽象以及笼统,且依赖于语境以及动词意义(Falmagne,Gonsalves & Bennett-Lau,1993)。

七、指示语

"指示语"一词最初起源于希腊词汇,意思是"展示"或"指出"。指示语聚焦语言结构以及语言使用环境之间的关系。它们的使用与理解具有很强的语境依赖性,包括特定语境信息的摄取以及百科知识和逻辑知识等的利用。不仅如此,在特定语境下,它们还具有丰富的人际功能,而非仅仅传递信息(冉永平,2006:331)。换言之,这一现象可定义为话语语境或言语事件通过词汇或语法手段进行编码,以此来指示人、事、物、时、空等信息。Marmaridou(2010b)指出,指示语是使用某种语言表达以便定位时空、社会以及话语语境中的实体。通常被用来作为指示语的语言表达有:1)指示代词;2)第一人称和第二人称代词;3)时态标记;4)时间和空间副词;5)运动动词。Levinson(1983)将指示语分为5大类,包括人称指示语、地点指示语、事件指示语、篇章指示语以及社交指示语。

指示语是一种普遍存在的语言现象,即人类所有的语言都含有指示语。因为只有具有指示语的语言才可以有效地满足使用者的交际需求,提高语言的使用效率,减少不必要的冗余。Hillel(1964)曾指出指示性是自然语言的天然属性,言语交际中多数使用的陈述句均包含与说话人、说话时间或地点有关的隐性指称信息,如,我、你、这个、这里、现在、昨日等,只有结合具体语境才可以理解所指称的内容以及话语意义。Fillmore(1997)通过例子指出缺少指示信息的后果。

(found in a bottle in the sea)(在海里的瓶子里找到的)

Meet me here a month from now with a magic wand about this long.

(一个月后我们在这里见面,带一根大概这么长的魔杖。)

可见,没有相关的指示信息,受话人就不会知道将去见谁,何时何地去见传递信息的人,也不知道要带多长的魔杖。我们还可以看出,指示语要在具体的语境中使用和理解,是说话人意图以及信念在语境中的直观体现。指示现象也反映出语言结构与语境之间的最直观联系。这也与 Verschueren(1999)的结论一致,即,作为话语与现实世界相关联方式之一的指示语本身并不能展现精准的现实世界信息,需要借助于指示语境,定位指示中心(deictic centre),以此作为参照点。

指示语是基本的或中心的指示表达。如,第二人称代词就是一种指示语,而第三人称并不是。如下例:

You and *you*, but not *you*, go back to *your* dorms!

Mary wishes that *she* could visit the land of Lilliput.

但是需要指出的是,指示性表达可以是非指示性的。如下例:

If *you* travel on a train without a valid ticket, *you* will be liable to pay a penalty fare.

此例中,you 可被用作非人称代词,其功能类似于法语中的 on 或德语中的 man 等词汇。换言之,you 可以用作非指示性表达。

相反,非指示性表达也可以用作指示性的。如:

She's not the principal; *she* is. *She*'s the secretary.

在上例中,关于 she 的三个出现方式都依赖于直接的、每时每刻地对句子所处的物理环境的监控。因此,这里的第三人称代词是指示代词。

在指示语的用法当中,可以进一步区分手势指示语和象征性指示语(Fillmore,1971;Fillmore,1997:62-63)。手势指示语的使用只有通过对言语事件的物理环境的实时监控才可正确解读。因为此时的指示语表达只有在伴随某种形式的身体展现时才会被解释(如选择手势或眼神接触，当然可以是视觉、听觉或触觉方面的）。如"You, you, but not you, come with me."这句话中的 you 就是典型的手势指示语用法的其中一例。相形之下，对指示词的符号用法的阐释只涉及对言语事件的基本时、空、参与者角色、语篇等参数的把握，如果听到这个句子：This town is famous for its small antiques shops.你不会期待说话人对所指物附加身体指示，因为你可以知道说话人所指称的大体地点，而且也会毫无疑问地去理解它。显然，手势指示语是最基本的用法，而象征性指示语属于延伸用法。似乎在一般情况下，如果指示语表达可以通过符号的方式体现，它同样也可以借助手势完成，但反之亦然。因此，在世界上的语言中，有一些指示语只能在特定的场合中使用。当然，还存在非指示用法，其可进一步分为照应用法（anaphoric use）和非照应用法（non-anaphoric use），在"Mary came in and she turned on the light."中 she 是前照应用法，指称 Mary。而"You, you, but not you ..."中的 you 却不受语境影响，可以指任何人，表示泛指，属于代词非指示用法中的非照应用法（如图 2.3）。

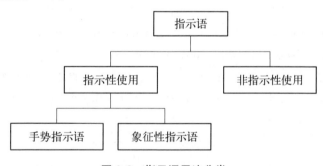

图 2.3 指示语用法分类

通常而言，指示语是以自我为中心的方式组织的（Lyons，1977：646）。而默认的指示中心，或用 Bühler（1982）的术语"指示原点"（ground zero），其可分为三类：1）人的中心锚：正在讲话的人；2）时间：说话人产出话语的时间；3）地点：说话人产出话语的所在地。以一种非正式的说法来看，指示语是一种"以自我为中心"的现象，这种中心性可以简单地概括为"我—这里—现在"。然而，这种"以自我为中心"的指示结构并不总是被支持，进而出现了 Lyons（1977：579）提出的指示映射。如下例：

a. Can I go to your house tomorrow at 10:00?

b. Can I come to your house tomorrow at 10:00?

这里,go 和 come 两者均为移动动词。在(a)句中,go 的使用编码为说话人远离了指示中心进行运动,因此并不存在指示映射。相反,句(b)使用的 come 表明运动是朝向指示中心的,因此存在指示投射,即指示中心是从说话人投射到受话人身上。①

对于指示语的分类,不同的研究者根据不同的研究要求,将其分为不同类别。按照指示语的性质以及与语境结合的情况,可分为三大类:人称指示语(person deixis),如,我、你、他、她……;时间指示语(temporal deixis),如,现在、那时……(Yule,1996)。然而,Fillmore(1971)认为,除上述三大类型的指示语外,还可分为社交指示语(social deixis)和话语指示(discourse deixis)。在前人研究的基础上,Levison(1983)将指示语划分为人称指示语、地点指示语、时间指示语、社交指示语以及话语指示语五大类别。而后,Verschueren(1999)进一步将人称指示语合并到社交指示语中,这样指示语又被分为了四大类。具体如下。

(一)人称指示语

人称指示语体现的是言语事件参与者角色之间的相关性,是语言结构形式所体现出的人称代词,其隶属于语用学范畴。人称指示语可分为三类:一是包括说话人在内的第一人称指示语;二是包含受话人在内的第二人称指示语;三是说话人与受话人都不包括在内的第三人称指示语。确切而言,人称指示语通常以说话人为指示中心,受话人在解读话语时要对人称指示语进行适切转换,否则将会引起语用失误,造成交际失败。如:"妈妈,你回来了。"该话语的语境是 5 岁的儿童放学回家,向在家里的妈妈打招呼。该句本应为"妈妈,我回来了。"(Levinson,1983:68)

第一人称指示语往往指的是说话人,英语中通过 I、me、us、we、my、mine、our、ours 等语言结构表征;汉语中则通过"我""我们""咱""咱们"等体现出来,且汉语中第一人称指示语分为单数和复数。但从语用学视角来看,单、复数概念也未必泾渭分明。比如:"我们应该怎么办

① 参见 Huang, Y. *Pragmatics* [M]. Oxford: Oxford University Press, 2007, pp. 132-135.

50

呢?"这里的指示代词"我们"属于复数形式,但是根据不同的语境会产生不同的语用意义。假设这句话是一位母亲对一个打碎玻璃杯的小朋友所说,那这个词其实指的是小孩子,而不应该包括其母亲在内,此时该词在语用上表达的是单数。但是如果该句的情境为妈妈晚上加班没有为父子俩准备晚餐,这时爸爸说出该句,那么这里面的"我们"就包括说话人父亲以及受话人儿子,因此属于语用表达的复数意义。基于此,研究者将"我们"分为包括受话人的"我们"(we-inclusive-of-addressee)以及不包括受话人的"我们"(we-exclusive-of-addressee)。值得注意的是,第一人称指示语的复数代词还可表示说话人和伴随物,如,一名儿童拿着自己的水枪说道:"让我们洗澡吧。""我们"包括玩具水枪。儿童对单数概念的掌握也要早于复数,因为对单数概念的理解是以对个别的具体的人或物为心理认知基础,而对复数的掌握需要在理解群体概念的基础之上。可以说,儿童对人称指示词的掌握只能从单数到复数,顺序不可颠倒,这也与其产出的顺序相一致(孔令达,2004:332)。

第二人称指示语是以受话人为中心,如英语中的 you、your、yours;汉语中的"你""你们""您""您们""尔""汝"等。同样,第二人称代词既可以是指示性的,也可以是非指示性的,这主要取决于人称指示是否需要语境来确定所指。第二人称指示语既可以指单个受话人,也可以指多个受话人,所指对象可在场也可不在场。如,"I am glad that you came here."其中,you 指的是所有在场的单个还是多个受话人,这一点难以界定,只有借助于具体的语境才能确定。又比如,"I am glad that all of you came here."根据此例中的 all of you 可以推知,you 是指代在场的所有受话人,但可能将旁听者或是说话人的同行人去除。再者,借助于说话人的眼神或肢体语言,you 还会有不同的所指对象。而第二人称指示语偶尔还可借助于第一人称指示语表达,在汉语中就存在类似的用法,如,妈妈对孩子说:"我们不吃冰激凌了,对牙齿不好。"该例中的"我们"指该儿童,妈妈通过使用"我们",给受话人儿童一种亲切之感,拉近了亲子之间的心理距离,成功地起到劝服该儿童不吃冰激凌的作用,这也是语用移情的现象。此外,第二人称指示语还可被用作呼语(vocative),其可放在句首,充当独立的言语行为。如,"Hey you, you just step on my foot."由于第二人称指示语主要针对受话人,因此在涉及某些有损受话人面子的话语时,如在谈论犯错、批评、疼痛等事件时,说话人往往会采用某些言语策略来挽回受话人的面子。这种策略就是用第一或第三人称指示语来替代第二人称指示语。第二人称指示语在汉语以及诸多欧洲语言中有"你—您""tu—vous"（法语）之分，以便突出不同情境的使用以及情感的差异，即，与社交场合以及交际双方之间的关系有关。

第三人称指示语在英语中有 it、he/she、one、they、these、those、this、that 等，汉语中有"它""他/她""这""那""这些""那些"。称谓名词以及专有名词也可作为第三人称指示语。第三人称代词往往作为泛指或照应，在少数情况下可用来指示。如，第三人称指示语可转指说话人。这种情况往往出现在电视或广播节目中，旨在使说话人处于中立立场，符合特定情境的交际需要。如，"MJ wants an almond tart，Daddy."该例是一个名叫 MJ 的儿童对其父亲所说的话，他不说"I want an almond tart"，而是以自己的名字 MJ 作为第三人称指示语发出请求，彰显其客观需要，这也为如果父亲拒绝该儿童的请求留有余地。而关于第三人称的特殊情况即为 It's me 这一用法，主要用于说话人和受话人之间相互熟悉，仅仅通过声音就可以辨别。此外，在儿童与父母或教师之间的交流中，第三人称指示语还可借指受话人。比如，妈妈对孩子说："宝贝乖乖，吃点饭饭。"可见，这里的"宝贝"指的是受话人儿童。当然，第三人称指示语很常见的用法是指代第三方，其语用功能是回避不想让他人知道的名字，但交际双方却与所言及的对方具有较多的共知信息。如，儿童问妈妈："什么时候去看姥姥啊？"妈妈回答道："老时间。"类似该类话语对于旁听者而言是难以解读的。

实际上，18 个月的儿童就可以正确理解第三人称指示语"他""她"。而对第一、第二人称指示语的掌握要早于第三人称指示语，这也与人称指示语的功能性以及成人话语输入的频率有关。第一、第二人称指示语常常指的是在场的说话人和受话人，即儿童与成人，而第三人称指示语所指代的却是言语活动之外的，除说话人和受话人的第三方，在成人询问儿童绘本读物或电视内容时较为常见。儿童对于"这""那""这些""那些"等第三人称指示语的理解总是与具体事物紧密结合，当时当地的指示最容易被理解，还需要伴随着成人的指示动词（刘颖，2015：94 - 95）。而对于患有自闭症谱系障碍的儿童而言，情况却是截然不同的。有研究表明，自闭症谱系障碍儿童仅仅是重复所听到的人称指示语，而不会按照合适的情景适时转换。如，患儿的母亲对其说道："Now I will give

52

you your milk."患儿只是重复母亲的话语,而并没有将话中的"你""我"互换。不仅如此,母亲的语音语调都被模仿了下来(Kanner,1943)。Bartak *et al*.(1975)认为患儿出现上述表现的原因是他们倾向于重复听到的话语的最后一部分,这并不能说明他们不具有自我—他人之间关系的经验。而 Fay(1979)表示,患儿混淆人称指示语,反映出其具有社会、认知以及语法方面的诸多困难。Bosch(1970)、Charney(1981)、Hobson(1990,1993)都赞同患儿出现的人称指示语模仿行为是由于其在与他人建立牢固的自我意识方面存在局限性。患儿难以转变话语角色,也因为他们并没有意识到他人扮演的是说话人的角色。之后,Bosch(1970)通过大量的临床数据来说明患儿不仅在区分"I""you"方面存在问题,还时常将自己称为"he/she"或是自己的名字。这一结果得到了 Lee *et al*.(1994)的证实,他发现患儿在理解和产出第一、第二人称指示语时均有困难。自闭症谱系障碍儿童不太喜欢使用第三人称指示语,也不太喜欢通过眼睛注视的模式来反映其作为交际者对第三人称的立场(Hobson,Lee & Hobson,2010)。

(二)时间指示语

时间指示语主要是对言语事件中话语产生的时间点以及跨度进行编码。指示时间需要以当时的说话时刻来作为基线,并对时间进行计算和解读,如,"第一批疫苗研发现在进入动物实验阶段""今天是立春,冰雪消解,春色渐萌"中的"现在""今天"指的是具体哪一天,需要借助于说话人的时间才可得以确定。而绝对时间却不会以说话时间为转移,通常通过年、月、日等基本单位表示事件,如,"2020 年 3 月 7 日""公元 25 年"等。因此认为,时间指示语是用来凸显交际中有关的时间信息,一般以说话人的说话时刻为基准,并需要语境的帮助。为了更好地解读时间指示语,还需要区分出"历法时间"(calendrical unit)和"非历法时间"(non-calendrical unit)。比如,我们可以对时间点(7 点)和时间段(明天早上)进行区分。可以根据起始点和结束点来定义时间周期,基于自然而突出的日夜、星期、月、季节和年的循环为基础,将此编码在世界语言之中。在历法的使用中,时间度量周期是指自然给定的时间单位的固定长度序列。例如,7 月就属于历法时间。而非历法时间的计量周期仅作为相对于某些固定点的计量单位,如两星期(Levinson,1983;Anderson &

Keenan，1985：296；Fillmore，1997：48 - 50）。历法时间又被进一步分为按位置计算的单位，如，星期一、一月和早晨以及按非位置计算的单位，如，星期、月份以及年份（Fillmore，1997：50，52，59）。另一个需要区分的是说话的时刻，被称为"编码时间"（CT），以及接收的时刻，被称为"接收时间"（RT）。在正常情形下，假设默认的指示中心，可以认为RT 和 CT 相同。在这种情况下，我们认为是 Lyons（1987：685）所说的指示同时性。但是，在某些情况下，比如写信以及预先录制媒体节目，信息并不是同时发送和接收的。在此种情况下，说话人必须决定指示中心是定位在说话人以及说话的时刻，如，"这段采访将于 7 月 3 日（星期三）录制，7 月 7 日（星期日）转播"还是转移到受话人以及接收的时刻，如，"这段采访是上星期三，7 月 3 日录制的，将于 7 月 7 日，星期日转播"（Levinson，1983：73 - 74；Fillmore，1997：67 - 68）。①

此外，时间指示语往往由指示修饰语以及事件单位构成。指示修饰语由 that、next 等诸多指示代词或形容词组成。时间指示语的使用包罗万象，其中最主要的是其具有语境性，即语境优先于指示语。如，"I'll see you on Thursday."如果此时话语发出的时间正好是星期四，那么该句中的 Thursday 确定无疑指的是下一个或接下来几周中的星期四，而不是指说话的当天。因为倘若指的是说话的当天，那么说话人完全可以用 today 来替代 Thursday；倘若说话的当天是星期三，那么 tomorrow 的优先权也取代了 Thursday（Levinson，1983：75）。因此，从语用学的视角来看，指示语优先权实际上就是指示代词或副词比名词更具有优先权。但是，从现实交际来看，如果是正式场合，我们也会用 Thursday 来取代 today 或 tomorrow，所以说这种优先权的说法还需依赖语境。

时间指示语还通过某些语法架构来实现，如，词汇、短语、时态等。

1. 时间指示副词

时间副词可以充当时间指示语，如"现在""那时""今天""昨天""明天""之前""之后""接下来""不久"等。如，"今天"既可以表示说话的时刻，也可以表示包括说话时刻在内的一段时间，如下例：

a. 老师现在想要见你。

b. 莫妮卡现在住在渥太华。

---

① 参见 Huang, Y. *Pragmatics* [M]. Oxford：Oxford University Press，2007, pp. 144 - 145.

再如,时间副词"那时"既可以表示过去某段时间或某个时间点,也可以表示"到那时"这一将来的时间点。如下例:

a. 那时,爷爷没有钱,只能靠给农场主出劳力来维持生计。

b. 那时,全国人民都将过上好日子。

当然,其他时间指示副词同样可以从语用学视角出发予以分析。

2. 时间指示短语

时间指示短语,主要针对的是英语。如,three days from now(大后天)、next weekend(下个周末)、this year(今年),from time to time(时不时),by three o'clock(最晚不迟于三点)等固定搭配短语以及有 in、on、from、at、by 等与历法或非历法时间单位构成的时间介词短语可具有时间指示作用。如下面两个例子:

a. She will come after three o'clock.

b. She will come in three hours.

虽然介词 after、in 均可构成时间介词短语,但时间指示的语用意义却截然不同。a 句中 after 加上历法时间 three o'clock,表示说话人口中的"她"将在三点之后到达;b 句中 in 与非历法时间单位 three hours 一起使用,说明说话人所提及的"她"将在三小时之内或从说话时刻起三小时后到达。这里需要指出的是,介词 in 较少与历法时间单位连用,但介词 after 却可以与历法时间单位合用,以此来突出行为发生在某段时间之后的情形。

3. 时体的时间指示语

英语中动词的时、体可用来指示时间。时本身可以基于情境发生在时间序列的过去、现在以及未来(以说话时刻作为参照或相对其他时点或时段的相对的位置)分为过去时、现在时以及将来时这三种基本的"时"的类型;体用来阐述动作不同阶段的特征,可分为情境在展开的时间序列中完成和非完成,非完成又可进一步分为进行和非进行的对立等基本类型(Comire,1976;张云秋等,2014:114)。时和体虽然概念不同,但其往往同时使用。由此,时间指示语的语用内涵的解读需要依靠时间指示本身以及动词的时和体共同配合。实际上,动词的时态呈现指示性,而指示信息需要基于说话时刻等语境信息得以证实(Bar-Hillel,1954)。如下例:

A. I am a teacher.

B. I was a teacher.

C. I will be a teacher.

上组例子表明,(a) 说明说话人说话时是一名教师;(b) 表明说话人在说话前是一名教师;(c) 表示说话人在说话之后的某个时候将成为一名教师。而说话人的话语时刻往往会随着话语的进行而顺延,因此就会出现以此为基线的现在、过去以及将来时态,这一过程也是动态的,时而会造成时体指示的含糊性,使指示对象不够凸显。[①]

对于儿童而言,其对时间概念的掌握是个体对事件序列和事件距离的心理表征。儿童的时间指示语概念的掌握主要包括经验性时间概念(主体对事件的发生顺序和持续性的亲身感受)、逻辑性时间概念(主体对事件顺序的推测)和习俗性事件概念(对时间的普遍划分)(陈英和,1999:202-206)。皮亚杰关于儿童的认知阶段表明,儿童表达事件意识的能力在 2 岁时就初现端倪。随着该能力的不断发展,儿童逐渐掌握时间概念,可以使用时间指示语,对自我以及他人意图表达的时间进行推理。比如,3 岁儿童可以根据吃早餐和午餐的顺序来判断"早上"是在"中午"之前(时序);也会因为分离而伤感地问母亲"你会离开多久?"(时距)(埃斯,2017:108-168)。可见,早期儿童对时间指示语的概念还仅仅停留在经验性概念,是通过自我以及他人的动作来认识经验性时间指示语概念(陈英和,1999:88),至于逻辑型时间指示语概念以及习俗性时间指示语概念,一般分别到学龄前以及学龄后才可习得(张云秋、王赛,2009:124)。作为一种思维表征,时间概念极具内隐与抽象性。儿童对时间概念的掌握需要靠语言来表现。换言之,时间言语是儿童存储、组织时间指示的有效途径与载体,也是时间概念的语言表征形式。儿童时间言语的发展水平主要表现在两个方面:一是儿童理解和生成时间术语的水平。如,儿童先掌握较为容易的"先—后",进而掌握较为抽象的"以前—以后"等序列词。因为"先""后"所对应的时间一般发生在一日之内,或处于较短的时间范围内。相对而言,具有直观顺序性和日常条理性。而"以前或之前""以后或之后",属于更不确定的时间段,时间单位较大,时序相对较长,远远超出儿童的具体形象思维水平的发展。此外,序列词

[①] 李捷,何自然,霍永寿.语用学十二讲 [M].上海:华东师范大学出版社,2010 年,第 31-33 页.

56

在正向句中更容易掌握,如"先学习后休息"较"在休息前先学习"更易于让儿童对序列词的意义进行理解(朱曼殊等,1982)。对于直证词的掌握①,国外研究发现,3 岁儿童对于"昨天""明天"的掌握仅停留在理解它们指代非此时,却不知道上述两词分别指代"过去"和"将来"(Grant & Suddendorf, 2011)。相反,国内研究者表示,3 岁儿童可以在对话中大量使用"昨天"和"明天",尽管儿童尚不能完全正确解读其内涵,但他们可以在实际的运用中以"昨天"指代"过去",用"明天"泛指"将来"。研究进一步表明,西方儿童直到 5 岁才能理解发生在"昨天"和"明天"的时间之间的直证状态差异;中国儿童在 4 岁半时就基本掌握了"昨天"和"明天"的精确定义,并已对"过去"和"将来"的直证状态有了精准认识。具体而言,在时间单位(阶段)词语的理解中,首先理解"今天""昨天""明天",进而向更小的单位(阶段),如,"上午""晚上""上午 8 点""晚上 7 点"和更大的单位,如,"今年""明年"逐步发展②;二是儿童使用时间术语进行言语时间推测的能力。如,儿童会表达"我们已经学了一个小时",这就意味着儿童开始使用"小时"来作为时量估计的基本单位,并且约在5 岁时便开始对时间单元词进行量级大小排序,但尚未获得单元术词的真实含义,经常出现相邻单元词之间的意义混淆现象。事实上,6 岁儿童还不能准确判断出"一分钟"长于"一秒钟"(Tillman & Barner,2015:57 – 77)。③针对动作时态指示语,儿童是以现在作为起点,不断向过去和将来延伸。因此,儿童最先理解"现在",之后才会理解"过去",最后理解"将来"(朱曼殊,1982)。在现在时间指示语的发展中,儿童所产生的规约现在时需要词汇意义、句子结构与无标记语言表达的结合。如,"我在搭积木"中,"在"这一时间副词与动作动词"搭"同时出现,传递现在时进行体意义。"我要去上幼儿园""现在我要搭个火车道"中"要"与动词共现,含有隐含的现在时,借助于词汇意义和句子结构表达核心含义,受话

---

① 余习德等(2019)将 deictic terms 译为"直证词"。直证词是指向过去与未来的某个具体时间状态的词语,也被称为"直证状态指示词",其包括三个层面:一是直证状态,如"昨天"属于过去,"明天"属于未来,而"今天"就在此时;二是直证顺序,如"明天"是在"今天"之后的时间;三是距当前时间的距离,如"前天"距"今天"只有两天(Harner, 1980;Grant, 2011;Busby & Suddendorf, 2005)。

② 朱曼殊等.儿童对几种时间词句的理解 [J].心理学报,1982(3):294 – 301.

③ 参见余习德,李明,夏新懿,朱一奕,高定国.儿童时间言语的发生与发展 [J].学前教育研究,2019(2):57 – 69.

人需通过语用推理获得语用内涵,前者表示动力情态意义[①];后者表示现在时体意义,通过"现在"一词提示。当然,上述时间指示属于非典型用法,需要儿童具有较高的认知能力和语言表达能力。针对过去时间指示语,儿童需要掌握表达过去时体的意义规则。如,"我吃了一个蛋挞"中"了"与动词"吃"共现,传递过去时完成体意义。当然,对于一些有标记的过去时体规则,儿童需要逐步习得。关于表示将来的时间指示语,儿童首先习得助动词"会"+动词的表达结构,并通过对词汇意义和句子结构的考察来进行语境的语用推论,如,"奥特曼快跑,怪兽会来的。"对于规则将来时体意义的解读则需要儿童具有较为抽象的逻辑思维能力以及较高的认知活动水平。

(三)空间指示语

地点指示语又为空间指示语(spatial deixis),即在言语交际中所涉及的地点在语境中的所指。英语中地点指示语有 there、where、here、left、right、front、back、up、down、above、below、over、under 等。地点指示语主要涉及说话人和受话人在话语时刻所处的位置或所谈及的物体的方位。物体的位置相对客观,但是说话人和受话人所处的位置、观察点的差异以及交际中所涉及的动词之不同,导致说话人在交际中会基于语境选择不同的地点指示语。通常认为,离说话人物理或心理距离较近的指示词有这里、这边、这儿等,较远的有那里、那边、那儿等。当然,在解读地点指示语时,受话人需要基于具体的语境来进行转换。如,春节期间,住在安徽的 A 给住在黑龙江的 B 发微信消息:

A:这里很暖和,你们那儿怎么样?

B:这里很冷的,人们都得穿羽绒服,什么时候过来看冰灯呀?

该例中,A 和 B 都以自己的住所为参照,称自己的所在地为"这里",对方的所在地为"那里"。倘若离开语境,便难以确定具体的地点所指。有鉴于此,我们认为地点指示语需要语境来确定其精准位置。一些具有移动意义的动词也凸显地点指示信息,如"带走"和"拿来","去"和"来"

---

① Palmer(1979)认为,情态语义有三种类型:一是与可能性和必然性有关的认识情态(epistemic modal);二是与允许、义务有关的道义情态(deontic modal);三是与意愿、能力等有关的动力情态(dynamic modal)。

等。这些词的移动方向以及具体意义需要语境的关照,根据交际双方所
58 处的位置得以确定:

    a. 我打算去哈尔滨。

    b. 我在来哈尔滨的路上。

上述两句所传递的隐含指示语信息,a句表明说话人和受话人都不
在哈尔滨,因为"去"代表以说话人所在地为出发点的位移;b句表示受话
人在哈尔滨,因为"来"表示向着说话人所在的方向位移。a句比b句更
为常见。同时,地点代词"这里""这边""这儿""那里""那边""那儿"所具
有的指示信息也较为复杂。当然,基于不同的语境,"这里""这边""这
儿"可以表示"在桌子上""在宾馆""在北京""在中国"等信息,并不只代
表说话人的所在地,还可包括受话人的所在地。"那里""那边""那儿"通
常指说话人的所在地,而且是用来指远离说话人的地方。如,"那儿有一
辆车。""那里""那边""那儿"的使用也可通过眼神或手势,代表远离说话
人但靠近受话人的地点或事物等。如,"把那儿的娃娃递给我。"此外,
"那里""那边""那儿"还可表示前照应,指交际过程中所提及或隐含的某
地。例如,"贝贝想要吃包子,但是不知道如何包包子。"因此认为,指示
性指称表达的是在语言结构层面,客观事情与尚未明确语义所指之间的
联系;而前照应指一种语言形式通过前述的另一种语言形式进行表述。
比如,一名4岁左右的儿童在地板上玩球,妈妈坐在屋子的另一端,球滚
开不见了。该儿童问道:"我的球到哪儿去了?"妈妈回答道:"球在这
儿。"儿童就在自己的周围仔细寻找。找不到,就大嚷道:"这儿没有! 怎
么这儿没有?"可见,出现该情况的原因在于"这""那""这边""那边"等地
点指示语的指称对象不固定,需根据语境的变化而转变。①

儿童需以对方的视角为参照点,正确推断指称对象的方位。正如皮
亚杰所指出的,处于前运算阶段的儿童对事物的认知会受到自我中心所
制,因此难以站在他人的视角、以他人的观点来思考问题,只是倾向于选
择靠近身边的对象进行操作,而没有留意他人所发出的指令意义。有研
究显示,如果在交际过程中,儿童与交际者相邻而坐时,他们对"这""这
里"的理解比对"那""那里"的理解更加明确;反之,当儿童与交际者相对
而坐时,他们此时对"那""那里"的理解要比对"这""这里"的理解要好

---

① 朱曼殊,曹锋,张仁骏.幼儿对指示代词的理解 [J].心理科学,1986(3): 1-6.

（Clark & Sengul，1978）。此外，儿童参与到会话之中（与交际者相对而坐）时比作为旁听者时能更好地理解指示代词（Tfouni & Klatzky，1983）。但是，朱曼殊等人（1986）的研究结果是，儿童作为受话人坐在交际者旁边时理解空间指示语的成绩最好；作为旁听者坐在说话人和受话人之间时的成绩居中；作为受话人与交际者相对而坐时的成绩最差。后面两种的顺序恰好与 Tfouni 等人（1983）的研究结论相反。同时，该项研究中也尚未明确词项间的差异，这与 Clark 等人（1978）的研究结果也不一致。还有研究证明距离是影响儿童使用指示代词的重要因素，儿童在选择使用指示代词时常倾向于用"这"指离自己相对较近的地点或事物，用"那"指离自己相对较远的地方或事物。然而，不同年龄段儿童使用的指示代词并无显著性差异（隆江源，2018）。

八、语言游戏说

"语言游戏说"这一哲学思想是由 20 世纪最具影响力之一的哲学家维特根斯坦（Wittgenstein）提出的。他主张透过语言视角全面思考世界，并指出哲学的本源即语言，因为只有通过语言才可解释哲学的精粹（沈梅英，2012：1）。事实上，维特根斯坦的思想分为前期思想和后期思想，分别体现在其两本专著——《逻辑哲学论》和《哲学研究》之中。前期维特根斯坦是通过逻辑的视角观察世界和语言，因此得出了"逻辑形式"和"逻辑图式"的概念，并认为语言可以用来描写世界，命题可以用来阐述事实，就是由于它们可以分享同一的逻辑形式；后期维特根斯坦重点关注生活，立足于人类使用语言的诸多活动，进而用"生活形式""世界图式"来取代前期所提出的"逻辑形式""逻辑图式"，同时用生活形式的一致性代替了逻辑形式的同一性。可以说，"语言游戏"和"生活形式"是维特根斯坦后期语言哲学理论的两个重要概念。一种语言如同一种生活形式。或者说，语言游戏本身就是一种生活形式。一方面，生活形式既包括语言游戏又制约语言使用；另一方面，语言又是生活形式的部分。如果没有日常生活，没有语言使用，那么语言就没有任何意义。语言游戏说提出的目的之一就是摒弃传统的意义指称论，因为传统的意义指称论强调一个名称的意义与它所指称的事物相应对，两者可以等价。但实

60

际情况是,名称的意义与它所指称的对象往往具有差别,与名称相对的是其意义而不是它的对象。由此认为,语言对于说话人的现实生活意义重大,语言只有在一定的语境下使用才会具有意义(程璐璐,2019:70)。在《哲学研究》中,维特根斯坦提出语言观:"这种语言是建筑工人 A 和他的助手 B 之间进行交流的语言。A 用各种建筑石料盖房子,有石板、石块、石柱、石梁。B 需要按照 A 的需求依次将石料传递给 A。由此,他们使用上述词组完成任务,这就是一种完全的原始语言。"(维特根斯坦,2000:4)他将语言以及由语言交织在一起的行动组成的整体叫做"语言游戏"。这里的"语言游戏"聚焦人们使用语言的动态活动,强调在实际运用中探寻语言的意义。换言之,语言游戏说突出从日常活动之中来理解语言的意义和功能,并强调语言的意义在于使用。每一种语言游戏都蕴含在多种多样的生活形式之中。因此,语言游戏有多种形式,如编故事、编笑话、讲故事、讲笑话、唱一段歌等。这些实例表明语言的用法、词的功用在不同的语境之中也是无穷无尽的。同时也说明,正如语言游戏说所涉及的游戏活动种类繁多,语言的用法也是各式各样的。"语言游戏"的种类纷繁只是"生活形式"多种多样的再现。这里,"生活形式"指的是日常中的经验生活以及语言运用。它与历史文化、风俗习惯、规章制度等密不可分,其可反映人们的思维方式和行为取向。

此外,语言游戏说的另一个突出特点是其具有规则性。维特根斯坦将语言活动视为游戏,是因为两者都具有相似的规则。在进行任何一项游戏时,我们都须遵守一定的规则。语言游戏可以说是交际双方思维的对决,话语双方试图在游戏中传递交际意向,这就需要交际双方的言语和非言语行为实现相互理解,以便为之后的语言游戏做准备,这就是规则。语言规则的制定如同游戏规则,其具有任意性,但这并非脱离外在的现实世界,其目的完全来自语言本身(江怡,2005:523)。语言规则始终贯穿于语言游戏之中,并在此过程中不断地被完善以便确保交际的顺畅。事实上,规则即为语言的用法,并在不断的使用中变成一种习惯,而这种习惯又使规则成为一种强大力量,使人们无法违背。由此,规则在语言的运用中得以修订并发展。

语言游戏说对当代语用学的发展意义深远,因为后期维特根斯坦的思想为当代语用学的产生注入了养分,也为后来的言语行为理论的产生奠定了思想根基。实际上,奥斯汀的言语行为理论与维特根斯坦的语言游戏说有异曲同工之妙。奥斯汀将言语行为分为三大类，分别是说话行为、施事行为以及取效行为。说话行为指说话人通过语言传达意义。施事行为是指说话人通过话语表达交际意图或目的，从而实现说出一个句子来实施某种行为，如宣布、警告、断言等。这与语言游戏说中发出命令、服从命令等类似。取效行为则指话语对受话人的思想、行为、态度等方面所产生的影响。在此之后，塞尔继承并发展了奥斯汀的言语行为理论，并对施事行为进行更为细致的分类。有鉴于此，可以推测维特根斯坦的语言游戏说中关于言语功用的理念是言语行为理论的基础。维特根斯坦认为，语言，包括话语和语篇，具有多种用途、传递诸多言语目的。[①] 这表明，语言被视为游戏意在说明语言的表达属于一种行动，而行动都会具有目的性。由此，语言不但可以传递思想，还可以做事，以言行事也是奥斯汀和塞尔论述言语行为理论的前提。

可以说，儿童是通过使用词语的形式开启"语言游戏"之旅的。语言是一种以词语为工具的活动，是一种充满趣味的活动，这种活动就被称为"语言游戏"，它符合儿童的年龄特征和认知特点。儿童语言表达能力的提高正是在语言游戏中实现的，培养儿童语言能力的一个重要前提就是为他们创设适切的语言环境，即符合其个性发展的游戏情境。儿童在此过程中借助语言或行为与他人交往、认识事物，掌握语言的多样性和表达的丰富性并遵守相应的语用规则，在动态语境下把握人类的一切实践活动以及词语的实际用法，成为主动探究的语言加工者。因为语言只有在使用时才具有意义，而意义是语言的灵魂。游戏不同，语境不同，那么话语的意义也就不同。若想真正理解话语意义，只对句子进行语法、句法分析和逻辑语义推理还远远不够，理解语言的意义还需要语境的支持，实现语境向生活的转变。语用规则也会因语境的变化而不断调整，此时儿童和受话人也会调动既有经验，保证"语言游戏"的顺利进行，同时儿童的社会性也在语言运用中得以体现，这也是语言存在之意义。因此，儿童与受话人进行交际互动时，儿童借助于语言或行为实现话语的交际目的和超级目的，而话语或行为的意义由儿童和受话人共同建构，受话人需基于社会互动环境等因素解读儿童的话语或行为意义。

---

① 沈梅英等.维特根斯坦哲学观视角下的语言研究 [M].杭州：浙江大学出版社,2012.

第三章

基于取效行为的自闭症儿童语用障碍研究设计

鉴于上述理论研究，即心理障碍理论、弱中央统合理论归属于知识层面；关联理论、预设、指示语、语言游戏说归属于语言层面；镜像神经元功能障碍、执行功能障碍理论归属于行为层面。上述理论内涵恰好与取效行为的核心界定相吻合。

第一节　发展语用学中的取效行为

可以说，儿童语用障碍问题已成为当今研究者关注的焦点。但从目前趋势来看，研究视角不仅涵盖儿童语用障碍表现形式、从临床视角对语用障碍进行成因分析，还包含语用障碍儿童干预方案制定等方面，但至今仍缺乏全面矫正语用障碍的干预策略，即从知识、语言和行为层面对此类问题进行综合分析的研究成果（冉永平、李欣芳，2017：36）。而言语行为理论中的取效行为，其内涵则涵盖知识、语言、行为各个层面。有鉴于此，取效行为可作为解决儿童语用障碍问题的有效途径，有助于深入剖析并解决患儿在社会情境中所出现的诸多交际问题，更好地揭示交际的本质属性。这是由于取效行为是指说话人（患儿）为实现某种目的（如，宣布、说服等），借助知识、语言和行为对受话人的心智状态或行为方式产生影响（程璐璐、尚晓明，2017：23），从而促使其实现成功的社会交际。与此同时，从言语行为理论角度来看，发展语用学中的儿童语用发展阶段实则为取效行为阶段(Bates *et al.*, 1975：207)。发展语用学作为一门方兴未艾的交叉学科,其与发展心理学、认知语言学、语言哲学、实验语用学和社会交往学密切相关,但目前关注该学科的仅有为数不多的心理学家、教育学家、人类学家和社会学家,因此,语用学研究者应对这门交叉学科给予足够的重视。综上所述,有必要从发展语用学视角出发,以取效行为中的目的和效果关系为切入点,对语用障碍儿童做出分类,设计行之有效的干预策略,为语用障碍儿童康复研究提供明确的思路和有效的方法。

一、发展语用学

发展语用学这一新兴学科的建立,源于美国语言学家 Ochs 和 Schieffelin 于 1979 年编写的关于儿童语用习得方面的论文集——《发展语用学》(*Developmental Pragmatics*)。该书主要收录了以下几个方面的研究成果：在习得语言的过程中,儿童如何使用语言并了解正确的语言结构知识;关注儿童在语言习得的不同阶段所展示出的语言情景知识;观察儿童对受话人的百科知识、情景以及事件的敏感度;探索儿童语言的基本使用情况,如,指称、断言、请求、疑问、否认、拒绝以及质疑性话语的运用情况;调查儿童融入当前话题的能力,即,儿童进行话轮转换、把控话题方向的能力;看护者在儿童语用习得过程中的角色和作用,如,照看者被描述成儿童语用习得的帮助者,抑或强加语用意图于儿童特定话语之上的施加者。[①] 此外,该论文集还收录了发展语用学与其他各领域的交叉研究成果：认知心理学家关注儿童世界知识(包括语境知识)的积累程度,因为其可预知并构成儿童语言的实际运用情况;社会心理学家集中于研究儿童对自我以及会话同伴的社会地位的敏感性。事实上,该研究强调了儿童语用发展能力与其社会能力同步发展。因此,儿童语用发展研究应从社会文化视角解读儿童建构语言的能力。[②]

儿童语用发展方面的研究零星散见于语言习得研究之中。然而,

[①]　Ochs, E. & B. Schieffelin. *Developmental Pragmatics* [M]. New York: Academic Press, 1979, p. xiii.

[②]　Ibid., p. xiv.

Ninio & Snow 的力作——《语用发展》(*Pragmatic Development*)的问世标志着发展语用学走向了全面而系统的研究阶段。该书内容主要着眼于如下三个方面:一是探索制约儿童语用交流行为的规则;二是挖掘儿童会话技能的提高过程;三是剖析拓展性话语和特殊型话语能力的生成过程。上述三个方面是儿童语用发展能力的全部过程,它们是不可分割的整体,因为儿童与他人进行会话互动的过程也是习得规约性言语和非言语行为的过程。而提高儿童会话技能需要不断习得复杂多样的言语和非言语行为,如习得询问以及回应问题的方式。此外,儿童自发形成的扩展性话语技能与其在会话互动过程中与他人合作生成扩展性话语有着必然联系。因为在此过程中,儿童直接参与话题讨论并实施言语和非言语行为,从而不断获得语篇能力。这样,儿童便可深入解读说话人的言语和非言语意图以及内心需求,实施恰当、有效的言语和非言语行为。可以说,他们不仅在诸多方面关注儿童习得言语和非言语行为,也重点关注儿童在交际中不断增长的恰当、有效地运用言语和非言语方式的语用技巧。鉴于此,儿童语用技能的发展是一个社会化的过程,即儿童可以借助语言、行为等不断积累语用知识,并帮助他们达到成功交际的目的(程璐璐,2019:14-15)。

综上,发展语用学(developmental pragmatics)又称为"语用发展"(pragmatic development),作为儿童语言研究的重要一隅,主要围绕儿童语用能力的发展对儿童母语语用习得过程进行研究(陈新仁,2000:38),即研究儿童在知识、语言和行为层面的运用情况。针对知识层面,研究儿童对语言规约性知识和社会知识的敏感程度以及这种敏感程度如何作用于儿童言语交际知识,共同产生交际话语;研究儿童在进行话语交际时如何激活有效词汇知识(形式、意义、词法、搭配关系、句法)并从心理词库中提取出来以及遵循哪些词汇提取模型。针对语言层面,研究交际中话轮交替何时以及如何产生,儿童如何感知话语并进行话语解码,其对儿童习得词素、句法结构的影响程度;研究儿童在话语交际知识形成过程中,如何实施陈述、请求、反驳、询问、感谢、问候等言语行为。针对行为层面,研究随着儿童感知经验的不断丰富,如何利用元认知和诸多感知手段来传播并接受非言语信息,如何在适切的交际环境中实施相应的行为,并将行为内化为自动的动作程序(尚晓明、张春隆,2002:38)。发展语用学为我们呈现了从知识、语言和行为三个层面全面了解儿童语用发展过程的图景,这就为语用障碍儿童的全面干预策略的提出提供了基础。通过观察自然或半自然状态下患儿的自发性话语及行为,可以了解到患儿在言语和非言语行为过程中如何运用并发展知识、语言和行为,为从实证角度研究儿童语用障碍问题奠定了理论框架和实证基础。

由此可见,发展语用学指导语用障碍儿童习得受规则支配且恰当、有效的言语和非言语知识,而这些知识在人际关系处理过程中又是必需的。患儿在进行叙述、实施请求、问询、致以问候以及予以回绝等行为时表达的是一种言外行为(Ninio *et al*.,1996:5)。概括而言,发展语用学引领语用障碍儿童掌握并实现某一特定言语行为以及可以在适切语境中恰当运用言语和非言语知识。因此,发展语用学研究如同语言习得研究,是一个长期而又循序渐进的过程,可揭示患儿言语和非言语进化历程。患儿掌握言语技巧亦是一个复杂的长期过程,因其需要充分调用知识、语言和行为层面,通过交际过程中的信息反馈以及言语和非言语互动过程来完成社会交际任务。

二、取效行为

在语用发展过程中,受话人需要深入解读患儿的知识、语言和行为意图,帮助患儿实现恰当而有效的言语和非言语表达效果,这种效果与患儿的知识、语言和行为意图或目的有关,而患儿的知识、语言和行为意图或目的决定着言语行为的意义所在,这就是患儿在语用发展过程中的取效行为阶段。在此阶段,患儿和受话人共同建构了话语意义,这并不是单独一方所能决定的。事实上,奥斯汀提出了取效行为,并强调说话会产生效果。这里的"取效行为"意指言语之后,常常、甚至在一般情况下将会对受话人、说话人或是其他人的情感、思想抑或是行为产生某种效果。[1] 上述效果可能与说话人的言语意图或言语目的有关,而说话人的言语意图、非言语意图或言语目的决定言语行为的意义所在。借助话

---

[1] Austin, J. L. *How to Do Things with Words* [M]. Beijing: Foreign Language Teaching and Research Press, 2002, p. 109.

语使受话人产生认可、恼怒、雀跃等行为都可归为取效行为。虽然奥斯汀本人认为取效行为是言语行为的组成部分,但他对取效行为的介绍和探讨仍然不足,尤其是在区别对施事行为和取效行为的问题上。然而,塞尔却认为取效行为是施事行为而非言语行为本身对受话人的情感、思想抑或是行为产生的影响。因此,我们说塞尔只从施事行为的角度阐释意义,将取效行为视为超语言要素而使其搁浅,忽视了取效行为的作用(Searle,2001:F26)。Levinson(1983)认为取效行为是言语对受话人的影响,这种影响还会受到语境的制约。他进一步指出,区分取效行为和施事行为存在困难。由此可知,目前关于取效行为的本质研究还缺乏明确的标准。

取效行为作为完整言语行为的一部分应该予以重视,因为它不仅丰富了言语行为理论,还可揭示话语双方在交际过程中出现的复杂现象(Davis,1980:37-55)。然而令人遗憾的是,取效行为研究却是一个被长期边缘化的薄弱环节。综观取效行为的研究对象,大致存在如下几种观点:一是认为取效行为并不属于语言学研究议题,因为它涉及诸多语言外的因素;二是将取效行为视为特殊的言语行为,并具有独立的话语标识,因此它属于语言学研究议题;三是强调取效行为是包含诸多行为动作的超级结构,而行为动作又可被视为言说行为和意向行为的具体体现。由此,取效行为研究应同时考虑言说行为和意向行为,是一种复杂行为(孙淑芳,2010:17)。

此外,取效研究还存在如下误区,如普遍存在将取效行为视为言语行为的结果,而忽视言语行为本身对取效行为的作用,或忽视言语双方的角色作用,从而陷入未能考虑受话人的实际影响等误区,这必然使取效行为研究偏离话语意义的形成轨迹。导致上述问题产生的原因实际上是由于奥斯汀对取效行为概念界定的认识模糊。然而实际上,取效行为研究应归属于语用学研究的一部分,这一点是毋庸置疑的,比如,Morris(1938)认为语用学是符号与符号的诠释者之间的互动关系,Yule(1996)也表示语用学是说话人编码意义和受话人解码意义的过程。由此,研究取效行为的产生根由也应借鉴语用学的研究视角。

目前,国内外仅有为数不多的研究者对取效行为进行过比较系统的研究(Cohen,1973;Campbell,1973;Gaines,1979;Davis,1980;Gu,1993;Attardo,1997;Kurzon,1998;Marcu,2000;刘凤光、张绍

杰,2007;尚晓明,2008;孙淑芳,2009;刘风光,2009;Kissine,2010;连毅卿,2011;程璐璐、尚晓明,2017a;程璐璐、尚晓明,2017b)。此外,部分研究者基本涉及一些取效行为相关方面的研究(Sadock,1974;van Dijk,1977;Bach & Harnish,1979;Leech,1983;Norrick,1994;王正元,1996;陈海庆,2008,2009;赵彦宏、赵清阳,2014;尚云鹤,2015;Schatz & González-Rivera,2016;Jhang & Oller,2017)。尽管研究视角不同,但研究者均阐释了对取效行为的独到见解。譬如,Campbell(1973)认为奥斯汀的取效行为忽视了语言的诗歌修辞维度,忽视了说话人、受话人以及话语情境在建构言语意义方面的作用。因此,Campbell 并不认为奥斯汀的理论对阐释交际行为有过多价值;Gaines(1979)依据话语对受话人的情感、思想以及行为层面产生的影响,将取效行为进行分类,并提出取效行为产生的条件;Sadock(1974)在其著作中表示,说话行为以及施事行为也具有影响的效果,并将说话行为所产生的取效行为命名为"意义取效",而将施事行为所产生的取效行为视为"语力取效"。Gu(1993)认为奥斯汀走入了"行为 = 效果"的误区,实际上,判断说话人是否实施了取效行为,还需考虑其交际动机或交际目的(意向)。因为取效行为是说话人所为,而效果则产生在受话人一方,根据效果判断取效行为实际上是依据受话人的反应来界定说话人的行为。因此,Gu 指出言后之果是说话人和受话人相互作用的过程。鉴于此,取效行为并非说话人一人所为,而是话语双方合作的结果。Norrick(1994)阐释了谚语所具有的取效行为。王正元(1996)指出同义结构句具有相同的取效行为,反之,不具有相同取效行为的话语并不是同义结构。Attardo(1997)指出,在话语交际过程中受话人无须考虑说话人的言语或非言语意图或目的而只需进行合作,这就是 Attardo 提出的基于取效的合作原则。Kurzon(1998)探讨了取效行为的成功实施与受话人的配合以及在语用情境中的适切运用密不可分,并论述了取效行为在言语行为理论以及语用学中的地位,指出目前语用学研究应转向隐含说话人言语目的的施事行为,而话语对受话人的影响并不是必要条件。Marcu(2000)强调了取效行为研究应以语料为基础,去证实或证伪语用事实。刘风光、张绍杰(2007)从取效行为的交互性本质入手阐释取效行为与诗歌语篇之间的必然关联,并提出了基于取效行为的诗歌语篇模式,认为取效行为应分为意义取效、语力取效和互动取效。陈海庆(2008)将会话语篇视为一个完整的言语行为,而受话人的领悟和反应则是取效行为的具体体现。孙淑芳(2009)在深入分析取效行为本质内涵的基础上对意向行为和取效效果的匹配关系进行了探讨,并通过区别意向动词和取效行为动词,最终认为取效行为是以说话人的言语目的为起点,借助言说行为与意向行为、语调、取效行为动词以及言语行为方式对受话人产生某些作用或影响,而此处的取效效果则为言语行为的预期目标。陈海庆(2009)以文学语篇为范式阐明作者的写作意图,通过文学语篇这种媒介传递给读者,读者在语篇诠释和领悟过程中在心智状态以及行为方式上发生变化。而作者与读者潜在的动态互动过程体现出取效行为。连毅卿(2011)重新阐释了取效行为的本质内涵,并对取效行为的分类情况以及实现成功取效行为的策略途径做了深入分析。Kang(2013)认为在实施取效行为的过程中要考虑说话人的目的以及可达到的交际效果等。当说话人的言语意图与所要达到的交际效果相契合时取效行为才能成功得以实现,与此同时,取效行为的产生也离不开说话人和受话人的密切合作。只有话语双方不断调整交际策略才能顺利完成交际任务。赵彦宏、赵清阳(2014)在取效行为的指导下建构了跨文化交际中的第三文化。尚云鹤(2015)借助刘风光、张绍杰(2007)的取效行为模式,分析视觉诗歌作品中作者通过诗歌的形式和内容达到与读者互动的过程,并认为这也是一种取效行为的体现形式,因此其会对不同的读者产生不同的心理影响。Schatz & González-Rivera(2016)认为,说话人是否表达出施事力量以及是否对受话人成功产生了取效效果是衡量其语用发展能力的指标;Jhang & Oller(2017)通过研究发现,3 个月大的婴儿就可成为交际得以成功实现的决定因素,因为看护人对婴儿的解读会对婴儿产生一定的影响,获得某些取效效果,比如,看护人对婴儿的鼓励或表扬会对后者产生积极的反馈效果,而看护人对婴儿的责备则会产生消极的反馈效果。

由此可以看出,取效行为并非说话人一人所为,而是话语双方合作或配合的结果。此外,取效行为还强调对受话人的心理、情感、状态、语言或是行为等方面所带来的影响。取效行为的产生也离不开话语双方相互作用的过程。对说话人而言,其话语对受话人实施了某种作用或影响;同时受话人接收到话语并对话语本身进行解码,使得自身心智状态或行为受到话语的影响之后要发生某些变化,这是受话人对话语解码的必然结果。比如,宣告、质疑、询问等言语行为不但会改变受话人的知识结构(如,受话人深信说话人所传递的信息的真实性,并接受该事实),还会使受话人产生震惊、忧虑、紧张等心智状态。然而,受话人在心智或是行为动作上的变化并不一定与说话人的言语意图相一致。因此,说话人不同的言语意图将会产生不同的取效效果。比如,"这件事,我试试看"这句话就会有不同的取效行为并产生不同的取效效果,如受话人会认为说话人在实施"承诺"行为,进而会对受话人的心理造成一系列的影响,或因质疑而失望,或因深信而雀跃。此外,说话人的言语意图和言语动机对受话人产生的效果取决于说话人表达的得体性和适切性以及说话人的解码能力和语用因素等。由于受话人的知识、经验、兴趣、态度等方面各异,其对事物的解码能力和对语境因素的感知能力也存在差别,这必然导致受话人对话语产生不同的反应。实际上,话语双方的共享知识和背景认同越多,他们在交谈过程中就越容易解读出对方的言语意图。反之,话语双方的共享知识和背景认同越少,相互理解就越具有挑战性。此处的共享知识和背景认同指的是话语双方所共有的经验背景,这可能是双方长久的生活阅历积淀的结果,也可能是此时此刻的共同感知经验的凸显,而这种背景或是感知经验是真实的、正确的并可真诚地表达出说话人的情感,旨在达到相互理解的目的(尚晓明,2008:54)。所以,话语双方共享知识和背景认同的多少决定着他们对话语意义的理解程度以及说话人的言语意图对受话人所产生的不同取效效果。由此可以推知,取效效果并不能确定,因为这并非由说话人所掌控,这就导致了难以从语言层面研究取效行为的困境。

综上,取效行为和取效效果是两个相互独立却又相互关联的概念。虽然奥斯汀提出了"取效行为"这一概念,但是他并未给"取效行为"予以清晰界定。此外,奥斯汀从因果关系阐释取效行为,排除了受话人的角色作用。根据分析,奥斯汀所提及的取效行为指的是对受话人产生的取效效果,而并不是指说话人所实施的动作取效。这就使部分学者认为取效行为并不属于交际行为的一部分,因此应在超语言层面进行研究。而事实上取效行为研究是在语用学研究的基础上,探讨受话人对话语的阐释、话语双方之间的言语和非言语互动过程以及双方的心智行为模式。的确,心智行为的发展是人类认知结构不断建构与再建构的过程。说话人会借助于诸多方式和意象图式(image schema)构成话语命题内容,通

70

过语用情境将话语与现实世界联系起来以表达言语行为并在实施交际行为时对受话人产生某种效果。由此可见,取效行为是话语意义建构不可替代的一部分,话语对受话人的影响必然会决定话语意义。而话语意义的建构又离不开说话人的言语意图以及话语的施事语力,因此取效行为实则是借助于说话人的言语意图对受话人的心智状态或行为方式产生影响(Grice,1957;Medina,2005)。从发展语用学视角来看,本研究的取效行为是指说话人(儿童)为实现某种目的(如,宣布、说服等)调用知识、借助语言和行为对受话人的心智状态和行为方式产生影响。这样可以推知,取效行为代表言语以及非言语行为的普遍特征,展现儿童言语以及非言语的目的和交际效果之间的关系(程璐璐,2021:64 - 69)。

有鉴于此,笔者认为,取效行为并非患儿一人所为,而是患儿和受话人双方合作或配合的结果,而取效行为的产生也离不开患儿和受话人相互作用的过程,是患儿在知识、语言和行为意图上的取效行为。

三、语用发展阶段是取效行为阶段

可以说,患儿同样会实施取效行为。取效行为重现了患儿与受话人交际过程中在知识、语言和行为层面出现的语用缺陷(pragmatic deficit),这是一种复杂现象(Davis,1980:37)。而发展语用学为我们提供了从知识、语言和行为层面了解患儿语用发展全过程的基本途径。取效行为的概念是患儿为实现特定目的,借助知识、语言和行为,从而对受话人的心智状态或行为方式产生影响并取得某些交际效果。需要特别强调的是,这里面的知识包括认知、心理学等层面,语言即语言层面;行为包括行为和社交层面。这恰好与发展语用学多维视角阐释患儿语用发展特征不谋而合。所谓交际效果包括不可预料、可预料和探试效果,因此从取效行为的知识、语言和行为的目的功能以及通过知识、语言和行为互动分别达到不可预料、可预料和探试效果之间的关系入手,借助于患儿在知识、语言和行为层面的目的和超级目的,帮助受话人识别患儿的交际意图,并对患儿的语用障碍类型(知识、语言、行为、知识 + 语言、知识 + 行为、语言 + 行为、知识 + 语言 + 行为)予以归类,旨在按照语用障碍类型分层次解决其语用障碍问题。

四、自闭症儿童语用障碍与取效行为

通过推理可知,取效行为凸显言语(语言)以及非言语(知识、行为)的普遍特征,展现患儿言语以及非言语的目的性和交际效果之间的关系。患儿的言语和非言语目的包括目的和超级目的。目的是指患儿实施言语行为的表层手段,而超级目的是真正的交际目的。交际效果是指患儿的交际意图对受话人心智状态或行为方式的形成或改变产生的影响。具体而言,如果患儿的言语和非言语目的以及超级目的与交际效果相脱离,那么患儿在相应层面上可能被判定患有某种语用障碍。基于此,我们以发展语用学为指导思想,从取效行为的知识观和不可预料效果、语言观和可预料效果以及行为观和探试效果之间的关系阐释语用障碍问题。

(一) 取效行为的知识观与儿童语用障碍的不可预料效果

事实上,患儿对交际行为和话语意义的理解需调用知识。知识作为非言语的组成成分,是指交际双方所掌握的关于世界、社会、心理、行为等方面的知识及依靠记忆中的假设图式演绎推出的新知识,这一过程需要依靠隐性取效来实现。可以说,知识先于语言产生,因为患儿在前语言阶段就具备掌握世界知识的能力。随着患儿语用能力的不断提高,其对信息理解的认知诠释力逐渐增强,可以逐步实现知识的阶段性目的向整体性超级目的的过渡。当患儿的某种目的和超级目的形成之后,会激活与此目的和超级目的相关的背景知识,并基于此形成某些与该交际目的表达相类似的知识性话语。换言之,患儿为实现某种交际目的,需调用多种相关知识进行整合后再予以处理。尽管这些知识处于零散状态,但患儿会依据交际目的的需要将这些知识激活并组织在一起。

患儿借助知识做事,对于受话人而言则是难以把握的过程,是隐性的且具有不可预料效果,往往潜藏在话语之中,需要受话人接受话语形式并围绕患儿的交际目的,借助共享知识,依靠记忆中的假设和假设图式以及常识进行推理,进而感知患儿所实施的知识性话语的超级目的。

与此同时,受话人需要对患儿可能具有的知识做出认知假设,不断寻找与患儿"互为显映"的部分,以便帮助患儿建构有效的知识性话语,从而达到一种理想化的交际状态,以此实现知识的激活、关联和整合的全过程(吕明臣,2015:143)。首先,知识的激活是指激活受话人关于患儿交际目的的相关知识。由于患儿的知识性话语会令受话人匪夷所思,这就需要受话人尽可能地从多个角度考虑患儿的交际目的和话语形式等因素,以便适应认知加工的需要,从而正确理解患儿的知识性话语。其次,知识的关联表明受话人需将各类知识网络联系起来解读患儿的话语意义。实际上,被激活的相关知识彼此之间形成了连接关系,并以患儿的交际目的为基础。最后,知识的整合是指受话人将被激活的相关知识以多种方式与交际目的相联系。换言之,相关知识的整合意味着受话人需要在多种关联中进行选择。此外,受话人可帮助患儿掌握知识的激活、关联与整合的方式以及如何依靠记忆中的假设和假设图式生成知识性话语。与此同时,受话人可依靠隐性取效使得患儿生成的不可预料的知识性话语能够被解读。

(二)取效行为的语言观与儿童语用障碍的可预料效果

语言是交际意图的传递方式,话语意义由患儿和受话人共同建构而成。受话人通过话语动态感知患儿的交际目的和超级目的,而话语是可以被理解的、显性的、具有可预料效果,这样我们可以借助语言来对话语意义进行解码,动态把握患儿话语交际的目的和超级目的,这就是显性取效的过程。

具体而言,患儿如果要将交际目的转换成话语形式,就必然需要经历话语编码这一环节,同时受话人需要经历话语解码这一过程,而事实上,话语的编码和解码实属心理过程。患儿对话语的编码指的是患儿将某一交际目的符号化为话语形式,这是表达之过程,但患儿的表达存在困难,需要受话人进行正确解码。而受话人对话语的解码指的是受话人通过该话语形式寻找患儿的交际目的,这是理解之过程。概括而言,患儿建构话语意义的过程实则为患儿和受话人的认知加工过程,是心理与现实相互作用的结果。患儿的认知加工始于交际目的的出现,止于话语形式的生成。而在此过程中,患儿将所具有的需求转变为某种交际目的,并将此目的符号化为适切的话语形式,这是成功实施话语交际的关键所在。患儿的交际目的来自外在环境的刺激使其具有某种需要,而这种需要成为交际目的,借助于话语得以实现。当这种交际目的形成之后,患儿需要进行交际假设,旨在选择适宜的交际对象并厘清话语的角色关系。此外,受话人需要根据患儿的话语目的来激活相关背景知识,而患儿的认知语境相对有限和狭窄,并且目的性明显,受话人很容易依靠"互有的认知语境"对患儿的话语做出假设,并筛选出适宜的假设命题,从而做出符合患儿言语目的的话语回应。同时,受话人可指导患儿感知话语、帮助患儿对命题进行认知假设与筛选,并依据话语的交际目的和超级目的对话语进行解码,借助话语的显性取效过程,由此达到可预料的效果。

(三) 取效行为的行为观与儿童语用障碍的探试效果

行为是非言语的另一种组成成分,与情感相关,是非言语交际信息编码和解码的行为能力,并可经过后天的训练逐步提高(车琳,2016:34)。此处提及的行为意指患儿的动作方式,如凝视、指向、给予、手势等,可用于传递交际意图(程璐璐、尚晓明,2017:23)。患儿的行为形成过程建立在不断模仿他人行为的基础之上,通过改变自身的行为方式来对受话人的指令做出回应,以适应得到的反馈信息。在此过程中,患儿在日常活动中逐渐理解并掌握已经达成社会共识的诸多行为和情感信息内涵,而明确的反馈信息可使患儿的行为方式不断完善(Ambady et al., 2000:201)。这样,患儿在利用行为表达交际目的的同时,会不断完善其非言语交际能力。的确,患儿在完成某个动作行为时会观察受话人的反应,为达到交际目的而不断修正自身的行为。而交往行为的构成要素是一种层级结构,其最底层是先天的机械模仿行为因素,最顶层则是受人类认知策略控制的因素(Argyle et al., 1974:64),因此可以充分利用该等级模型来训练患儿成功实现不同的目的行为。

对于受话人而言,理解患儿动作行为的目的是一个极具挑战性的解码过程。因为患儿会具有不同程度的沟通行为障碍、社会交往障碍以及认知心理能力缺陷,所以受话人可依据交际环境、患儿的情感、言语和非言语反应以及行为意图对患儿的动作行为目的和超级目的进行假设,确定患儿通过动作行为的探试所传递的目的和超级目的,这一过程需要受话人对此进行动态理解,以实现探试效果,从而进一步取得高度合作的效果。此处需要注意的是,由于受话人在解读患儿行为时会受到文化、认知、心理等多方面的影响,往往会做出多重推理和解读,这便是受动取效。受动取效在行为层面上的作用使得患儿通过其行为意图充分调动受话人的认知策略来对患儿的行为意义进行理解,体现了受话人对人类演绎机制的应用。可以说,认知策略作为人类的高层次策略,指导受话人不断向识别患儿超级目的的目标努力(尚晓明,2016:63)。在受话人与患儿通过非言语动作行为进行互动的过程中,受话人可训练患儿更好地利用动作行为策略解决当前面临的任务难题,更多地关注动作行为实施前的认知计划,并且更有效地利用认知资源,从而使患儿不断提高选择并执行符合当前交际情境的动作行为能力,实现行为的探试效果。

第二节　基于取效行为的自闭症儿童语用障碍评估量表研制

　　以测试语用行为为目的的诸多量表已被研发并应用于临床。尽管这些量表局限于临床,并不被其他领域的研究者所熟知,但其不乏为潜在的可利用资源,因为其目的是对语用能力进行详尽而全面的描述。一些量表的构念是基于语用学的相关理论(Damico, 1985; Bloom *et al.*, 1999)或基于格莱斯的会话准则或特定的分析方法(Perkins, Whitworth & Lesser, 1997),如会话分析的产生。尽管,许多构念的生成是为了理解的便利而牺牲了理论的一致性。

　　实际上,诸多量表需要直接观察被描述的受试,尽管所收集的部分或全部数据来自看护人或是父母双亲,他们是近距离且长期接触受试,并对受试的语用行为了如指掌的群体。而有些量表是根据某一特定年龄范围内典型发育儿童的语用行为的观察得来,可为评估并对比语用障碍儿童提供相应的标准(Shulman, 1985; Prinz & Weiner, 1987; Gutfreund, Harrison & Wells, 1989; Ninio *et al.*, 1991)。

　　此外,每个量表的主要类别也被进一步细分为 30、50 以及 23 个子类别。例如,Penn(1985)的"社会语言敏感性"包括"礼貌形式、提及对话

表 3.1　三种语用障碍量表的主要类别

交际适切性量表 （Penn，1985）	语用量表 （Prutting & Kirchner，1983）	儿童交际量表 （语用部分） （Bishop，1998）
回复说话人	言语行为	不恰当的会话发起
对语义内容进行操控	话题	连贯性
衔接性	话轮转换	刻板会话
社会敏感性	在言语行为中词汇的选择/使用	会话语境的使用
	语体变异	会话和谐
	可理解性与韵律	
	动作与空间关系学	

者、填充话语、刻板印象、致谢、自我修正、评述话语、讽刺/幽默、直接引语的操控、间接言语行为"等；而 Prutting & Kirchner(1983)的"话语转换"则包括会话发起、反应、修补/更正、停顿时长、打断/重叠、对说话人的反馈、话语邻近对、应变、数量/简明程度；Bishop(1998)的"不恰当的会话开始"包括"和任何人及每个人说话、说话过多、总是告诉别人他们已经知道的事、自言自语、反复谈论没人感兴趣的事情、尽管知道答案但还是会问问题"。上述量表的目标是聚焦特定条件下的语用能力,如失语症(Whitworth，Perkins & Lesser，1997)、右脑损伤(Bryan，1989)、脑外伤(Benjamin *et al*.，1989)、认知损伤〔如痴呆和帕金森病(Perkins *et al*.，1997)〕和发育性语言障碍儿童(Prutting & Kichner，1983；Roth & Spekman，1984；Bishop，1998)。

　　尽管量表作为一种描述正常语用能力且比较临床以及健康人群或处于不同治疗阶段的个体的方式,它无疑具有重要的价值,但同时也具有局限性。首先,尽管量表可以提供对语用能力以及语用障碍的描述,但它们通常很少在理论层面或任何潜在的影响因素层面提供解释,这可从表 3.1 中窥见一斑。其次,从表 3.1 所呈现的不同量表中可以获知哪些维度应该被囊括进来,哪些应该被剔除以及如何描述每个维度,这都有相当大的差异。换言之,语用能力以及语用障碍的隐含内涵如同量表的数量一样繁杂。再者,由于量表的维度是根据观察以及印象所做出的选择,因此需要谨慎地看待其中独特而又客观的语用障碍类型。例如,对量表进行广泛调研之后,Taylor(2000)发现,尽管量表都是通过案例研究以及小组研究来描述"语义-语用障碍",但是这些量表具有诸多差异以及矛盾之处,即,除了共同关注会话困难之外,相对缺乏共识。因此,有必要对目前现存的量表(Conti-Ramsden & McTear,1995;Smith & Leinonen,1992)兼容并蓄,以便对语用障碍的本质属性做出调整并达成共识。

可见,国外大多数测试患儿语用障碍的评估量表只是用于筛查与诊断,而用于患儿语用障碍康复计划制定与干预效果评价的较少,且缺乏对患儿认知过程的整体反映情况。目前,我国语用障碍儿童为数并不少,应引起研究者的广泛关注。然而,至今未有针对我国语用障碍儿童设计的量表。基于国外已有量表的不足及国内患儿语用障碍干预发展的现实需求,有必要设计适用于我国儿童的语用障碍评估量表,为语用障碍儿童的康复研究提供参考和借鉴。本量表以取效行为的目的和效果之间的关系作为构念基础,从知识维度和不可预料效果、语言维度和可预料效果、行为维度和探试效果之间的关系入手,提出并阐释语用障碍评估量表的描述框架。

语用障碍属于语言发展障碍,也是研究语言运作机制的突破口(俞建梁,2013)。语用障碍儿童的语用和社交能力的发展与其语言结构的发展不成比例,他们难以掌握复杂的语言技能,如进行话语理解和完成叙事结构(Botting & Adams,2005;尚晓明、程璐璐,2019)。针对语用障碍问题,学者致力于研制语用能力量表诊断儿童语用障碍问题。然而,现有语用能力测量方法有失规范,信度和效度问题难以把控,不易鉴别出儿童的语义-语用问题(Roth & Spekman,1984;Conti-Ramsden *et al.*,1995),比如,语用能力量表(*Test of Pragmatic Language*)(Phelps-Terasaki & Phelps-Gunn,1992)要求语用障碍儿童根据图片生成适切话语。但该量表的不足之处在于,当给予语用障碍儿童(简称患儿,下同)清晰指示时,他们会在此环节发挥得异常出色,远远优于自然情境下的语言表现(Bishop & Adams,1991)。此外,语用技能量表(*Test of Pragmatic Skills*)(Shulman,1985)和语用标准

（Klecan-Aker & Swank，1988）均用来测量正常儿童的交际功能，并量化发展常模中的语用技能。但对语用障碍儿童的语用能力却难以做出精确诊断。由此，制定全面测量儿童语用障碍问题的有效量表成为当务之急。鉴于此，以 Bishop 为代表的研究者编制儿童交际量表，旨在解决儿童语用障碍测量问题（Bishop，1998；Bishop，2003；Schopler et al.，2009）。

　　Bishop（1998）编制的儿童交际量表（Children's Communication Checklist）用来检测难以把握的交际障碍层面，主要考察儿童语用、言语定性、社会关系和狭义兴趣等问题，呈现了语用障碍和其他语言发展问题之间的关系。但正如 Bishop 所言，它的确存在局限性：一是所收集的问题来源单一；二是并未涵盖不同国家、不同年龄段和不同类型的患儿。其后，Bishop（2003）对该量表进行了修正，给出儿童交际量表 2，主要对语用障碍儿童进行定量评价及早期筛查，以便做进一步的语言评估。然而，两者仅对英美两国患儿适用。因此，笔者认为有必要设计适用于我国儿童的语用障碍评估量表，为患儿的康复研究提供参考和借鉴（尚晓明、程璐璐，2019），并为儿童语言研究提供实证支持（施嘉伟、周鹏、Giblin & Crain，2019）。

一、语用障碍评估量表研制的取效行为基础

　　语用障碍问题涉及认知、语言、社会、行为和心理等层面（冉永平、李欣芳，2017）。因此，语用障碍评估量表的研制需全面考察上述层面。而言语行为理论中的取效行为的内涵囊括了上述各个层面（尚晓明、程璐璐，2019），可作为语用障碍评估量表制定的理论依据。事实上，取效行为是话语双方合作的结果，指患儿为实现某种目的或超级目的，借助语言、调用知识和行为对受话人的心智状态和行为产生影响（程璐璐、尚晓明，2017a）。受话人接受话语并对其进行解码，其解码过程并不一定与患儿的言语意图一致。因此，患儿不同的言语意图将会产生不同的取效效果。受话人与患儿的共享知识背景认同越多，就越容易解读出患儿的言语意图（尚晓明，2002）。由此推知，取效效果并不能确定，因为这并非由说话人掌控，更何况是存在语用障碍的患儿，这就需要受话人对患儿

的言语和非言语行为进行阐释。

　　患儿的言语和非言语目的包括目的和超级目的。目的指患儿实施言语和非言语行为的表层手段；超级目的指真正的交际目的。患儿从初始目的出发，不断接近超级目的的过程是检测其语用障碍的标准。事实上，对患儿交际行为和话语意义的理解需调用知识、感知语言和探试行为。知识指交际双方所掌握的世界知识及依靠记忆中的假设和假设图式推衍出的新知识。语言是交际目的和超级目的的传递方式，话语意义由患儿和受话人共同建构。行为指患儿通过伴随发声所产生的凝视、手势等动作方式，可传递交际目的和超级目的，需受话人对此进行解读，判断行为的超级目的。交际效果包括不可预料效果、可预料效果和探试效果。不可预料效果指患儿借用知识来做事，对于受话人而言是难以把握的过程，具有不可预料效果，受话人需推导患儿知识话语所体现的超级目的。可预料效果是受话人对患儿话语的语义解码，而语言是可被理解的，具有可预料效果，可把握其交际目的和超级目的。探试效果指患儿通过行为动作的探试，取得受话人对其行为的目的和超级目的的理解，从而取得高度合作的效果。

二、取效行为视域中语用障碍评估量表框架

　　本研究从取效行为的知识、语言和行为的目的功能和不可预料、可预料和探试效果之间的关系入手，参照儿童交际量表2、自闭症儿童心理教育评核（第三版）（PEP‐3），综合儿童语言发展相关理论并设计评估量表，依据知识、语言和行为三个维度，分解出15个因子，构成语用障碍量表的理论构念框架。

（一）知识维度

　　儿童心智发展研究经历了三次热潮，最早源于皮亚杰的认知发展理论（Flavell & Miller，1998），认为儿童能够主动学习知识，不断建构认知结构。此外，维果茨基的社会文化理论强调儿童的发展与个体成长所形成的符号系统息息相关，其认知能力的发展始于社会关系和文化。20世纪70年代早期为第二次热潮，即儿童元认知能力发展研究，其主流思想

为如何使用陈述性知识。第三次热潮从 20 世纪 80 年代起至今,主题是心智理论的发展(Astington,1993;Flavell & Miller,1998),主要探索儿童的意向性知识。由此可知,患儿关于知识的概念源于其认知能力的发展,而认知能力是儿童思考和推理的心智功能(Perkins,2007)。Gazzaniga(2000)认为,记忆力、想象力等均为儿童的主要认知能力,可通过程序性的知识得以体现。可见,知识是非言语组成成分之一,其初始态为经验知识,最高层为系统科学知识。我们将患儿的知识归为如下子维度:依据皮亚杰的认知发展理论和维果茨基的社会文化理论,析取感知觉知识、社会规约性知识;基于元认知能力研究现状,提炼陈述性知识;基于心智理论的最新研究成果,提取意向性知识;结合认知能力研究,得出程序性知识和想象性知识。因此,知识维度分为上述六个子维度。

(二) 语言维度

患儿和受话人通过语言来共建话语意义。因此,交际揭示患儿向受话人传递交际目的和超级目的,受话人在接收信息之后,借助于心理框架和理想化认知模型进行认知推理(程璐璐、尚晓明,2017b)。患儿以某一交际目的和超级目的为着眼点选择适切的话语形式;受话人从患儿的话语形式出发,借助联合注意场合,感知患儿的话语并识别其交际目的和超级目的。话语意义就在患儿和受话人选择(编码)-识别(解码)过程中形成。此外,维特根斯坦的语言游戏说揭示了语言游戏和生活形式的密切关系,词语的意义通过语言游戏得以体现,语言和伴随语言所产生的行为便组成了语言游戏。基于维特根斯坦的语言游戏说可以推断,语言不能简单地被视为意义工具,而是一种复杂的现象——语言游戏。后期维特根斯坦认为,语言是依托语言游戏而存在的,它的使用是在语言游戏中进行的,也可以说是在具体的语境中实现的(沈梅英等,2012)。换言之,若想真正理解话语意义,只对句子进行语法、句法分析和逻辑语义推理还相去甚远,理解语言的意义还需要语境的支持,实现语境向生活的转变。因此,患儿与受话人进行话语互动时,患儿借助于语言实现话语的交际目的和超级目的,而话语的意义由患儿和受话人共同建构,受话人需基于社会互动环境等因素解读患儿的话语意义。此外,韩礼德表示儿童学习语言的过程是一种学习如何借助于语言表达诸多交际需

80

求的过程。儿童语言在向成人语言过渡之前一般具有七种功能,即工具功能、控制功能、交互功能、个体功能、启发功能、想象功能和表征功能,上述七种功能也称为"微观功能"。这样,患儿在社会交际中学会借助于语言表达诸多言语目的和超级目的。而交际与认知视角下的关联理论强调从认知的角度(心智状态、交际背景、命题态度、已有图式)解读患儿与受话人的语用现象。由此,言语交际行为由交际双方的需求、心智状态、社会互动环境、交际背景、命题态度、已有图式组成,它们构成了话语编码的来源。而受话人感知话语后需关联患儿话语目的、超级目的和话语形式与编码来源要素,从而形成认知假设。由此,语言维度可分为六个子维度。

(三) 行为维度

行为是非言语的另一种组成成分,指患儿利用语言符号之外的手段(如,凝视、指向、给予、手势、语调、表情等)来实现交际目的和超级目的。随着患儿感知经验的丰富,他们借助行为探索世界的能力不断增强。因此,通过促进患儿实现感知系统和行为动作的协调发展,帮助其掌握成人期望他们做出的行为,并思考可能产生的取效效果。

就患儿的行为方式而言,哈贝马斯交往行为理论和米德符号互动论的核心思想给予了我们一定的启示。交往行为理论强调主体之间借助元认知策略选择交际方式,并通过行为语境进行沟通,在相互理解的基础上通过协商将彼此的行为目的与效果进行关联。符号互动论意指患儿从感知-身体运动协调阶段出发直至可以基于行为符号将交际目的传递给受话人,同时受话人借助于符号理解并回应患儿行为的目的和超级目的。事实上,患儿在实施行为时还需通过模仿和记忆与他人的行为保持一致。为了实现这种一致性,患儿必须充分了解自身和他人行为的象征意义。基于此,行为维度分为如下子维度:感知-身体运动协调、动作模仿与记忆和元认知指导行为规划、实施和调控。

语用障碍评估量表的取效行为构念具体如下图所示。

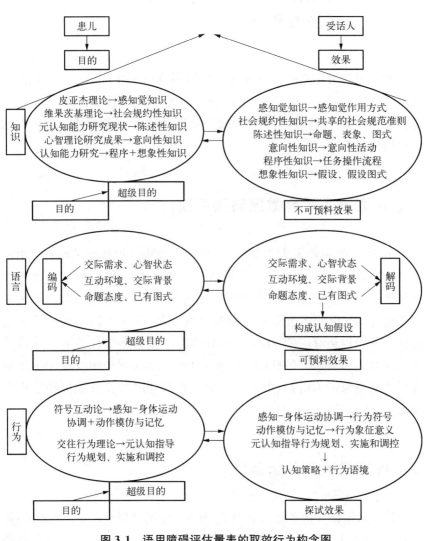

图 3.1 语用障碍评估量表的取效行为构念图

第三节 自闭症儿童语用障碍的语用分析 系统及程序

本研究利用儿童语言研究数据交换系统(CHILDES)、计算机语言分析系统(CLAN)以及 INCA－A 编码系统对录制的语用障碍儿童语料进行文本分析,即转写、编码以及统计分析,旨在深入阐释语用障碍儿童的语用特点。

一、儿童语言研究数据转换系统

卡内基-梅隆大学及哈佛大学的两位教授携手设计出了一套可借助于计算机技术,适合儿童语言发展研究的数据库技术,以便客观揭示儿童日常语言的运用情况,建设理想化儿童语料库。该系统可将多语种儿童的语言以相应的格式输入,并根据研究需要,基于不同的编码系统进行编码并予以运算。CHILDES 恰好弥补由于技术手段的限制导致难以实施儿童语言研究的缺陷。然而,目前关于儿童语用发展的主流研究仍然是以英语为语料,由此得出的一些规律必须在其他语种中得到验证。[1]

二、计算机语言分析系统

计算机语言分析系统由卡内基-梅隆大学的斯佩克托尔(Spektor)研制开发,旨在为分析由 CHILDES 格式转写的儿童语料,它属于儿童语言研究数据转换系统计算机文本分析赋码的配套程序,可以自动分析口

---

[1]　刘森林.学龄前儿童语用发展状况实证研究——聚焦言语行为 [J].外语研究,2007(5):10.

语语料,比如,搜索关键词、检索分析、统计频率及话语平均长度、修正语篇、分析词法和句法、类符/形符比、进行交互分析以及共现分析等。该系统约有 30 个语句[①]为研究者从多视角分析儿童语料提供参考。

INCA‐A(Inventory of Communicative Acts‐Abridged)编码系统是由美国学者 Ninio 等在 Ninio & Wheeler(1984)所研制的编码系统的基础上改编而成的缩减版,可对面对面的相互行为进行编码,包括社会交互以及话语层面的交际。INCA‐A 系统的基本理念即为基于话语使用类型分组并归类交互语料,在此过程中不必考虑语境因素。如讨论当前关注的焦点可归为一类,即就环境中双方均可观察到的相关事件进行一次谈话:物体、人物、说话人和受话人正在进行的行为、正在发生的事件等。

此后,哈佛大学的 Snow 等采用 INCA‐A 编码系统、CHILDES 以及计算机语言分析系统进行了关于儿童语用学方面的系列研究。随着这一研究框架的逐渐成熟,国内外诸多研究者也相继对儿童语用问题展开相关研究(Ninio & Snow,1996;Pan *et al.*,1996;周兢,2001,2002,2006,2009),并取得了一定的研究成果。此外,与之前的版本相比,目前的 INCA‐A 编码系统更适合研究去语境化的语言使用(Ninio & Snow,1996)。相关研究也进一步表明,该研究框架的重测信度在 90%~95%之间(李晓燕,2008;杨晓岚,2009)。

三、自闭症儿童语用障碍的语用分析程序

(一) 研究对象的选择

本研究从黑龙江、陕西、江苏、福建、辽宁、四川六个省份的儿童行为发育中心、儿童语言康复中心等机构随机选取满足研究要求的被试,具体如下:

1. 研究对象人数:100 名被诊断为语用障碍的汉语儿童(分成实验组和控制组,每组 50 名),且未接受过矫正治疗。在确保听力正常的前提下,以量表得分作为选取标准(得分≥132)。患儿年龄 3~6 岁不等,

---

① http://talkbank.org/manuals/CLAN.pdf.

男女性别比例相当。再将患儿分成低龄组(3岁,30人)、中龄组(4岁,33人)以及高龄组(5~6岁,37人)三个组别。患儿无论是在儿童行为发育中心、儿童语言康复中心等机构或是在家庭情境均会用普通话与家长、康复师、研究者等进行日常交流。

2. 配合条件:家长、康复师及患儿自愿参加本项研究,且可以配合研究人员完成研究任务。

3. 排除标准:排除有明显情绪行为问题、听力障碍以及其他口腔器质性疾病的患儿。

(二) 语料收集标准

采用录音和录像的方式收集语料,具体设计如下:

1. 时间及内容安排

对录制时段和内容的设计进行半结构化处理,每次录制15分钟,主要内容和时段安排如下。

第一,预热阶段:在录制前2分钟为患儿与交流对象创造随意交流的条件,以便使患儿适应环境。

第二,自由对话阶段:7分钟。使患儿与交流对象自由对话,对话内容为"患儿感兴趣的动画片人物"。根据康复师的相关建议,将患儿最感兴趣的几部动画片的部分情节改编成通俗易懂的故事书让患儿进行阅读。动画片主要有《汪汪队立大功》《海底小纵队》《大头儿子和小头爸爸》《超级飞侠》《熊出没》《百变小露露》《超级小熊布迷》《米奇妙妙屋》。

第三,完成任务阶段:6分钟。为患儿提供彩笔及画纸,由交流对象帮助患儿画出感兴趣的主题人物,或者在画册上为喜欢的动画人物涂色。

2. 不同情境设置

第一,家庭互动情境:录制患儿与家庭成员在家庭互动情境中(包括住宅小区、附近公园)进行自然交流的语料,比如,进餐、康复训练、做基本活动的自然语料。熟悉的家庭情境便于患儿与家庭成员自然互动,录像时仅有家庭成员和患儿在场,以避免无关人员的干扰。

第二,康复师、患儿互动情境:由于康复师会为每名患儿单独进行康复训练,因此安排在机构所在教室的一角,以便录制康复师为患儿进行康复训练时的语料。

84

第三，陌生互动情境：录制本项目组一名成员作为固定的陌生交流对象与患儿进行交流时的语料。

3.语料处理①

将录制的关于患儿与受话人的语言和非语言行为依据 CHILDES 进行编码，并且将编码结果在 CLAN 中进行自动分析。具体编码过程可分为如下几个步骤。

第一，语料编码。采用 INCA － A 编码系统和自定义编码相结合的方式对患儿和受话人的言语和非言语行为进行编码。依据研究目的，分为如下几类。

（1）会话编码

分析患儿自身会话能力的指标，其包括会话发起、会话维持、会话修补以及会话修补回应。同时，考虑到患儿语用能力涉及知识、语言、行为及其交互关系层面，因此将会话编码类型分成 28 种（详见附表 5）。

（2）言语倾向水平编码

言语倾向水平编码指的是交际双方的交际意图倾向编码（本研究主要是对患儿的交际意图倾向进行编码），包括安慰、讨论、标号、商议等多种交际意向，一共分为 22 种类型，如商议将来的活动，即商议将来的行为和活动（Negotiating Future Activity，NFA）、商议共同的意见或分歧（Negotiate Co-presence and Separation，NCS）、讨论想象情境中的事，即进行一次想象游戏中的对话（Discussing the Fantasy World，DFW）等。此外，基于上述量表中对语言的编码、感知和解码过程中语言编码来源要素的探讨，对上述 22 种类型产生的根源从宏观上进行归类，归为 CN（Communicative Needs，交际需求）、MS（Mental State，心智状态）、SE（Social Environment，社会互动环境）、CB（Communicative Background，交际背景）、PA（Propositional Attitude，命题态度）、IS（Image Schemata，图式）、CE（Cognitive Environment，认知环境）等七大类别（详见附表 1）。需要强调的是，语言是极其复杂的现象，在分析时的确有相互重叠的情况。为了处理上的便利，这里仅考察患儿主要调用的一种语言编码来源要素。

---

① 详见程璐璐.学龄前儿童语用发展的取效行为研究［D］.哈尔滨：黑龙江大学博士学位论文,2019：123－130.

（3）言语行为编码

言语行为编码意指说话人借助一定的话语方式来表达自我的交际意图，包括指令和回答、宣告和回答、标记和回答、陈述和回答、言语诱导和回答、承诺和回答、问题与回答等形式，共计65种编码类型（详见附表2），如AA（answer in the affirmative to yes/no question，对是非疑问句的肯定回答）、FP（ask for permission to carry out act，说话人申请同意执行行动）、EX（Elicit completion of rote-learned text，引导读出熟悉的或学过的文本）等。

（4）非言语行为编码

非言语行为编码指对患儿的非言语行为进行编码。本研究结合国内外研究成果（McTear，1985；杨晓岚，2009；李欢，2014；Martin & Zappavigna，2018）并参考典型发育儿童非言语行为的分类以及量表结果，将患儿的非言语行为分为三大类：第一类是感知-动作协调；第二类是行为动作的模仿与记忆；第三类是元认知指导行为的计划、实施与调控。此外，将第一类、第三类又进一步分为如下子类型：感知-动作协调可分为点头赞同（nodding）、摇头拒绝（shaking one's head to refuse）、面部表情（facial expression）以及身体触碰（touching hearer）；元认知指导行为的规划、实施和调控可分为给予物体（giving something to hearer）、展示物品（showing something to hearer）、位置移动（move position）以及手势指示（pointing）（详见附表3）。

（5）会话修补编码①

会话修补指的是在会话过程中，交际双方借助语言来澄清之前所说话语或对其进行更正的现象。可以说，会话修补是一种特殊形式的会话维持方式。从结构上看，会话修补可分为修补请求的发起以及对修补请求的回应。鉴于国内外有关典型发育儿童会话修补方面的相关研究（Aviezer，2003；杨晓岚，2009）及本研究的实际情况，我们将会话修补请求方式进一步细分为知识修补、语言修补、行为修补、知识＋语言修补、知识＋行为修补、语言＋行为修补、知识＋语言＋行为修补；将会话修补请求回应又进一步分为知识回应、语言回应、行为回应、知识＋语言回应、知识＋行为回应、语言＋行为回应以及知识＋语言＋行为多维回应

---

① 备选层，并非每句会话都具有会话修补编码。

（详见附表5）。

（6）知识的言语和非言语行为编码

基于上述量表，我们对儿童所调用知识的言语和非言语行为进行分类，将知识分为感知觉知识（Sensory Perceptual Knowledge，SPK）、社会规约性知识（Social Conventional Knowledge，SCK）、陈述性知识（Declarative Knowledge，DK）、意向性知识（Intentional Knowledge，IK）、程序性知识（Procedural Knowledge，PK）和想象性知识（Imaginative Knowledge，IK）（详见附表4）。

编码后规范的语料文本如下：

会话阶段

＊BB：小 鞋 子 小 鞋 子 是 穿 在 脚 上 的.

％CON：KI：DK

＊THE：恩 小 鞋 子 是 穿 在 脚 上 的.

＊THE：北北 放 两 块儿 积木 进去.

＊BB： 一 二.

％CON：UC：NMA：SE：SS

＊THE：对了 好 棒!

＊BB：棒.

％CON：UC：MRK：PA：EI

＊THE：好 棒.谁 棒 啊?

＊BB：朱 老师 棒.

％CON：UC：NIA：CN：SC

＊THE：你 说 我 棒.

＊BB：我 棒.

％CON：URR：DJF：SE：EI

第四章

自闭症儿童语用障碍的
认知神经路径

　　儿童语用障碍的表现为患儿在语言运用中缺乏社会性言语行为。患儿在社会交际时需要借助于视觉器官——眼，和听觉器官——耳将复杂的高级信号输入中枢，在中枢语言处理分析器中进行分析、储存，进而经过神经传出，再借助言语运动器官如咽、喉、舌传递交际意图。大脑在长期的进化过程中区别出了相应的皮质区域，可见大脑司管言语和非言语信号的处理和存储，形成我们熟知的"语言中枢"。当负责言语和非言语行为的部分受损时，就会出现语用障碍。

　　脑的发展异常是由神经化学以及遗传因素等诸多原因导致的，但上述视角仅聚焦患儿形成语用障碍的生物性成因，而 ERPs 和 fMRI 技术直击患儿大脑相关脑区，可从认知神经视角挖掘患儿在语言运用中的反应时间、正确率以及激活状态等。

　　ERPs(Event-Related Potentials)，又称"事件相关电位技术"，其以高时间分辨率著称，即具有毫秒级分辨率。研究者可借助锁时关系追踪患儿语言现象发生的时间进程，以便呈现语言现象发生的瞬间过程及其对后续信息加工的影响。其中，语义、句法加工是语言研究常考察的维度。语义加工研究的重要指标是 N400，其是一个和语义相关的负电位脑波，这里 N 代表负，且在单词刺激出现 400 毫秒左右达到最高值。研究发现，N400 的幅值对语义特征特别敏感。例如，最后一个字词与语境相符的正常句(如，"他用勺子喝汤。")以及最后一个字词与语境不相符的非正常句(如，"他用勺子喝饭。")。句尾字词会诱发波幅更大的 N400 反应。N400 波幅在两种情形下的差异就会被认为是 N400 效应。由此认为,N400 主要揭示语义加工的程度。又有荷兰研究所以 Hagoort 为代表的研究者提出,N400 的大小还可折射出语义整合加工的难易差异(徐晓东、吴诗玉,2019:39)。ERP 成分大小的测量指标主要有两种———一个是潜伏期,另一个是波幅值。潜伏期的长短指的是相应认知过程在时间上出现的早晚,潜伏期越长代表认知过程出现越晚;波幅值的大小指的是语言任务的难易程度,波幅值越大意味着语言任务难度越高,需要增加大量的认知资源。P600 指的是与语言相关的正电位脑波,这里 P 代表正向。在目标刺激出现 600 毫秒左右达到峰值。研究者一度认为 P600 主要体现的是句法加工程度,但新近研究表明,P600 对语义及语用信息均具有敏感性,由此可以认为,P600 很可能与句子整合加工相关(徐晓东、吴诗玉,2019:40)。

与此同时,近十年来,研究者从生长发育及大脑功能障碍视角,借助脑成像技术[如,功能性核磁共振成像(Functional Magnetic Resonance Imaging,简称 fMRI)]探索自闭症儿童语言障碍中涉及语用问题的认知神经机制。fMRI 属于借助于神经元活动时大脑内血容量、血流量以及血氧水平的浮动水平来聚焦大脑活动功能区的一种研究手段,包括磁共振波谱成像、灌注成像、弥散加权成像、弥散张量成像。该研究手段的优势在于可呈现较高的时间、空间分辨率,具有重复性并且没有放射性,可无创揭示脑区功能活动区的范围。该手段的基本原理即是被激活的大脑皮层功能区的耗氧量、局部血流量等与静息时相比会显著增加,但耗氧量的增幅要远小于血流量的增幅,因此会导致局部微循环内脱氧血红蛋白量的降低以及氧合血红蛋白量的增加。自此,这一功能区磁化率会有所改变,T2 加权像上局部信号会增加。fMRI 较常用的成像技术为平面回波成像(EPI),可以在几秒之内完成对全脑的扫描任务,并可对不同功能状态下的数百个图像进行分析。当然,fMRI 也有其不完善之处,比如,在神经活动之后的 4~8 秒后才有响应,时间分辨率难以达到毫秒量级。此外,血氧水平的测量对时间有一定的依赖性,由此在实验设计中扫描任务需要持续达到 10 秒以上,甚至持续几分钟,而对 10 分钟以上甚至是几小时的低频任务不敏感。比如,长时间的脑活动较难借助 fMRI 技术进行研究(周念丽,2015:16)。fMRI 数据需要进行统计学分析,其目的为识别不同脑区功能状态下采集的图像中信号有变

90

化的像素。由于 BOLD[①] 信号的变化幅度较小，加之 BOLD 信号还会受到其他不相关因素的影响，如呼吸、脉搏等无法控制的影响，因此在处理数据时需要排除此干扰项。基于 fMRI 的功能连接是从神经生理学机制视角挖掘空间独立的脑区间在时间序列上的相关性。目前，国际上正在研发连续性动脉自旋转标记磁共振灌注成像，有望补充上述不足之处，譬如可以在静息状态下探测大脑的功能活动状况。可以说，fMRI 技术将成为检测特殊儿童、阿尔兹海默症老人的最有效方式。

语用障碍是发展语用学中的一种语言障碍，主要指在知识、语言和行为层面出现的障碍（尚晓明等，2019）。国内外主要采用认知神经科学技术探索患儿语言障碍中涉及的语用障碍问题。

第一节　知识层面

患儿的杏仁核异常与其推测他人意图存在困难有关（Baron-Cohen，Ring *et al*.，2000）。具体而言，患儿的靠近前杏仁核的前颞叶区以及颞顶交汇的颞上沟、前扣带回皮质等区域激活水平较差。患儿不同脑区间缺少正常的神经联结及结构联结，即脑神经联结不足，会导致脑区间的协同功能低下，进而对知识的掌握和调用出现困难（Just *et al*.，2004）。右侧额叶的机能障碍可能会使患儿的高级认知功能受损（Minshew，1999），这包括其思维和判断等层面。最近的研究表明，针对无言外之意的模糊刺激句，女性在内侧前额叶皮层和额下回中表现出比男性更为活跃的语用意图推理，而这两个区域分别被认为涉及认知同理心和情感同理心（Powell & Furlong，2019）。而 Crasta，Gavin & Davies（2020）研究发现，患儿的感觉认知障碍可能与门控有关。上述研究提示，患儿处理知识具有障碍与其大脑区域激动水平异常有关。

---

① BOLD 实验设计大抵分为两种：事件相关实验设计以及组块实验设计。两种实验设计均需重复多次，以将较为微弱的信号叠加起来。完成的 BOLD 检查基本需要两种成像状态：其一是在对照任务状态，更确切地说，一般处于静息状态下；其二是实验任务状态，即大脑皮质功能区被激活成像。将两种不同成像状态的图像相减，以获得功能区活动时的高信号图像。

第二节　语言层面

对于人类大脑的发育而言,个体的语言中枢位于左侧大脑半球。颞上回后部的韦尼克区负责各个音节的组合以及对词语理解的信号存储。当该部位受损,患儿会出现对多音节组成的词语的理解障碍,但对单音节的感知良好。额下回后部的44、45区,又称为"布洛卡区",在此区域被探测出具有言语表达的记忆痕迹。该区域损害将使患儿难以表达交际意向,但其言语运动器官活动却显示正常。进一步而言,患儿用来理解句子的布洛卡区、额中上回与左侧小脑被激活的程度较差,但负责解码词语的韦尼克区的激活程度却较高(Gorton,Christopher & Clark,2006),这表明患儿可能只是加工单个词语,因而不能准确理解句子,造成语用沟通障碍。同时,额叶一级也是语言表达运动中枢,中枢之间的联络纤维损伤同样可导致语用障碍。颞叶后部21区和37区后部存有关于物体名称的记忆痕迹,而该处受损时患儿会无法称谓某一物体。上述部分是语言加工和处理的中枢。患儿不仅在语言加工和处理方面存在障碍,其对语言信息的整合也出现异常,这可见于他们脑皮质激活区的时间校正曲线低于常值。Zhang,Meng *et al.*(2018)采用ERP测量范式,考察并对比中英双语患儿和典型发育儿童在处理英语词汇重音时的神经反应。结果表明,与典型发育儿童相比,患儿在左侧颞顶叶和顶叶部位表现出错配负性振幅降低,表明他们对词汇重音不太敏感。此外,患儿个体在处理语言相关刺激时大脑激活具有反向不对称性。Lindströma,Lepistö-Paisley *et al.*(2018)借助ERP实验发现患儿在不同层次的信息加工中对词语的加工和情绪言语韵律的变化均出现障碍。

在语言理解层面,患儿的视觉脑区被较多地激活,而左额下叶及左前额回等高级脑区却被激活得较少。值得注意的是,患儿的皮质功能区之间缺少关联,即神经功能整合机制匮乏(Gaffrey,Kleinhans & Hasit *et al.*,2007;Harris,Chabris & Clark *et al.*,2006)。由此可见,患儿在语言理解中难以使用深层次的语言编码策略,只是利用视觉这一低层次的知觉信息。

综上所述,由于患儿神经整合机制出现匮乏,导致他们只能加工单
92 个词语,表达和理解句子存在困难。

第三节　行为层面

Kahnne *et al*.(2002)在对幼鼠动物模型研究的基础上推断,患儿大脑中的 5-羟色胺较高会导致其行为的异常表现。此外,当多巴胺分泌过多时,患儿左右纹状体中的多巴胺转运体会随之增高,这样就会造成神经元的氧化损伤并具有一定的生理效应,使患儿的自我控制行为能力存在障碍。而中小脑Ⅵ-Ⅶ区小叶蚓部的发育不完整与刻板行为的形成显著相关(Pierce & Courchesne,2001)。当观察他人行为或在执行相关动作时,患儿额叶的顶下皮质区(镜像神经系统)及垂直盖部(BA44/45或布洛卡区)不会选择性地被激活。而患儿难以通过面部表情传递交际意向或不能识解他人的情感,是由于其脑干及杏仁核等部分发育异常导致的。正常儿童在观察并模仿行为动作时,其额下回的岛盖部及喙后顶叶皮质显著被激活,甚至他们在听到与某个动作相关的声音(如,口令)时,使前运动区(F5)的神经细胞处于放电状态。但对患儿的比较研究发现,他们额下回的岛盖部尚未显示出被激活的状态(Iacoboni & Dapretto,2007),感觉和动作通路之间的神经编码投射还存在缺陷(Williams,2004),这也验证了患儿存在镜像神经系统功能障碍。与此同时,从手部、面部及有无意义的动作观察与模仿层面出发对患儿大脑皮质的相关脑区激活情况进行考察,发现患儿的顶下皮质和前运动区并没有相似的激活(陈光华,2009)。至于执行功能薄弱,这与患儿大脑前额皮质以及与之相关的顶叶皮质的功能障碍有关。Goosken,Bos & Mensen *et al*.(2019)通过 fMRI 实验尚未发现与认知控制缺陷相关的重复行为可以在患儿的神经回路中找到证据。Sharda & Tuerk(2018)通过神经科学证据表明,接受音乐干预的患儿,其可改善社会交往及脑功能连接方式。由此可见,过往研究对于患儿的行为异常与大脑皮质的相关脑区激活情况存在分歧,其相互之间的关系尚不明确。

上述研究说明,患儿存在语用障碍,可从认知神经视角进行探究。

鉴于大脑的可塑性以及语言发展的关键期理论,对患儿语用障碍的早期发现与干预显得尤为重要。

国外研究者多围绕患儿在知识、语言或行为某一层面出现的语言障碍展开神经科学研究,且只聚焦上述层面的某一区域激活状态与出现障碍之间的相关性。国内少有学者报道语用障碍儿童方面的研究成果。但事实上,患儿的语用障碍问题是集知识、语言、行为于一体的多维障碍,需全面挖掘患儿语用障碍的认知神经机制,设计干预策略。基于上述现状,本研究拟从取效行为中的目的和效果切入,结合 ERP 和 fMRI 实验,从知识、语言、行为层面全面、系统地对患儿进行考察,以认知神经机制视角剖析导致语用障碍发生的机理,提出干预方案,并检验干预效果。

第四节 实验过程

借助 ERP 技术的锁时关系实时追踪儿童调用知识、语言和行为的时间进程。采用相同实验材料实施 fMRI 实验,定位知识、语言和行为层面加工过程的神经激活模式,比较两组儿童的差异。上述过程均采用判断句的方式完成(是/否),针对每个层面的子维度分别设计三个句子,且随机打乱呈现顺序。1) 知识层面:设计承载命题内容的简单句,包括知识各子维度(社会规约性、陈述性、想象性、程序性知识)的不可预料效果,并给出解读该句子的选型(正确与错误并存),由两组儿童判定(是/否)。2) 语言层面:为两组儿童呈现无字图画书,针对图画内容按照语言各子维度(交际需求、心智状态、社会互动环境、交际背景、命题态度、认知环境、已有图式)设计问题,包括语言的可预料效果,邀请患儿作答(是/否)。3) 行为层面:考察两组儿童通过图片辨识主体借助具有交际意向的行为进行社会互动情况,包括行为各子维度(感知-动作协调:身体触碰、点头赞同、摇头拒绝、面部表情;模仿与记忆;元认知指导行为计划、实施和调控:展示物品、给予物品、位置移动、手势指示)的探试效果。随后针对图片设计问题(是/否),儿童按键作答。

所选例子范式如下(囿于篇幅,每个维度只选择一个例子)(是/否):

社会规约性知识的不可预料效果句子:小姨好(小姨提着宝宝喜欢

吃的荔枝)。

　　选项:宝宝想吃小姨提着的荔枝(是/否)

　　陈述性知识的不可预料效果句子:妈妈,棉鞋很温暖。

　　选项:不希望妈妈为其将棉鞋穿上(是/否)

　　想象性知识的不可预料效果句子:奥特曼来了,跟我走。

　　选项:我不可以保护你,所以跟我走(是/否)

　　程序性知识的不可预料效果句子:妈妈,先把橙子剥皮,就可以榨果汁了。

　　选项:宝宝想喝果汁(是/否)

　　交际需求的可预料效果句子:妈妈,我可以跟你说说话吗?

　　选项:宝宝不想跟妈妈说话(是/否)

　　心智状态的可预料效果句子:妈妈别生气了,宝宝以后一定乖乖听话,不打闹。

　　选项:妈妈生气了(是/否)

　　社会互动环境的可预料效果句子:妈妈快看,爸爸回来了。

　　选项:爸爸没有回来(是/否)

　　交际背景的可预料效果句子:黑猫警长在抓小偷。

　　选项:黑猫警长是警察(是/否)

　　命题态度的可预料效果句子:爸爸准备坐在饭桌前吃饭,宝宝突然说道:"爸爸,这是妈妈的座位。"

　　选项:不希望爸爸坐下来(是/否)

　　认知环境的可预料效果句子:妈妈,如果我表现好的话,就给我切点水果,做水果蛋糕吧。

　　选项:如果宝宝表现好,妈妈会为他做水果蛋糕(是/否)

　　已有图式的可预料效果句子:宝宝快看,猩猩吃了五根香蕉。

　　选项:猩猩不喜欢吃香蕉(是/否)

　　身体触碰的探试效果

　　图片中妈妈背着包,准备上班。宝宝跑过去拽着妈妈的手。

　　选项:宝宝希望妈妈陪着她,不要去上班(是/否)

　　点头赞同的探试效果

　　图片中妈妈拿着牛奶问宝宝是否想喝,宝宝点头。

　　选项:宝宝想喝牛奶(是/否)

摇头拒绝的探试效果

图片中妈妈拿着宝宝的书包,想带宝宝去幼儿园,宝宝摇头。

选项:宝宝不想去幼儿园(是/否)

面部表情的探试效果

图片中妈妈希望宝宝回答她的问题,因此眼神转向宝宝。

选项:不希望宝宝回答问题(是/否)

模仿与记忆的探试效果

图片中妈妈询问爸爸在干什么? 宝宝模仿爸爸抽烟的动作。

选项:爸爸在抽烟(是/否)

展示物品的探试效果

图片中为超市场景,宝宝举着旺旺仙贝,给妈妈看。

选项:宝宝不想买旺旺仙贝(是/否)

给予物品的探试效果

图片中宝宝打不开果冻的外包装袋,将其递给了爸爸。

选项:宝宝不想让爸爸帮其打开果冻(是/否)

位置移动的探试效果

图片中宝宝走到爸爸面前,展开双臂。

选项:宝宝想让爸爸抱(是/否)

手势指示的探试效果

图片中一家人在吃饭,妈妈在喂宝宝青菜,宝宝手指着桌子上的虾仁。

选项:宝宝不想吃虾仁(是/否)

所有例句经汇总后进行讨论、筛选,剔除了语义表达具有引申义的句子,以免造成预期效应。此外,对句子的可接受度进行调查(分别邀请对照组和实验组儿童及监护人 10 人参与),并对不可接受或不熟悉的句子进行修改。最后筛选出可接受的 60 个句子作为正式的实验材料。

本实验在专门的语言实验室内进行。实验前,监护人帮助被试事先阅读实验须知,签订实验意向书,然后进行操作练习以熟悉按键和任务要求。

被试的主要任务是阅读呈现在计算机屏幕上的句子。实验开始,屏幕中央出现一个"＋",提示句子即将出现。500 毫秒后,句子以移动窗口方式呈现,窗口以词(或词的组合)为单位。屏幕底色为白色,出现在屏幕中央的文字为黑色。每屏显示时间为 1 000 毫秒,出现一个句子,句子结束时被试需要按键作答(是/否)。与此同时,计算机自动记录 ERP 数据及按键动作的反应时(即判断呈现句子的时间),用作实验后的数据分析。反应手在被试中交叉平衡设计。为了确保所考察的是被试对语用句子的理解能力,若句末成分反应时间超过 3 000 毫秒(离群值过大,属无效数据),系统则自动认定为错误判断。

为避免被试不理解句子就匆忙按键,要求被试在保持阅读速度的前提下,有监护人在场,帮助其尽可能地读懂句子,并在每个句子呈现结束时做出"是"或"否"的真假判断(正确的句子选"是",错误的句子选"否")。计算机自动记录反应时和 ERP 数据等,作为不同的分析指标,整个实验持续约 20 分钟。

使用国际通用 Neuroscan 的 ERP 记录与分析系统,按国际 10 - 20 系统扩展的 40 导电极帽记录 EEG,以双耳乳突作为参考电极(双侧乳突平均参考),双眼外侧安置电极记录水平眼电(HEOG),左眼上下安置电极记录垂直眼电(VEOG)。每个电极处的头皮电阻保持在 5 kΩ 以下。滤波带通为直流电 0.01～100 Hz,采样频率为 1 000 Hz/导。完成连续记录 EEG 后离线处理数据。离线处理采用 0.01～30 Hz 带通滤波,剔除眼球运动伪迹(包括眨眼和转动)。因伪迹污染导致峰间偏差值超过 ±80 mV 的试次不纳入总平均。分别对每个条件下的 EEG 活动进行叠加平均。分析时程为 4 500 ms,基线为刺激出现前 100 ms(Foti & Hajcak,2008)。参照 Wang,Zhang & Liu(2017)的 N400 成分、Weyerts *et al*.(2002)的 P600 成分等对电极点的选择以及本实验的具体情况,将计算机记录的反应时和 ERP 数据分别导入 SPSS 分析软件进行分析。根据研究需要,将数据从以下维度分别统计被试组间知识、语言、行为层面的比较。在行为数据方面,统计正确率、反应时的数据;在 ERP 数据方面,本研究中统计儿童在语用加工时调用知识、语言和行为的情况。根据波形观察结果和研究目的,分别提取 200～600 ms(N400)和 550～850 ms(P600/LPC[①])窗口的平均波幅进行重复测量方差分析。

功能性磁共振成像用于建立儿童调用知识、语言和行为与语用加工相关的神经激活任务。所有语用场景都显示在电脑屏幕中央,用宋体书

---

① LPC (Late Positive Component,或 Late Positive Complex)因和 P600 的探测区间比较接近,所以,这里把 LPC 和 P600 放在一个时间窗口进行数据统计,在后续的讨论部分中,再分别对其数据特征进行分析。

写。字号为小初。按照电脑屏幕上文字的平均阅读速度(每分钟 180 字)(Ziefle,1998),分别在知识(每个场景平均字数 = 10,SD = 0.6)、语言(每个场景平均字数 = 18.29,SD = 1.5)、行为(有提示图片,每个场景平均字数 = 24.44,SD = 1.9)条件下,给每个场景 20 秒(s)时间。根据 Flesch 可读性指标,对字词的长度及句法复杂性进行了平衡。同时,每一张被选中的图片只显示一次。这些刺激是由 30 名独立于本研究的个体作为受试来进行的。受试选择了他们认为正确的图像,只有图像正确率识别大于 95% 的样本被选择纳入研究。这是为了确保能在扫描仪中识别出正确的图像。

该任务的设计和演示使用了演示软件(Neurobehavioural Systems, CA,https://nbs.neuro-bs.com),并采用了与 Reniers *et al.*(2012)类似的演示设计。在每个试验中,场景和话语呈现时间为 20 秒,每张图片周围有蓝色边框,呈现时间为 5 秒。在连续三次试验后,给予 10 秒的休息时间,使血氧浓度依赖性(BOLD)恢复到基线水平。在扫描仪上执行任务之前,被试和监护人接受了功能磁共振成像任务的指导和训练。训练包括完成五次先导性试验,在此之后,完全理解任务要求。

所有 fMRI 数据均使用 Siemens Trio 3 特斯拉全身 MRI 系统(Siemens Healthcare,Erlangen, Germany)获取,该系统带有 8 通道头部线圈。功能图像采用 T2 加权梯度回波序列(TE = 30 ms, TR = 3 000 ms,翻转角度 90°,FOV = 192 mm,层厚 2.7 mm,间隙 0.3 mm,基质 64×64,体素尺寸 = 3 mm×3 mm×2.7 mm)。获得 40 个覆盖全脑的轴向切片,平行于 ACPC 面。获得额外的高分辨率 T1 加权结构扫描矢状(TE = 2.48 ms, TR = 7.92 ms,翻转角度 16°,FOV = 不对称 256×240 mm,176 片,矩阵 256 × 256,各向同性体素大小 = 1 mm×1 mm×1 mm)用于共配并检查任何潜在的结构异常。在参与者头部两侧的线圈内放置泡沫填充物,以减少头部运动,最大化被试的舒适度。行为数据使用 SPSS 24.0 进行分析,fMRI 数据使用 SPM12(Wellcome Department of Cognitive Neurology,London,UK,http://www.fil.ion.ucl.ac.uk/spm)进行预处理和分析。每次实验运行时,磁共振信号达到稳定状态时的前两张图像被排除。对图像进行重新排列以纠正受试者的运动,然后根据蒙特利尔神经学研究所(MNI)创建的 ICBM 模板将其转换成标准解剖空间。首先为每个受试者从重新排列的图像中建构一个平均功能图像。然后将 T1 加权图像与平均函数图像进行共配准并进行分割。将灰质部分归一化到一个先验的灰质 MNI 模板。随后应用得到的参数将功能性图像归一化到 MNI 空间。使用各向同性的 6 mm 全宽半最大值高斯核对归一化图像进行平滑。立体定位归一化后并进行平滑统计分析。在一般线性模型(GLM)的背景下,使用 boxcar 函数与血流动力学响应函数(HRF)卷积来建模实验条件(知识、语言、行为)。每个实验运行的条件被作为不同的输入部分,每个部分有三个条件。六个运动参数(即横摇、俯仰、偏航);(在 x,y,z 方向上)被输入第一个关卡设计矩阵中,作为每个回合的无兴趣回归变量。根据每个参与者的一级设计矩阵,我们创建了知识>语言>行为的对比图像。根据每位被试的一级设计矩阵,创建了知识>语言>行为的对比图像。然后将这上述对比图作为包含两层的因子进入第二层全因子设计矩阵。使用聚类水平校正的单样本 t 检验(FDR 校正,$p<0.05$),使用 $k=10$ 体素的最小聚类大小,测试知识>语言>行为的不可预料效果、可预料效果和探试效果语用句子之间反应的差异。使用 Wake Forest University Pickatlas(http://fmri.wfubmc)识别显著关联区域。使用最重要体素的 MNI 坐标(x,y,z mm)。MarsBar 工具箱(http://marsbar.sourceforge)被用来创建被识别区域的面具。使用面具作为感兴趣区域(ROI),在较低的校正阈值($p<0.001$,未校正,簇水平)下测试协变量和神经活动之间的关联。

第五节　研究结果

一、fMRI 实验结果

在 MATLAB 平台上借助 DPABI 工具包实施 VMHC 分析,以便计算患儿组和典型发育儿童组在每个体素上与大脑另一半球的对应位置体素的 Pearson 相关系数,获取 VMHC 强度。之后为了正态分布考虑,对此相关系数进行 Fisher-Z 转换。具体的操作过程我们参考了 Zuo (2010)等人的研究成果。

借助于 SPM12 对两组实施单样本 t 检验,获得两组 VHMC 强度图谱。之后,我们对两者连接强度实施双样本 t 检验。通过错误发现率来调控校正,发现两者存在显著性差异($p<0.05$)的 VMHC 图谱。进而,我们将两组具有显著性差异的脑区认定为感兴趣区域。提取患儿组感兴趣脑区的平均 VMHC 值,以便与 ABC 量表得分进行相关性分析。

对患儿全脑 VMHC 展开研究,基于对称位置脑区的功能连接,挖掘患儿大脑半球间调用知识、语言和行为传递交际目的和超级目的与典型发育儿童的差异。结果表明,与典型发育儿童相比,患儿在内侧额叶、尾状核、楔前叶、颞上回的 VMHC 强度显著减弱,可能与患儿的知识掌握程度不够以及语言障碍有关。事实上,相关研究也表明,颞上回是与听觉极其相关的区域(Jackson, Bajada *et al.*, 2018),患儿语言障碍的产生可能与颞上回相关(Eyler, Pierce *et al.*, 2012)。同时,患儿的颞叶在处理语言时会出现单侧化异常,具体表现为左侧颞叶活动频率降低而右侧活动不会出现变化。本研究结果支持上述研究结论。此外,本研究还发现颞上回出现 VMHC 强度明显较低的现象,颞上回半球之间沟通较少,可能导致患儿在调用语言时出现障碍。患儿布洛卡区的 VMHC 强度也具有显著减少的态势,事实上,布洛卡区负责的是对句子的理解,而对句子结构的整体加工离不开认知环境、社会互动环境、交际背景、已有图式、命题态度等要素。因此认为患儿调用上述要素来理解复杂的句子具有困难。

楔前叶属于默认网络的中心节点,默认网络则是负责社会认知心理过程。但是其功能异常与患儿的心理理论缺陷有关,即调用心智状态出现异常。本研究的结果表明,楔前叶 VMHC 的强度减弱,为患儿调用心智状态困难提供了一定的神经生理学解释。而枕顶区活动的 VMHC 强度也显示处于减弱状态,而此部分与患儿的想象性成分的处理、加工与整合以及提取记忆深处的信息并适时模仿有关。由此认为,枕顶区与患儿的想象性知识和模仿行为有关。

在对行为的探试效果句子进行判断时,患儿杏仁核以及腹外侧前额叶皮质的连通性较弱。同时,患儿的楔前叶、海马、脑岛、尾状核等脑区功能连接欠佳。杏仁核处于异常激活状态,其 VMHC 的强度降低,提示患儿表情处理具有障碍,影响患儿的社会感觉与认知。此外,患儿内侧额叶的 VMHC 强度减弱,提示患儿处理感知信息并基于特定的环境做出相应的行为反应能力具有障碍,从而导致社交行为障碍。同时,患儿的尾状核的 VMHC 强度降低,可能跟双侧尾状核沟通不佳有关,进而导致患儿的行为重复刻板,难以借助行为传递交际目的(见表 4.1)。

表 4.1　与典型发育儿童组相比,患儿组 VMHC 减弱的脑区

脑　　区	体素大小	MNI 峰值坐标			t	p
		x/mm	y/mm	z/mm		
左侧颞上回	105	−52	−26	8	4.56	0.000 756
右侧颞上回	116	52	26	8		
左侧内侧额叶	302	−11	46	19	5.45	0.000 047
右侧内侧额叶	326	11	46	19		
左侧尾状核	258	−16	14	14	4.76	0.000 334
右侧尾状核	255	16	14	14		
枕顶区	177	10	17	19	6.54	0.000 297
左侧楔前叶	161	−12	−58	33	7.04	0.000 000 3
右侧楔前叶	160	12	58	33		
布洛卡区	243	20	15	14	8.02	0.000 000 2
杏仁核	221	15	66	23	8.63	0.000 000 1

注:t 值和 p 值为患儿和典型发育儿童组相比较的结果。MNI 峰值的坐标为患儿和典型发育儿童比较后的差异脑区 t 值最大的 MNI 坐标点。

二、ERP 实验结果

对被试句子判断的行为数据分析表明,典型发育儿童受试对所有实验句子的平均正确判断率为 84.1%,最低为 73.6%,最高为 95%。本研究聚焦关键词(知识、语言、行为)诱发的脑电,由此行为数据的结果只能

表示被试有效地完成了实验任务。此外，借助方差分析比较两组患儿在不同类型语用句子刺激下按键反应的正确率以及反应时长。使用重复测量方差分析对成分的波形和潜伏期进行分析，记录部分为（P7、P8、P3、P4）。

结果显示，反应时长具有组别的主效应显著（$F = 10.62$，$p < 0.05$），患儿组的反应时较典型发育儿童组要长。进一步的组别对面部表情识别的反应时有显著性差异（$t = 5.22$，$p < 0.05$），表明患儿对面部表情的识解与运用较典型发育儿童慢。两组的潜伏期组别效应不显著（$F = 1.58$，$p > 0.05$）。

对于行为的探试效果句子，儿童对面部表情的加工主要与枕颞通道有关（Webb & Dawson，2006）。在颞下回中，有专门对面部表情进行加工的细胞。N170 被认为是对面孔等结构的编码。而儿童的 N170 潜伏期会延长，即 PrN170。本研究在面部表情图片及面部表情传递行为的句子的刺激下约在 217 ms 的枕颞叶记录到波幅在基线附近、负走向成分，属于 PrN170。由此认为，患儿的知觉或认知具有缺陷，使得他们难以对知觉信息进行有效提取并予以加工。

脑电结果发现，对于典型发育儿童而言，违反知识、语言及行为的不可预料、可预料及探试效果句子在关键词上引起更大的 N400 效应（在关键词出现之后的 400 毫秒左右引起负走向的更大波幅的脑电活动）。同时，针对行为的探试效果句，我们发现，典型发育儿童在发现图片描述与词语提示信息不一致时，不仅会引起 N400 效应，还会引起更大的晚期正向活动（LPC），即从看到词语开始后 500 毫秒出现波形的正走向的脑电活动，这也反应出典型发育儿童会借助于图片提示信息建立语用预期，并通过该预期理解句子中遇到的语用信息违反现象，可激活其认知机制。图片背景信息整合与语义加工的神经机制彼此独立。

知识的不可预料效果句子会激活典型发育儿童大脑左侧额下回，这与 Tesink *et al*.（2009）的发现一致。当知识的不可预料效果句子中涉及冲突句时，典型发育儿童在内侧额上回、左侧额下回以及顶下小叶等区域会激活强烈，同时引发更大的 P600。同时，实验结果发现，知识、语言及行为的不可预料、可预料及探试效果句子中涉及的不合理否定句相比于合理的肯定句在头皮中后部引起 N400 效应。

对于语言的可预料效果句子，患儿对此理解的不一致信息均表现出预期的 N400 效应,但 N400 潜伏期更长。较长的 N400 潜伏期表明,与典型发育儿童相比,自闭症儿童对语义信息的处理速度可能较慢。这一发现与语言障碍儿童 N400 延迟的发现一致(Cummings & Ceponiene,2010)。既往研究表明,N400 的潜伏期和广度在儿童时期随年龄呈线性下降,这与词汇获取和语义整合过程的效率提高有关(Holcomb *et al.*,1992)。本研究结果表明,患儿在词汇通达能力的发展上可能落后于同龄儿童。此外,患儿基本上不存在负慢波,这表明当他们处理初步的语义信息时,很难将这些信息与更广泛的心理表征结合起来。

借助于 ERPs 及 fMRI 实验,可能真正发现患儿语用障碍的病因本质,揭示脑区功能与语言运用的内在联系。随着诸多脑成像手段的不断先进化,结合行为学、遗传学等研究,将能够更加全面、客观地对患儿语用障碍的脑功能异常进行综合评估。

自闭症儿童语用障碍
问题的干预

　　语言的运用离不开交际。国际上,研究者主要针对患儿的交际障碍干预方法进行探索,主要归为如下五类:一是以儿童为中心的干预,直接教授交际技能,包括社交性社会交往和回应性社会交往;二是相关联的交际训练,训练相关联的交际技能,而非直接训练具体的交际行为来提高社交能力;三是同伴中介干预,训练典型发育儿童来教授患儿交往技能;四是环境的变化,通过物理或社会互动环境的变化以促进自闭症儿童与同伴之间的交往互动;五是综合干预,综合上述两种或两种以上的方法进行干预(McConnell,2002)。然而,遗憾的是,关于患儿交际障碍干预方面的研究基本还停留在借鉴国外研究成果阶段,缺少对本土化语言康复模式的探索。接下来,笔者将阐述国外研究者从认知理论、行为主义、生态理论层面所提出的干预方法。

第一节　干预方法概观

一、认知理论干预方法

(一) 社会故事法

　　社会故事是由监护人或康复师所编写的简短故事,内容涵盖社会情境以及确认所期望达到的社会技能,以帮助患儿对社会交往的信号作出

合理的阐释与回应。具体而言,社会故事即是向患儿传递在什么社会环
境中应该说什么、做什么以及如何传递重要的信息与交际意图。此过程
可以帮助患儿准确理解社会世界。社会故事法实施的具体步骤:(1)由
康复师或母亲确定患儿掌握较为困难的社会情境;(2)把握具体情境中
涉及的要素:时间、地点、人物、情节、持续时间等;(3)利用上述信息组
织社会故事,涵盖描述内容的句子类型(描述句:描述与某社会情境相关
的信息。观点句:描述他人的内心体验或感受。指导句:描述自我应该
如何行事才可实现目标行为。肯定句:强调周围情境状况的意义,并阐
述共有的价值观。控制句:为患儿提供如何回想社会故事所发生的确切
时间和地点。合作句:说明他人如何帮助患儿学习并获得新的交际技能
或行为。),各类型句子在故事中出现的比例。实际上,康复师和心理学
家等均认为社会故事可有效提高患儿的交际能力,减少他们的刻板行为
和问题行为(Norris & Dattilo,1999;Sansosti & Powellsmith,2006)。

(二) 心理理论训练

　　心理理论训练强调训练患儿的观点采择能力,即,使患儿站在他人
的视角来思考问题,进而了解并预测他人的行为,进而提高人际沟通能
力。关于患儿心理理论训练研究多数集中于情绪识别以及错误信念等。
情绪识别的研究发现,患儿具有识别他人情绪表达的困难。Hobson &
Outson(1988)配对自闭症儿童和典型发育儿童的五种表情,发现整体而
言,患儿的表现落后于典型发育儿童。此外,Baron-Cohen *et al*.(1997)
通过实验对比典型发育儿童、自闭症儿童和弱智儿童在识别"难过""快
乐"以及"惊讶"三种表情时的差异性。研究结果表明,在"惊讶"这一表
情的识别上,自闭症儿童的辨别能力要差于其他两组儿童。而对于另外
两种表情的识别,三组被试并未呈现出显著性差异。错误信念指自我想
法与实际情况不符,该信念被分为两个等级——第一顺位错误信念以及
第二顺位错误信念。前者指可以了解他人持有与自我不同的信念;后者
指可以把握他人看待第三者的想法。关于错误信念的实证研究最早由
Baron-Cohen 等人在 1983 年实施,结果显示,尽管语言能力和智商水平
均高于同龄唐氏综合征儿童,但较之于唐氏综合征儿童,自闭症儿童在
第一顺位错误信念以及第二顺位错误信念测试方面成绩均较差。此外,
陆续有其他研究者也证实了这一点。

二、行为主义取向的干预方法

(一) 应用行为分析法

应用行为分析法又被称为"行为训练法"或"行为改变技术",是由美国洛瓦斯教授提出,用于自闭症儿童治疗的一种方法。该方法的原理是将目标任务依据一定的形式或顺序分解为一系列较小的或独立的步骤,并借助适切的强化方式,按照任务分解顺序定位具体的小步骤,直至患儿掌握所有步骤,并可独立完成任务为止。此外,患儿还可将所学到的知识正向迁移到相关场合。该方法可帮助患儿减少问题行为,强化正向行为。从操作层面来看,应用行为分析法包括回合式教学和关键反应法。其中,回合式教学法又为"分解式教学法"。此教学法将需要患儿掌握的技能分解成子技能,然后频繁地将每一个子技能教授给患儿,直到他们完全掌握。回合式教学法由五个步骤构成:(1)指令。由康复师或监护人发起,既可以是口头的,也可以是视觉的刺激。指令要求清楚易懂,如"跟我跳起来"。经过一段时间的训练后,指令可逐渐趋于复杂,最后接近于生活中的话语。(2)辅助。语言、行为辅助(肢体、手势等),辅助的方式需根据患儿的实际情况、配合程度、理解水平等有所调整。(3)反应。仔细观察患儿作出的言语和行为反应。(4)结果与强化。在患儿作出反应后需要立即予以反馈。如果患儿的反应正确,结果是通过奖励的方式给予他们强化,如赞扬或奖励物品/食物等。如果患儿的反应不正确,则需要对此进行否定,告诉他们这一做法并不正确。(5)暂停。回合之间要有休息的间隙,以便为下一回合做准备。稍事休息可以帮助患儿回忆反应-结果之间的关联,并培养其耐心等待的毅力;同时,康复师和监护人也有时间去记录患儿的成长。通过这一教学方法,绝大多数患儿在后续的学习中可取得较大的进步。关键反应训练法,是由罗伯特和凯格尔针对自闭症人群所提出的综合自然行为干预方案。这一方法建立在应用行为分析法之上,可有效帮助自闭症人群重获诸多重要功能性社交技能。关键反应训练法以患儿为中心,着重借助自然情境及提高动机来协助患儿习得主要技能。该方法包括如下构成要素:(1)对多重线索进行反应。帮助患儿对多重刺激(听觉、视觉、触觉等)作出反应,在特定的情境中识解诸多复杂线索,以便帮助患儿减少过度选择的问题。(2)患儿本身的动机。患儿可对身处的社会互动环境刺激作出适切的反应,且反应明显增强。此外,他们所具有的动机对其社会技能的掌握意义非凡。(3)自我管理。患儿具有自我分辨能力,可自行表现出适切行为并可增强或恢复得体行为,这有助于培养患儿的正迁移能力,即对时间、自我与环境之间互动的监控。(4)自主发起会话。患儿可通过语言或非语言方式主动发起会话,提高其主动问问题、主动表达交际需求的能力。关键反应训练具体的实施步骤如下:(1)使患儿关注;(2)整合新旧技能知识;(3)交替与试例;(4)提供让患儿选择的机会;(5)利用多重线索帮助患儿;(6)即刻强化;(7)强化患儿的尝试;(8)自然强化。目前,关键反应训练法应用于个体训练、家长训练以及教授同伴训练方面(Koegel,2003;吕一慈,2008;Pirerce & Schreibman,1997)。

(二)直接教学法

直接教学法,作为一种高度结构化的有效教学方法,以经验为基础,包含诸多行为原则,即简洁、清楚、有序的指令、即刻强化并予以纠正的程序。其特点是康复师主导教学,可实施小组谈论教学方案或一对一的教学模式,课程以小步骤进行,康复师要经常对患儿进行提问与反馈、强化与纠正,并提供大量的练习材料。直接教学法的操作步骤如下:(1)呈现学习目标;(2)回顾已学习的知识和技能;(3)传授新的知识点;(4)学习与探索;(5)使患儿自主练习;(6)评估表现并予以反馈;(7)提供练习与复习的机会。研究者分别运用直接教学法对患儿的社会技能进行训练,结果均表明,他们的社交技能有显著提升趋势(Gonzalez-Lopez & Kamps *et al*.,1997;Webb *et al*.,2004)。

(三)录像示范法

录像示范法最初由班杜拉所提出,是一种将相关的培养目标行为借助录像的方式记录下来以便为患儿反复观看、模仿提供便利。通过观察他人的行为从而发生替代学习。录像示范法基于示范者的差异,可分为:(1)自己录像示范。录制视频的示范者是患儿自身,通过观看自己在视频中展示的准确行为,进行模仿并提高他们在这一行为层面的能力表现,同时对自我效能感的提高大有裨益。(2)基本录像示范。它包括成人以及同伴录像示范。这里,成人示范者可以是患儿熟悉的康复师或监护人;同伴示范者则是与患儿熟络的年纪相仿且性别相近的典型发育儿童。患儿通过观察个体的示范行为,模仿正确的目标行为,从而进行行为或技能的学习。(3)观点录像示范。以示范者的视角将正确的目标行为呈现给患儿,使其模仿与学习。如,以学会剪指甲为例,就是录制示范者手部的相关操作步骤。利用该教学法可以更好地帮助患儿提高自理能力,增强游戏参与度。(4)混合录像示范。将上述不同类型的录像示范混合,如成人录像示范与观点示范录像相结合。该方法对交际能力和游戏技能均有不同程度的效果。录像示范法的实施步骤有:(1)确定目标行为;(2)准备好使用的设备;(3)分解目标行为并收集基线期数据;(4)拟定拍摄计划;(5)录视频;(6)编辑视频材料;(7)播放准备好的视频;(8)观看视频,帮助患儿培养技能;(9)监控进步程度,以便适时调整;(10)若出现进步缓慢或停滞等问题,调整方案。

(四)社会技能群体法

最初,社会技能群体法是为具有交际障碍的普通儿童提出的社交技能方法。该方法融合了社会学习以及认知行为的教学理念。随着这一研究方法的不断深入,社会技能群体训练法被应用于自闭症儿童的治疗上,并用来矫正患儿的不当行为、社交焦虑、情绪认知以及心理理论等。此外,有研究发现,该方法对患儿的共同注意力、社交能力以及转衔能力提升效果显著(Cotugno,2009)。

三、生态取向的干预方法

正常同伴干预模式是生态取向的代表性干预方法。正常发育同伴可在康复师的指导下积极地帮助患儿进行社会互动,引导患儿如何运用社会技能策略。正常同伴中介干预方式有诸多优势:一是可减轻康复师的工作负担;二是可促进患儿与典型发育儿童的融合,以便建立双方之间的友谊;三是为患儿提供练习社交技能的机会,增强他们的知识迁移能力。正常同伴中介策略的主要模式有两种:一是朋友互动圈,即由具有爱心的典型发育儿童所组成的帮助患儿的互动团体。该团体的主宗旨是互助互利,目标是掌握训练患儿的社交指令,比如如何帮助患儿发起会话、维持会话、传递交际意图等。形式为团体成员全部或轮流与患儿在固定时间和地点进行交际互动。二是整合性游戏,这一模式由美国 Wolfberry 教授所提出。研究表明,该干预方式不仅可以增加患儿与同伴游戏和交往的机会,而且还可使正常同伴更容易接受患儿(Bass & Mulick,2007)。还有研究者通过实证研究发现,整合性游戏减少了患儿的刻板行为,增加了他们的社会参与度(Wolfberg & Schuler,1993)并增强了其装扮游戏的能力(Yang *et al.*,2003),有助于患儿的情绪表达(Lantz *et al.*,2004)。整合性游戏的具体过程为:(1)监控游戏开始;(2)提供脚手架;(3)社交提示;(4)游戏引导。

正常同伴干预模式的具体实施流程为将典型发育儿童(其年龄、性别等与患儿匹配且与患儿较为熟络)与患儿安置在一起,提供互动的机会或创设适合患儿心理特点的环境,教授典型发育儿童对患儿的特征理解以及互动方式等。实施的具体步骤包括:(1)同伴匹配;(2)训练并支持同伴;(3)借助游戏或活动提供中介策略实施干预。

在国内,干预领域的研究早期主要为介绍国外相关评估工具和干预方法(魏寿洪,2006;贺存等,2011;冯雅静、胡晚毅,2014)。2014 年以后,国内学者基于国外干预方案进行了大量的循证实践研究(李晓燕,2014;卜凡帅,2014;罗建明,2017;宋璐伶、曹漱芹,2018;王智等,2019),并开发了一些本土化的评估工具(魏寿洪,2017)。

然而,国内现行干预研究方法主要由西方引入,但这些方法是否真正适用于汉文化语境中的儿童及其家庭仍值得探究。究其原因,国内学者的研究表明,汉语的结构,汉语自闭症儿童的交际障碍以及该类儿童所面临的会话环境等都具有不同于西方语言、儿童和文化的特点(沈家煊,2019;苏怡等,2020;李晓燕,2019)。因此,在国外干预方案主要针对操本族语儿童制定的背景下,国内学者有责任为汉语患儿制定本土化的干预方案。目前,国内干预方案的本土化研究已有先行者。但总体来看,本土化方案的研究仍处于起步阶段,且结合汉语特点和汉语患儿语用障碍特征设计的本土化干预方案仍相对少见,尚无法建构起本土化干预方案的生态系统。

儿童经诊断患有语用障碍之后,有研究者从知识、语言和行为层面探讨如何对该类患儿采取干预措施。在知识层面,如 Ryder *et al.*

(2008)通过认知方法,即言语语境和信息整合方式评估特殊型语言障碍儿童语用理解能力;Ketelaars *et al*.(2012)探讨心智理论和执行困难理论对语用障碍儿童叙事能力的解释力。在语言层面,如 Freed *et al*.(2011)针对读写障碍问题,以语用障碍儿童为研究对象,做了深入分析研究,提出如果要促进患儿的长期学业成绩,就有必要对患儿采取个性化且有效的干预措施,促进其读写技能的形成;此外,Green *et al*.(2014)指出,注意缺陷多动障碍(ADHD)儿童多表现出语用障碍问题,而临床将语用能力作为评估注意缺陷多动障碍儿童的重要指标,同时也是对该类患儿干预的一项重点目标。注意缺陷多动障碍的标志性特征是患儿言语过多且常常打断他人谈话,话轮转换能力缺失,难以满足受话人的话语需求,即兴话语缺少连贯性和组织性。这是因为交际障碍是注意缺陷多动障碍儿童的显著特征,而该类儿童多数会出现心理健康疾病(Helland *et al*., 2014a)。Helland *et al*.(2014b)还认为,语言问题,尤其是语用问题,应该作为甄别与治疗儿童行为问题的关键方面,然而,目前尚缺少证据表明患儿语用的某些方面与某个执行功能具有特殊关联性。在行为层面,如 Adams *et al*.(2012)采用随机对照法对存在语用和社交问题的自闭症儿童的语言矫正情况进行有效性研究;Baxendale *et al*.(2013)以社交干预方案(Social Communication Intervention Project)为基础,提出父母和教师应通力合作,对语用障碍儿童进行跟踪观察,制定矫正方案并亲自参与社会交际干预项目,对患儿进行集中干预,由此可取得良好效果;Gibson *et al*.(2013)发现,患儿在与同伴进行社会交际时往往会表现出刻板行为和重复性的行为,因此,研究者提出应及时提供标准化诊断工具,为临床治疗提供帮助。所以,笔者认为有必要从知识、语言和行为层面提出适用于我国语用障碍儿童的干预策略。

第二节 互动游戏理论

"互动游戏"这一理论起源于符号互动论的相关思想。符号互动论强调,互动是整个人类最基本的活动,交际者借助互动来学习社会并走向社会。这里的"符号"包括语言符号和非语言符号,属于互动的中介。

110 其中,语言符号包括文字、声音等;非语言符号包括行为动作、姿势、表情、图画等。通常而言,说话人借助符号将自我感受、思想、观念、意图等传递给受话人,也借助符号来理解他人。同时,交际双方在互动之前需要定位彼此的角色,以便更好地理解对方,并按照社会规范来扮演自己的社会角色,从而与他人进行有效互动。总之,符号互动论是以"符号"作为桥梁的角色互动。

一、符号互动论解读

符号互动论既是互动游戏的理论基础,也为深入解读儿童语用障碍问题提供了研究视角。由此看来,我们在涉及诸多游戏活动时可融入符号互动论的思想。

符号互动论属于当代社会学理论中的重要分支之一,其主要思想为:交际者的行为和社会活动彼此相关,是个体与群体互动的产物,这种互动并非简单的"刺激-反应"链条,而是将符号视为互动的中介,以角色扮演作为互动的基本方式,在与个人、群体的互动中,自身获得完善与发展。

(一) 符号互动论的基础——符号

"符号"指的是交际双方用来代表诸多行为的特定意义的符号或标志,这包括语言符号(如,文字、声音等)以及非语言符号(如,行为、手势、表情、图画等)。交际者通过符号来传承社会规约、文化习惯、思想观点等。与此同时,在社会互动中,交际者借助于符号将自身的想法、感受、观点等传递给交际对象,并通过符号对他人进行解读。事实上,人们在生活中处处都要使用符号,符号使人们得以相互往来。符号传送者所传递符号的明晰度,接受者对符号的解读程度,都会产生不同的取效效果。循环往复,这种效果又作用到对方,使对方可以实施下一步计划,以便形成人类行为的发展。

符号是我们日常交流中所使用的语言。语言是交际者相互交流的工具,属于人类社会中最主要的传播途径之一。交际双方通过语言使思想、情感、知识得以传递。从这一视角来看,符号互动论的基本内涵适用于患儿的语用研究。

（二）符号互动论的核心——互动

按照符号互动论的内涵，个体属于社会群体的一部分，个体借助于与群体的互动学习才能走向社会。在社会互动中，个体需要从他人的视角出发，通过他人的视角来评估自身的行为，并不断地修正、调整自身的观点和行为，从而使自身获得发展。同时，个体之间的互动形成了对世界的看法，以致具有一致的社会规范和价值观等。我们习得语言，也是在与他人的交际互动中逐渐掌握的。由此认为，交际互动是提高患儿语用能力的最佳途径。我们也是在与他人的交际互动中提取话语意义，有意义的交际才是互动的必然结果。语用的核心也在于语言的使用，而使用语言离不开他人、离不开社会、离不开语境。只有在互动之中，患儿才能不断提升自己的语言能力。

（三）符号互动论的基本方式——角色装扮

事实上，符号互动论的基本方式即是角色装扮。诚然，个体在与他人的交际互动中需要预设他人在社会交际中的反应，以便确立他人的交际立场与观点，并完善自我的行为范式，促进互动过程。换言之，交际者需要在互动中设想他人如何解读交往过程以及呈现的立场与观点。个体需要在此过程中按照社会期望，根据当时的情境来扮演自我角色，以符合会话互动的时间、地点、场合以及交际身份，通过面部表情、身体动作、诸多手势、发出声音，使自我适合某种角色，以便顺利进行互动。由此，在主题互动游戏之中，患儿可置身于不同主题，扮演诸多角色，把握每种角色应具有的语言特点，从而提高患儿在不同情境下的语用能力。

二、以符号互动论解读自闭症儿童语用障碍

（一）患儿借助符号进行交际的能力较弱

患儿在借助符号传递交际意图方面存在问题，包括表达符号和解读符号都受到了一定的限制。比如，患儿存在难以理解会话中的言外之意，不能解读抽象概念意义。他们在语言表达的过程中往往会存在表达

112 不流畅、重复过多、停顿频繁、语言组织能力较差等情况（华红琴、朱曼姝,1993:130）。同时,患儿的非语言行为适用不多,且较为单调,难以借助多种非语言行为协同交流。患儿无法较好地解读并运用符号,因此其在交际沟通以及社会互动中出现诸多障碍。

（二）患儿难以解读他人的社会角色

患儿理解"符号"的能力相对较差,因此难以借助符号来体会他人的想法与感受,进而不能辨别出他人的社会角色。在与他人的人际互动中,患儿往往只关注眼前的事物,较少关注他人的情绪和体验,更无法注意他人的反应,由此在推理他人心智及相互关系方面存在问题。正是因为患儿无法识解他人的社会角色,从而导致他们自身难以扮演适切的社会角色,具有社会交际障碍。

（三）患儿与他人进行互动的主动性较差

符号互动论的核心在于"互动"。患儿的语用能力发展同样需要互动交流,这也是提高其语用能力的重要途径。但由于患儿的兴趣单调且狭隘,性格较为被动,较难与他人进行交流,这可从患儿主动与父母、同伴、康复师发起会话的次数较少中可见一斑。由此认为,患儿较少主动与他人进行互动交流,且主动性较差,从而导致其语用能力的发展受到影响。

第三节　基于符号互动论提出 FSC 主题互动游戏干预

一、以"互动"为主线,设计干预形式

正如上文所述,"互动"是符号互动论的核心,个体正是在与他人、群体的互动中融入社会的。互动对儿童个人的自我发展、融入社会意义重大。在此过程中,游戏对儿童的发展至关重要。在游戏中,儿童可以仿效他人的行为、了解他人对自己的态度,感受自己是社会团体的成员。

同时,游戏也是儿童获得一般性事物的概念性知识的途径。在此,他们可以与同伴互动并管窥社会。可以说,游戏是儿童最喜欢的活动之一,也是生活中不可缺少的一部分。总之,游戏对儿童的语用发展以及自我发展起着关键的作用。

(一) 以"符号"为方向,设计干预内容

"符号"既可指语言,也可指行为、手势、眼神、面部表情等,属于符号互动论中较为重要的要素,是我们得以认识、了解世界,传递自我观点及想法,和他人相互交流的基础。然而,患儿在运用以及解读符号方面具有困难,由此主题互动游戏的干预内容主要聚焦其对符号的使用与解读,这涵盖患儿与他人在交际中使用的诸多语言和非语言互动以及各种社会规约性知识,以上均可成为干预的主要内容。

诚然,符号互动包括理解与阐释之间的互动。符号的意义也在理解与阐释中生成,并在双方的商榷之中不断得以完善。对符号意义的把握也需要主体进行主动建构。由此,FSC 主题互动游戏强调的是借助于游戏使患儿在主动之中获得语用能力。

(二) 通过"角色装扮",定位干预策略

符号互动论的基本方式即是角色装扮。患儿借助符号掌握他人的观点和思想。在与他人的互动之中了解他人的角色并扮演好自身的角色。主题互动游戏为患儿提供了诸多情境,使患儿了解并扮演相应的角色,在此过程中掌握必备的语用技能。事实上,患儿所在的社会环境主要由家庭、社区以及康复学校构成,他们在上述情境中具有不同的社会角色。比如在家庭中,患儿同时具有儿女、孙子等身份;在社区中,他们兼具邻里、同伴、业主等身份;在康复学校机构,他们还具有学生、同伴等身份。主题互动游戏主要基于上述三种情境设计,旨在提高患儿的语用能力,并促进其社会交往。

二、主题互动游戏设计流程

基于儿童语用发展的相关成果,具体的游戏流程如下:

（一）时间

主题互动游戏每周进行三次，每次 40 分钟。分别干预受试 BB、ZHY、HSM 1 个月、2 个月以及 3 个月。

（二）游戏确定

每次进行一次主题游戏，选择两个不同的角色装扮，在不同的游戏情境之下完成交际互动，并练习 3～4 个语用技能。本研究中按照知识、语言、行为及其交互关系子类型共设计了 100 个语用技能活动和 12 个主题游戏。

（三）游戏实施准则

1. 解读角色。在互动中，帮助患儿理解自身以及他人所装扮的角色，并借助于模仿等方式使患儿尽可能多地表达出某一情境中该角色应使用的恰当的言语和非言语方式。

2. 围绕取效行为的语用知识。每个主题互动游戏的目的都是帮助患儿掌握 3～4 个语用技能。由此，在游戏的互动过程之中需要围绕语用知识展开游戏，并借此来设计以解决患儿语用障碍的对话。如对具有语言语用障碍的患儿，可对其知识和行为层面进行干预，设计对话。比如，患儿理解"请给我橘子"这句话有困难，康复师可以坐在患儿面前，指着患儿面前的橘子，说"请给我橘子"，患儿需要做的则是将橘子拿起来并递到康复师手中。最初，康复师可先借助手势提示，先指向儿童，再指向橘子，然后指向自己。如果必要，可抓住患儿的手，使其拿起橘子，然后再移动患儿的手，将橘子放到自己手中。如此往复，逐渐减少行为动作的辅助，最终可使患儿在听到"请给我橘子"时将橘子递给康复师。之后，可在患儿面前同时摆放橘子和香蕉，以检验患儿的理解程度。

（四）予以提示

当患儿在游戏过程中不清楚游戏规则时，互动对象可予以适时提示，比如利用强调词、重复语、提示信息、行为动作或面部表情等，以确保游戏的顺利进行。

（五）游戏示例

本研究共设计了 12 个主题互动游戏（见表 5.1），囿于篇幅，仅以"去超市购物"为例。

表 5.1 不同情境下游戏互动主题与参与人角色

情 境	游戏互动主题	参与人角色
家 庭	收拾玩具 庆祝节日 共进餐食 问候家人	父母和患儿 父母和患儿 父母和患儿 父母和患儿
社 区	去超市购物 在小区里玩耍 去社区餐馆就餐 去社区医院看病	售货员与顾客 同伴之间 服务员与顾客 医生与病人
康复学校	音乐欣赏 上通识课 与同伴做游戏 体育活动	康复师与患儿 康复师与患儿 患儿 A 与患儿 B 康复师与患儿

主题互动游戏设计 1：去超市购物

游戏主题：顾客选购物品，向售货员咨询并进行购买。

游戏参与人角色：售货员、顾客。

语用目的（目标）：掌握知识、语言、行为及其交互关系（包括各个子维度）等语用指标。

游戏时间：40 分钟。

游戏所用材料：收银台、购物篮、银行卡、零钱、各种食物、物品、一把钥匙等。

游戏步骤：如表 5.2 所示。

表 5.2　主题互动游戏设计 1：去超市购物

流　程	内　容	操作步骤	目的(目标)
1. 了解主题 (5 分钟)	1) 主题会话 2) 角色解读	去过超市吗？ 去超市主要干什么？ 谁是买方？/谁是卖方？ 分享去超市的经历。 帮助患儿解读双方角色，以及游戏的整个流程。	会话阶段： 知识(社会规约性知识、意向性知识、程序性知识、想象性知识、陈述性知识)、语言(交际需求、心智状态、社会互动环境、交际背景、命题态度、已有图式)、行为(感知-身体运动协调、行为动作的计划、实施和调控)
2. 实施游戏 (30 分钟)	1) 教师引导； 研究者-售货员 患儿-顾客 2) 患儿主导	询问是否有某种物品；询问物品价格；付款； 找零钱； 角色互换，继续游戏，以学生主导，教师辅助完成	
3. 后续活动 (5 分钟)	家庭作业	跟父母做关于"去超市购物"的游戏	巩固已学习的语用知识点

游戏评价：

（1）"顾客"先咨询要购买的物品，"售货员"回答，重点关注"顾客"的回答是否符合购物情境以及"顾客"维持会话的能力。

（2）"售货员"为"顾客"结算，使"顾客"配合其结算，观察"顾客"的言语行为是否与其行为动作相匹配。

通过本次游戏，患儿需要掌握的语用技能如表 5.3 所示。

表 5.3　患儿应掌握的语用技能概述

会话阶段	应掌握的语用知识点
会话发起	言语及非言语行为：知识(社会规约性知识、感知觉知识、意向性知识、陈述性知识、程序性知识)；语言(交际需求、心智状态、社会互动环境、交际背景、命题态度、已有图式)、行为(感知-身体运动协调、行为动作的计划、实施和调控)
会话维持	
会话修补	
会话修补回应	

第四节　自闭症儿童语用障碍的取效行为干预实施

一、实施取效行为干预的自闭症儿童选择标准

在上述所选取的 50 名被试患儿中,按照低、中、高年龄组再各选取一名被试,共计三人进行取效行为干预活动。三名被试的基本信息如下(见表 5.4)。

表 5.4　三名被干预对象的基本信息

姓名	性别	年龄（段）	智力程度	基线期	干预期
BB	男	3(低龄组)	中等	1	3
ZHY	男	4(中龄组)	中等	2	2
HSM	男	6(高龄组)	中等	3	1

整体而言,上述三名被试的语用能力均存在问题,且具有一定的差异性。相比较而言,低龄组的 BB 最弱,中龄组的 ZHY 居中,高龄组的 HSM 最强。三名被试在各语用维度的最初水平,见表 5.5。比如,BB 的会话发起数量仅为 20 次,而 ZHY 和 HSM 的会话发起数量接近 60 次。可见,BB 的会话主动性较差。此外,HSM 在会话维持阶段的数量也显著高于另外两名患儿。对于会话中断,ZHY 高达 53 次,而 HSM 仅有 22 次。同时,三名患儿的会话修补能力也较弱,BB 的会话修补能力欠佳,HSM 和 ZHY 的水平相近,但是 ZHY 的修补数量较 HSM 高,究其原因,笔者认为 ZHY 的整体语言能力较 HSM 弱。同时我们还注意到,患儿的会话修补回应能力较会话维持能力而言尚有一定差距,且三名患儿的会话修补能力随着年龄的增加而不断提高。由此认为,三名被试在基线期的水平千差万别(见表 5.5)。

表5.5　三名被试的最初语用能力水平情况

语　用　情　况		BB	ZHY	HSM
总体分析	会话发起数量	20	51	57
	会话维持数量	212	281	322
	会话修补数量	19	35	27
	会话修补回应数量	66	80	96
会话发起	知识发起	5	10	9
	语言发起	5	8	9
	行为发起	2	6	8
	知识＋语言发起	1	7	9
	知识＋行为发起	2	6	7
	语言＋行为发起	2	9	8
	知识＋语言＋行为发起	3	5	7
会话维持	知识维持	12	40	50
	语言维持	30	39	47
	行为维持	32	41	45
	知识＋语言维持	33	42	47
	知识＋行为维持	35	40	50
	语言＋行为维持	36	40	43
	知识＋语言＋行为维持	34	39	40
会话修补	知识修补	2	4	3
	语言修补	3	12	9
	行为修补	7	10	7
	知识＋语言修补	1	3	2
	知识＋行为修补	1	3	3
	语言＋行为修补	4	2	1
	知识＋语言＋行为修补	1	1	2
会话修补回应	知识修补回应	10	11	13
	语言修补回应	17	21	24
	行为修补回应	13	15	17
	知识＋语言修补回应	7	8	12
	知识＋行为修补回应	5	6	8
	语言＋行为修补回应	4	7	9
	知识＋语言＋行为修补回应	10	12	13

二、自闭症儿童语用障碍的取效行为干预过程

　　本研究借助于跨被试多基线单一被试研究设计,通过主题互动游戏对语用障碍儿童实施基于取效行为的语用干预方案。这里,跨被试多基线研究设计指在同一行为之上设立基线,或在同一情境之下对两个或两个以上的被试实施同一处理方式,包括基线期和干预期,旨在验证干预效果。

　　对于基线期,采用录像的方式收集患儿的语料,剖析其语用能力,以便建立基线期档案。对会话的内容和时间进行半结构化处理,每次录制20分钟,一周录制2次。

　　在干预期,研究者对每一位被试实施主题互动游戏干预,每周进行3次,每次40分钟,三名被试干预的时间分别为3个月、2个月以及1个月。每2次干预过后进行一次效果测评,所使用的方法同基线期吻合。

　　针对跨被试多基线单一被试研究,需满足如下条件,旨在提高研究中自变量和因变量的相关程度。

　　条件1 组间异质性。本研究中所涉及的三名被试被分成三组,且每组只有1人,三名被试针对基线水平的语用能力也迥然不同,由此属于组间异质。

　　条件2 所选情境同一。恰如其分的对比须在同一情境下进行。因此,本研究在进行干预时选择了同一康复学校的被试,并在相同的情境下实施干预,以语用能力发展为目标。

　　条件3 被试不仅需要具有共性,还要具有个性。"共性"指在某种程度上,被试之间具有一定的同质性,如相似的语用障碍程度、性别、年龄等。在本研究中,选择的三名被试具有共同的特点,即语用障碍程度相当,无较为明显的情绪波动,无听觉障碍及口腔器质性疾病。而"个性"是指被试间相互独立,不易受他人的干扰,不会因为某一被试的行为而模仿他人。

三、自闭症儿童语用障碍问题干预效果的验证

(一)验证标准

　　本研究利用跨被试多基线单一被试研究方法,验证主题互动游戏是否

可以提高患儿的语用能力。比较三名被试从基线期到干预期语用能力各维度的变化情况,挖掘主题互动游戏对语用障碍儿童语用能力提高的作用。

（二）验证方法

本研究所使用的验证方法如下。一是质性研究,深入探索量化结果中存在的问题和现象,以便了解干预方式对提高患儿语用能力的有效性[利用 CLAN 中的 KWAL（key words and lines,关键词及索引行）：KWAL＋t% act＋s"去超市"＋w10－w10 BB-baseline.cha][1],把握完整的语料情况;二是视觉分析法,用来阐释研究结果;三是 C 统计分析法,旨在探寻每个阶段内和各个阶段间的行为变化。具体而言,各个阶段间的变化用来说明基线期与干预期之间的差异关系;每个阶段内的行为变化用来阐述行为发展的稳定程度,以便补充视觉分析法的结果。

第五节　自闭症儿童语用障碍的取效行为干预结果分析

一、定量结果分析

患儿被认为缺乏社交意愿。一般而言,患儿若是主动与他人交流,也往往局限于生理需要的表达,如当想如厕时会说"我想上厕所"。尽管他们已经掌握了一定的词汇,但还是固定以少数词汇与他人进行交流。由此认为,患儿的自发性互动频率较低,平均每小时只有 3～4 次主动发起。相关研究也认为,患儿主动提出要求以及主动进行社会互动的次数都明显低于智力障碍儿童。随着时间的推移,患儿的语言表达也会逐渐趋于主动,但内容往往为阐释自己感兴趣的事或表达强烈的不满或其抗议的情绪等。同时,患儿主动提问的情况也不多见（魏寿洪,2017：111）。事实上,患儿的会话能力对于其学习、游戏互动等日常生活具有举足轻

---

① KWAL 命令的具体内涵如下：a. KWAL：关键词及索引行提取;b. ＋t% act：调用行为层;c. ＋s"去超市"：仅对行为层中含有"去超市"的语句进行提取;d. ＋w10－w10：结果部分展示关键词前后各 10 行的语句内容;e. BB-baseline.cha：提取文件名为 BB-baseline 的文件。

重的作用,一定的会话能力是患儿与他人进行交流的基础。然而,会话能力欠佳常常会造成会话发起、维持、修补以及进行修补回应的失败,从而阻断了正常的交流,不利于对患儿社会技能的培养。本研究借助于主题互动游戏对患儿的会话能力实施取效行为的干预,比较分析患儿在干预前后在会话发起、会话维持、会话修补以及会话修补回应阶段的变化趋势。具体结果如下:

(一)整体分析

从整体上分析三名患儿在接受主题互动游戏干预前后在上述四种会话阶段中使用数量的差异情况。

1. 会话发起整体数量

表5.6表明在各阶段间以及每个阶段内三名被试在取效行为干预前后的会话发起数量的变化趋势结果。

表 5.6　会话发起次数在每个阶段内的变化趋势

条　目	BB		ZHY		HSM	
干预阶段	I 1	II 1	I 2	II 2	I 3	II 3
阶段长度	8	24	16	16	24	8
水平范围	9 - 22	18 - 37	41 - 62	63 - 88	44 - 60	64 - 90
水平变化	13	19	21	25	24	26
平均值	15	27	51.6	75.2	52.6	76.4
Z 值	- 0.63	1.16	0.74	1.55	0.37	2.34**
C 值	- 0.17	0.19	0.16	0.36	0.09	0.75

注: I 1、I 2、I 3属于基线期,II 1、II 2、II 3属于干预期,下同。

　　** 表示 $p < 0.01$,阶段内数据差异显著,即 HSM 在干预期的数据具有显著变化。

从基线期过渡到干预期可见,三名患儿在基线期阶段的数据呈现出较不稳定的趋势,但经过干预期后,数据整体呈上升态势,说明三名患儿的会话发起数量有所增加。

具言之，在会话发起阶段，三名患儿在基线期的次数分别在 9－22、41－62、44－60 区间，有一定的差异；BB 在基线期波动较小；ZHY 和 HSM 在基线期的波动较为明显。C 值提示，三名患儿在基线期尚未出现显著性差异，属于稳定状态，可直达干预期。

在干预期阶段，三名患儿的稳定性水平有下降趋势，说明主题互动游戏对其会话发起能力具有较为明显的作用，使之呈现上升趋势。

就每个阶段的均值而言，I 1 = 15＜II 1 = 27，I 2 = 51.6＜II 2 = 75.2，I 3 = 52.6＜II 3 = 76.4。据此认为，在会话发起阶段，三名患儿发起次数均有所递增。同时，三名患儿在基线期和干预期间所发起的次数重合比为 12.5%、0%、0%，均不高。阶段间 C 值结果为（$C1 = 0.63$，$Z1 = 3.78$，$p < 0.01$；$C2 = 0.74$，$Z2 = 4.29$，$p < 0.01$；$C3 = 0.84$，$Z3 = 4.71$，$p < 0.01$）[①]具有显著性差异，说明三名患儿在干预期阶段提升效果明显。

2. 会话维持整体数量

从基线期到干预期来看，尽管患儿 BB 在基线期的数据较不稳定，但整体而言，其发展较为平稳。而 ZHY 和 HSM 在基线期的数据较为稳定。在干预期之后，三名患儿的数据显示有显著提升的趋势。尽管 BB 在干预期的数据也较不稳定，但整体走向仍是提升的，说明在会话维持阶段，三名患儿所调用的数量在总体上处于增长的态势。

三名患儿在基线期的会话维持数量分别为 211－295、278－286、301－365，由此推知，他们在基线期的水平差异较大。C 统计结果表明，三名患儿在基线期的数据均不具有显著性差异，属于平稳态势，由此可对其进行干预。

在干预期，三名患儿的水平大体处于稳定状态。C 值也表示，三名患儿在干预期的结果存在显著性差异（$C1 = 0.43$，$Z1 = 2.37$，$p < 0.01$；$C2 = 0.57$，$Z2 = 2.61$，$p < 0.01$；$C3 = 0.46$，$Z3 = 1.87$，$p < 0.01$），说明主题互动游戏对三名患儿的会话维持能力的提高具有显著效果，使数值升高。

就每个阶段的平均值而言，I 1 = 249.83＜II 1 = 291.4，I 2 = 281.93＜II 2 = 341.59，I 3 = 332.87＜II 3 = 434.23（见表5.7）。由此得

---

① 囿于篇幅，本书不呈现三名患儿在会话各个阶段所调用次数的阶段性变化分析表，只汇报研究结果，后同。

出结论：三名患儿在会话维持阶段所调用的次数有递增趋势。此外，BB在基线期和干预期间的数据重合率为23.3%，而ZHY和HSM在两个时期的数据重叠率均为0%。阶段间C值结果为C1 = 0.52，Z1 = 3.11，$p<0.01$；C2 = 0.91，Z2 = 5.36，$p<0.01$；C3 = 0.83，Z3 = 4.96，$p<0.01$，这说明经过干预期，主题互动游戏对提高三名患儿的会话维持能力具有显著效果。

表5.7　会话维持次数在每个阶段内的变化趋势

条　　目	BB		ZHY		HSM	
干预阶段	I 1	II 1	I 2	II 2	I 3	II 3
阶段长度	8	24	16	16	24	8
水平范围	211 - 295	271 - 314	278 - 286	308 - 380	301 - 365	409 - 460
水平变化	84	43	8	72	64	51
平均值	249.83	291.4	281.93	341.59	332.87	434.23
Z 值	0.64	2.37**	0.71	2.61**	0.08	1.87**
C 值	0.18	0.43	0.16	0.57	0.01	0.46

注：** 表示$p<0.01$，说明阶段内数据存在显著性差异，即三名患儿在干预期的数据具有明显变化。

3. 会话修补整体数量

在基线期，三名患儿的数据波动较为明显，但整体而言基本较为稳定。在干预期，数据结果有上升的趋势，但波动仍然较为明显，总体属于上升的趋势。这也说明，处于干预期的患儿，其会话修补数量有所增加。

具体而言，在基线期，三名患儿的会话修补次数分别是12 - 24、33 - 51、15 - 35。数据也反映出他们在基线期的数据差异较大，同时会话修补次数的波动范围也较大。此外，C值显示，BB和ZHY的稳定性较高，可对这两名患儿进行干预，而HSM在基线期呈现不稳定状态，应多观察再对其进行干预。

在干预期阶段，患儿BB和ZHY的稳定性有所提高，而HSM有所下滑。C统计结果也表明，患儿BB和ZHY在干预期的数据呈现显著差异($C1 = 0.48$，$Z1 = 2.65$，$p < 0.01$；$C2 = 0.67$，$Z2 = 2.67$，$p < 0.01$)，
表明主题互动游戏对 BB 和 ZHY 的会话修补干预效果显著，而 HSM 在
干预期，其数据并没有显著性差异，说明该患儿的会话修补数量变化较
为稳定，这与该患儿具有较强的会话发起和维持能力不无关系，因此表
现出来的是会话修补数量调用的并不太多。

从每个阶段的平均值来看，$I1 = 17.2 < II1 = 23.7$，$I2 = 41.34 <$
$II2 = 47.61$，$I3 = 24.06 < II3 = 33.57$(见表5.8)。由此可见，三名患儿
所调用的会话修补数量均有上升的趋势。他们在基线期和干预期的数
据重合比为 56.52%、40%、22.58%。同时，阶段间 C 值结果显示，$C1 =$
0.57，$Z1 = 3.19$，$p < 0.01$；$C2 = 0.59$，$Z2 = 3.53$，$p < 0.01$；$C3 = 0.71$，
$Z3 = 4.10$，$p < 0.01$，均存在显著性差异，表明干预效果非常显著。

表5.8　会话修补次数在每个阶段内的变化趋势

条　目	BB		ZHY		HSM	
干预阶段	I1	II1	I2	II2	I3	II3
阶段长度	8	24	16	16	24	8
水平范围	12 - 24	19 - 30	33 - 51	42 - 54	15 - 35	28 - 39
水平变化	12	11	18	12	20	11
平均值	17.2	23.7	41.34	47.61	24.06	33.57
Z 值	- 0.43	2.65**	- 1.32	2.67**	2.19**	0.24
C 值	- 0.11	0.48	- 0.33	0.67	0.43	0.06

注：** 表示 $p < 0.01$，说明阶段内数据存在显著性差异，即 BB 和 ZHY 在干预期的数据具有明
显变化；而 HSM 在基线期的数据具有显著变化。

4. 会话修补回应整体数量

从基线期至干预期的总体变化来看，患儿 BB 在基线期的数据较不
稳定，但整体发展还算稳定；ZHY 和 HSM 在基线期的数据较为稳定，但
在干预期之后，三名患儿的数据均具有显著的上升趋势。虽然 BB 的数
据在干预期波动较大，但整体趋势以上升为主，这表明从整体来看，三名

患儿在会话修补回应阶段所调用的数量是增多的。

具体分析如下。三名患儿在基线期的会话修补回应次数分别为 60－75、78－96、90－104,三名患儿在基线期的水平差异较为明显。BB 在基线期较为稳定、波动较小,而 ZHY 和 HSM 却波动较大。同时,C 值显示,三名患儿在基线期所呈现的数据尚未出现显著性差异,处于稳定状态,因此可以对其进行干预。

在干预阶段,三名患儿的水平稳定性均有下降趋势,这说明主题互动游戏对他们的会话修补回应能力作用较为显著,数量逐渐上升。

就每个阶段的均值而言,I 1＝66.7＜II 1＝83.3,I 2＝86.5＜II 2＝92.4,I 3＝97＜II 3＝114.8(见表5.9),由此可知,三名患儿的会话修补回应次数有所递增,且他们在基线期与干预期之间的数据重合比为16%、23.33%、0%,均较低。三名患儿在各阶段间的 C 值结果为 $C1＝0.62$,$Z1＝3.69$,$p<0.01$;$C2＝0.73$,$Z2＝4.29$,$p<0.01$;$C3＝0.87$,$Z3＝4.74$,$p<0.01$,表明均有显著性差异,提示三名患儿在干预期的干预效果良好。

表5.9　会话修补回应次数在每个阶段内的变化趋势

条　目	BB		ZHY		HSM	
干预阶段	I 1	II 1	I 2	II 2	I 3	II 3
阶段长度	8	24	16	16	24	8
水平范围	60－75	67－102	78－96	89－101	90－104	109－123
水平变化	15	35	18	12	14	14
平均值	66.7	83.3	86.5	92.4	97	114.8
Z 值	－0.67	1.11	0.66	1.43	0.32	2.21**
C 值	－0.18	0.20	0.14	0.29	0.05	0.67

注:** 表示 $p<0.01$,说明阶段内数据存在显著性差异,即 HSM 在干预期的数据具有显著变化。

(二) 会话发起能力

患儿的会话展开与是否具备一定的会话发起能力有关,本研究旨在比较主题互动游戏干预前后患儿所调用的知识、语言和行为以及交互关系的数量差异,探寻主题互动游戏对患儿会话发起能力的作用。

1. 知识发起数量

图 5.1 表明三名患儿干预期前后知识发起数量的阶段内和阶段间变化和分析结果。

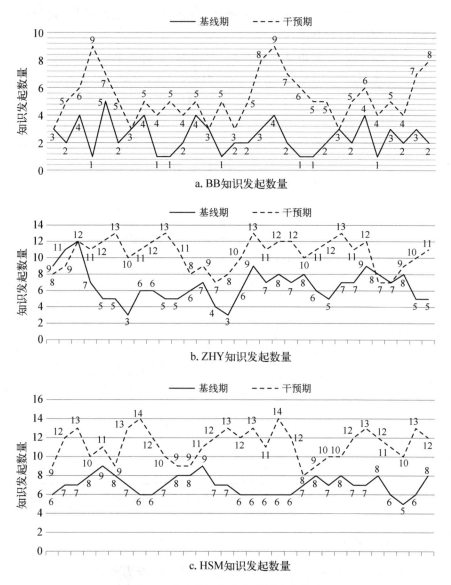

a. BB知识发起数量

b. ZHY知识发起数量

c. HSM知识发起数量

图 5.1 三名患儿知识发起数量变化曲线图

从基线期到干预期的曲线图总体趋势可见,三名患儿在基线期的知识发起数量总体呈不稳定趋势。进入干预期后,三名患儿的数据波动较大,但总体呈上升趋势。这也表明主题互动游戏对患儿的知识发起提高作用较为明显。

具言之,三名患儿在基线期的知识会话发起数量分别为 1－5、5－12、5－9,可见三者的基线水平有一定的差异,但是差异不太明显。此外,C 值结果显示,三名患儿在基线期的数据无显著性差异,可以对他们进行干预。

在干预期,通过 C 值结果,患儿 ZHY 的数据不存在显著性差异,其知识发起的数量变化较为稳定,而患儿 BB 和 HSM 的数据结果呈现出显著性差异($C1 = 0.19, Z1 = 2.15, p < 0.01$;$C3 = 0.75, Z3 = 2.28, p < 0.01$),说明主题互动游戏对上述两名患儿的知识发起数量的干预效果较为显著,使他们在干预期的数据呈现出较为明显的变化。

从每个阶段的均值来看,$I1 = 2.43 < II1 = 5.3$,$I2 = 6.65 < II2 = 10.48$,$I3 = 7 < II3 = 11.26$(见表 5.10),这说明三名患儿的知识发起数量均有所增加。此外,三名患儿在基线期和干预期之间的数据重合比为 20%、38.46%、10%,重合数量较少,干预效果较为显著。同时,三名患儿的 C 值结果显示,$C1 = 0.58, Z1 = 3.63, p < 0.01$;$C2 = 0.54, Z2 = 3.43, p < 0.01$;$C3 = 0.75, Z3 = 4.27, p < 0.01$,表明具有显著性差异,说明三名患儿进入干预期后,干预效果较为显著。

表 5.10　会话发起阶段调用知识在每个阶段内的变化趋势

条　目	BB		ZHY		HSM	
干预阶段	I1	II1	I2	II2	I3	II3
阶段长度	8	24	16	16	24	8
水平范围	1－5	3－9	5－12	7－13	5－9	8－14
水平变化	4	6	7	6	4	6
平均值	2.43	5.3	6.65	10.48	7	11.26
Z 值	0.98	2.15**	0.81	0.64	0.36	2.28**
C 值	－0.17	0.19	0.16	0.36	0.09	0.75

注: ** 表示 $p < 0.01$,阶段内数量有显著性差异,即 HSM 在干预期的数据有显著变化。

进一步来看,三名患儿在基线期所调用的知识子类型如下。

表 5.11　三名患儿在基线期所调用的知识子类型情况

姓名　　　调用知识类型	社会规约性知识	感知觉知识	陈述性知识	意向性知识	程序性知识	想象性知识
BB	9	14	29	10	6	5
ZHY	39	37	47	34	30	19
HSM	43	40	49	38	33	21

三名患儿在干预期所调用的知识子类型如下。

表 5.12　三名患儿在干预期所调用的知识子类型情况

姓名　　　调用知识类型	社会规约性知识	感知觉知识	陈述性知识	意向性知识	程序性知识	想象性知识
BB	26	33	41	27	15	17
ZHY	66	62	74	48	41	34
HSM	71	70	77	57	47	38

从上表可知,三名患儿所调用的知识子类型数量随着年龄的增长逐渐增多,这符合"随着年龄的增长,儿童对世界知识的运用能力不断提高"这一规律(Ryder & Leinonen,2003;Loukusa,Leinonen & Ryder,2007;Loukusa,Ryder & Leinonen,2008;赵鸣、黄莹莹、刘涛,2018)。同时,三名患儿在干预期所调用的知识子类型数量均比基线期多(见表 5.11、表 5.12),这说明主题互动游戏对患儿调用知识进行会话发起阶段有积极促进作用。我们还注意到,三名患儿在干预期所调用的想象性知识有所增多,但是数量增多得并不明显。分析其原因后认为,患儿的确缺乏想象力,也较难进行想象性的游戏,他们的思维一般停滞在直观动作思维和具体形象思维阶段,逻辑推理和理解力都表现不足(刘学兰,2012:112),这导致有意识的创造想象难以建立。此外,患儿的程序

性知识和意向性知识相较于其他类知识来说,提高速度较慢。可见,患儿对于程序性知识把握较差,是因为他们只是具有良好的机械记忆能力,但是难以将有意义的信息进行编码并重组。对于意向性知识,患儿较难外显,这是由于他们沟通意向较差,不能向他人传递自己的需求。但是,我们可以看出,尽管患儿对社会信号的识别与定位存在缺陷,且对某些感觉刺激(如触觉、声音等)反应过度迟钝或过度敏感,具有注意力缺陷而导致对事实性知识难以进行短时记忆并予以识别。经过训练,患儿的陈述性知识、感知觉知识、社会规约性知识提高得较为显著。

2. 语言发起数量

表 5.13 显示了三名患儿在干预前后调用语言发起会话数量的阶段内和阶段间变化分析结果。

从基线期到干预期的曲线总体趋势来看(见图 5.2),三名患儿在会话发起阶段调用语言数量的基线期数据波动较为明显,但 ZHY 和 HSM 的基线期总体趋势较为稳定,而 BB 在基线期的数据略有下滑。进入干预期

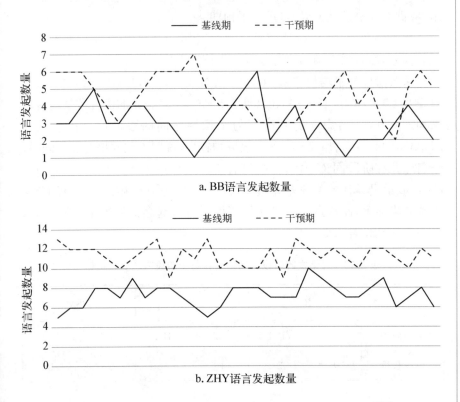

a. BB语言发起数量

b. ZHY语言发起数量

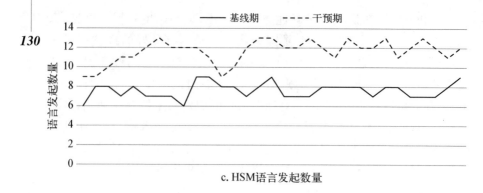

c. HSM语言发起数量

图 5.2 三名患儿语言发起数量变化曲线图

后,三名患儿的数据中,BB 的波动最大,且与基线期相比,总体上均呈现上升趋势,说明主题互动游戏对患儿调用语言的提高作用较为显著。

具言之,三名患儿在基线期调用语言的数量分别为 1－6、5－10、6－9,可见三者基线水平差异并不悬殊。三名患儿在基线期的 C 值显示,数据并无显著性差异,可进入干预期。

在干预期,通过 C 统计结果显示,三名患儿在干预期的数据不存在显著性差异,表明干预期语言数量变化较为平稳。

从各阶段的平均值来看,I 1＝3＜II 1＝4.58,I 2＝7.29＜II 2＝11.29,I 3＝7.61＜II 3＝11.61(见表5.13),三名患儿的语言数量均有所增加。此外,三名患儿的基线期与干预期之间的数据重合比分别为33.33%、11.11%、14.29%,重合数量均较少,说明干预效果明显。同时,三名患儿在阶段间 C 值结果中仅有 HSM($C3 = 0.51, Z3 = 2.97, p <$ 0.01)显示出具有显著性差异,说明三名患儿进入干预后,唯有 HSM干预效果显著,而其余两名患儿虽调用语言发起会话的数量有所提升,但并未达到显著水平。

表 5.13 会话发起阶段调用语言在每个阶段内的变化趋势

条 目	BB		ZHY		HSM	
干预阶段	I 1	II 1	I 2	II 2	I 3	II 3
阶段长度	8	24	16	16	24	8

条　目	BB		ZHY		HSM	
水平范围	1 - 6	3 - 7	5 - 10	9 - 13	6 - 9	9 - 13
水平变化	5	4	5	4	3	4
平均值	3	4.58	7.29	11.29	7.61	11.61
Z 值	- 1.37	1.76	- 0.07	- 0.98	1.83	0.69
C 值	- 0.47	0.37	- 0.79	- 1.03	1.86	0.69**

注: ** 表示 $p < 0.01$,基线期与干预期的数据存在显著性差异。

进一步来看,三名患儿在基线期所调用的语言子类型如下。

表 5.14　三名患儿在基线期所调用的语言子类型情况

姓名 ＼ 调用语言类型	交际需求	心智状态	社会互动环境	交际背景	命题态度	已有图式
BB	34	10	12	13	11	13
ZHY	57	23	35	39	37	35
HSM	66	23	37	37	40	33

三名患儿在干预期所调用的语言子类型如下。

表 5.15　三名患儿在干预期所调用的语言子类型情况

姓名 ＼ 调用语言类型	交际需求	心智状态	社会互动环境	交际背景	命题态度	已有图式
BB	39	17	22	24	25	15
ZHY	78	49	57	58	54	54
HSM	82	48	62	61	55	52

从基线期到干预期,随着年龄的增长,患儿调用各语言子类型的数量呈递增趋势(见表 5.14、表 5.15)。具体而言,在基线期,首先,患儿调用最多的是"交际需求"这一语用指标,说明患儿在会话发起时可以将自我的交际需求表达出来,以吸引他人的注意,但基本以生理需求、简单的生活需要或成人协助为主。其次,由于患儿大脑自动激活观察者的情感表征较差,激活环节存在缺陷,导致其对他人的心智状态解读不到位,对情感的变化并不敏感,但可以识别较为亲近的人的情感变化,可感知亲近的人的各种情绪,这与 William(2008)的研究部分结果相近。同时,患儿几乎不会使用"想""希望""记得"等表示心理状态的词汇(尚晓明、程璐璐,2020),心理理论技能出现损伤。再者,患儿在共同注意上存在缺陷,进而无法自主关注其所在环境的社会线索,缺少社会认知能力,难以对社会刺激表现出社会趋向性。此外,患儿调用交际背景、已有图式,传递命题态度的能力也较弱。调查发现,对于已接触过的主题内容,其调用交际背景和已有图式情况良好,而对于命题态度的传递情况较差,较少会有目的性地通过持有某个命题表达态度。与基线期相比,我们发现,患儿在干预期调用各语言子类型的数量均有所增长,但三名患儿中,BB 调用心智状态、已有图式发起会话的数量虽有所增长,但并不显著;其余两名患儿整体干预效果明显。

3. 行为发起数量

表 5.16 呈现了三名患儿在干预前后行为数量在阶段内和阶段间的变化分析结果。

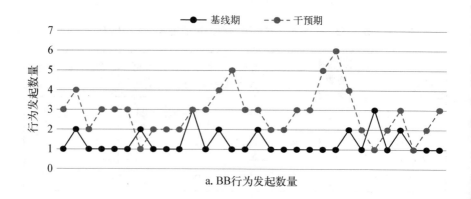

a. BB行为发起数量

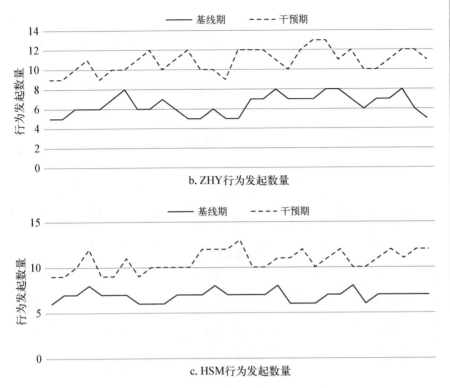

b. ZHY行为发起数量

c. HSM行为发起数量

图5.3　三名患儿行为发起数量变化曲线图

从基线期至干预期的曲线总体趋势看（见图5.3），三名患儿调用行为发起会话的数量在基线期的总体趋势较为稳定。在干预期之后，三名患儿的数据波动稍大，但总体上呈现下降态势。可见，主题互动游戏对患儿调用行为进行会话发起的提高作用比较明显。

具体而言，三名患儿在基线期会话发起阶段调用行为的数量分别为1-3、5-8、6-8，可见三者基线期水平均不高，且差异不够显著。三名患儿的 C 值结果表明，其在基线期的数据并无显著性差异，可进入干预期。

在干预期，C 值结果显示，三名患儿的数据不存在显著性差异，说明在会话发起阶段调用行为的数量变化较为稳定。

就每个阶段的均值而言，I 1＝1.33＜II 1＝2.83，I 2＝6.42＜II 2＝10.87，I 3＝6.87＜II 3＝10.71（见表5.16），表明三名患儿的行为发起会话的数量均有所提升。他们在基线期与干预期之间的数据重合比分别

134 为 42.86%、0%、0%，除了 BB 的重合数据较多以外，另外两名患儿的数据并没有重合，表明干预效果较为明显。同时，三名患儿在各阶段间的 C 值结果显示只有 ZHY（$C3 = 0.37, Z3 = 2.29, p < 0.01$）具有显著差异，即进入干预期后，只有 ZHY 干预效果较为显著，而另外两名患儿在会话发起阶段调用行为的数量虽有所上升，但没有达到显著性差异。

表 5.16　会话发起阶段调用行为在每个阶段内的变化趋势

条　目	BB		ZHY		HSM	
干预阶段	I 1	II 1	I 2	II 2	I 3	II 3
阶段长度	8	24	16	16	24	8
水平范围	1 - 3	1 - 6	5 - 8	9 - 13	6 - 8	9 - 13
水平变化	2	5	3	4	2	4
平均值	1.33	2.83	6.42	10.87	6.87	10.71
Z 值	- 1.27	- 0.69	- 0.60	0.71	1.55	- 0.87
C 值	- 0.44	- 0.13	- 0.14	0.19	0.33	- 0.26

此外，三名患儿在基线期调用行为子类型如下。[①]

表 5.17　三名患儿在基线期所调用的行为子类型情况

姓名 ＼ 调用行为类型	面部表情	身体触碰	给予物体	展示物品	位置移动	手势指示
BB	22	3	5	5	2	3
ZHY	51	16	39	29	37	27
HSM	45	21	44	43	42	18

---

　　① 患儿在基线期会话发起时所调用的行为子类型中，点头赞同、摇头拒绝以及模仿这三种行为方式并未出现。在干预期也是如此。

三名患儿在干预期调用行为子类型如下。

表 5.18　三名患儿在干预期调用行为子类型情况

姓名 \ 调用行为类型	面部表情	身体触碰	给予物体	展示物品	位置移动	手势指示
BB	12	14	17	12	15	15
ZHY	47	44	65	69	53	59
HSM	45	51	67	69	55	45

从上述两个表可以看出,三名患儿随着年龄的增长,其调用行为进行会话发起的数量有所增加(见表 5.17、表 5.18)。这也进一步表明,通过一定的干预,患儿了解到行为可以帮助其发起会话,因此借助行为传递交际意向的频次增多。但是,对在干预期的 4 岁以及 5~6 岁年龄段的患儿而言,两者调用行为数量的增值相当,并没有区分出高下,甚至 HSM 调用的总体数量要比 ZHY 偏少。分析原因后认为,HSM主要借助于语言等其他语用指标发起会话,因此其调用行为的数量也趋少。此外,患儿通过身体触碰发起会话的次数无论是在基线期还是干预期都偏少。这说明,相对而言,在会话初始阶段,患儿还是比较排斥通过身体触碰来进行会话发起,而倾向于间接通过面部表情,如不安、痛苦等负面情绪的表情意图发起会话。因为患儿的感知功能具有障碍,其视野或听觉范围等较为狭窄,这导致他们难以正确调用面部表情发起会话,只是试图与他人进行交际,而无法使用恰当有效的方式。随着干预的深入,患儿调用不太得体的面部表情的次数逐渐减少。在干预期,患儿借助给予物体、展示物品、位置移动以及手势指示等方式进行会话发起的数量也不断增多,这意味着患儿在经过一段时间的干预之后,可以尝试借助简单的行为方式引起受话人的注意,进而发起会话。

4. 知识 + 语言发起数量

图 5.4 展示了三名患儿在干预前后调用知识 + 语言发起会话数量的阶段内和阶段间变化分析结果。

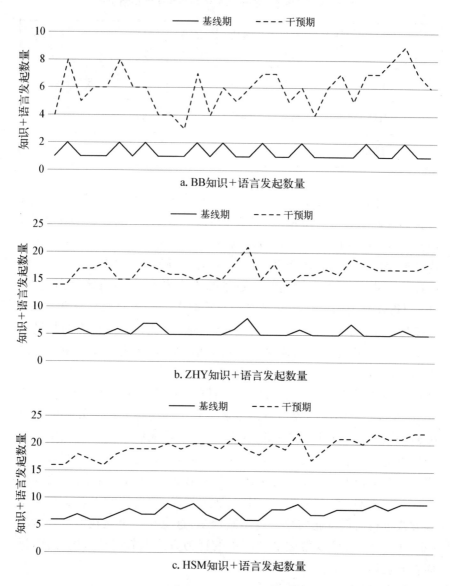

a. BB知识+语言发起数量

b. ZHY知识+语言发起数量

c. HSM知识+语言发起数量

图 5.4　三名患儿调用知识＋语言发起数量变化曲线图

考察基线期到干预期的曲线图总体趋势,在基线期,三名患儿同时调用知识+语言的数量总体并不稳定。在干预期,三名患儿的数据具有一定的波动,但整体上呈现的是上升的态势,这也验证了主题互动游戏对患儿同时调用知识和语言发起会话的提高作用。

具体而言,在基线期,患儿同时调用知识和语言发起数量分别为1-2、5-8、6-9,由此可知,三名患儿的基线水平有一定的差异,但并不显著。同时,C值结果也表明,他们在基线期的数量并没有显著性差异,可对三名患儿进行干预。

在干预期,C统计结果显示,三名患儿所调用的数量不具有显著性差异,说明他们在干预期,同时调用知识和语言的数量变化较为稳定。

就每个阶段的平均值而言,I 1 = 1.3＜II 1 = 4.67,I 2 = 5.47＜II 2 = 11.03,I 3 = 7.53＜II 3 = 11.83(见表5.19),说明三名患儿同时调用知识和语言的数量有所递增。同时,在基线期与干预期,三名患儿数量重合比均为0%,说明干预效果极其明显。再者,三名患儿的阶段间C值表明,只有HSM呈现出显著性差异,表明在干预期,三名患儿中只有HSM的干预效果极其显著,而其他两名患儿同时调用知识和语言发起会话的数量虽有所提升,但尚未达到显著水平。

表5.19　会话发起阶段调用知识＋语言在每个阶段内的变化趋势

条　目	BB		ZHY		HSM	
干预阶段	I 1	II 1	I 2	II 2	I 3	II 3
阶段长度	8	24	16	16	24	8
水平范围	1 - 2	3 - 7	5 - 8	9 - 13	6 - 9	10 - 13
水平变化	1	4	3	4	3	3
平均值	1.3	4.67	5.47	11.03	7.53	11.83
Z值	- 1.22	1.54	- 0.05	- 0.87	1.99	0.65
C值	- 0.38	0.39	- 0.57	- 1.21	1.76	0.58**

注:** 表示 $p < 0.01$,基线期与干预期的数据存在显著性差异。

进一步来看,三名患儿在基线期所调用的知识＋语言子类型如下。

表 5.20　三名患儿在基线期所调用的知识＋语言子类型情况

调用 知识＋语言类型　　　姓名	BB	ZHY	HSM
社知＋交需	0	31	39
感知＋交需	28	42	51
陈知＋交需	0	26	37
意知＋交需	0	0	0
程知＋交需	0	0	0
想知＋交需	0	0	0
社知＋心智	0	0	0
感知＋心智	0	0	7
陈知＋心智	0	0	0
意知＋心智	0	0	0
程知＋心智	0	0	0
想知＋心智	0	0	0
社知＋互动	0	11	21
感知＋互动	0	0	0
陈知＋互动	2	11	10
意知＋互动	0	0	0
程知＋互动	0	13	21
想知＋互动	0	0	0

调用 知识 + 语言类型　　　姓名	BB	ZHY	HSM
社知 + 背景	0	0	0
感知 + 背景	0	0	0
陈知 + 背景	2	0	0
意知 + 背景	0	0	0
程知 + 背景	0	0	0
想知 + 背景	0	0	0
社知 + 命题	0	0	0
感知 + 命题	0	0	0
陈知 + 命题	0	0	0
意知 + 命题	0	0	0
程知 + 命题	0	0	0
想知 + 命题	0	0	0
社知 + 已图	0	0	0
感知 + 已图	0	0	0
陈知 + 已图	5	30	40
意知 + 已图	0	0	0
程知 + 已图	0	0	0
想知 + 已图	0	0	0

第五章　自闭症儿童语用障碍问题的干预

三名患儿在干预期所调用的知识＋语言子类型如下。

表 5.21　三名患儿在干预期所调用的知识＋语言子类型情况

调用知识＋语言类型　　姓名	BB	ZHY	HSM
社知＋交需	22	51	52
感知＋交需	39	54	56
陈知＋交需	21	46	47
意知＋交需	0	0	0
程知＋交需	0	7	10
想知＋交需	0	6	9
社知＋心智	0	0	0
感知＋心智	2	0	4
陈知＋心智	0	0	0
意知＋心智	0	0	0
程知＋心智	0	0	0
想知＋心智	0	6	7
社知＋互动	0	39	40
感知＋互动	0	0	0
陈知＋互动	18	41	42
意知＋互动	0	0	0
程知＋互动	0	32	35
想知＋互动	0	0	0
社知＋背景	0	0	0

调用知识 + 语言类型 ＼ 姓名	BB	ZHY	HSM
感知 + 背景	0	0	0
陈知 + 背景	17	0	0
意知 + 背景	0	0	0
程知 + 背景	0	0	0
想知 + 背景	0	0	0
社知 + 命题	0	0	0
感知 + 命题	0	0	0
陈知 + 命题	0	0	0
意知 + 命题	0	0	0
程知 + 命题	0	0	0
想知 + 命题	0	0	0
社知 + 已图	0	0	0
感知 + 已图	0	0	0
陈知 + 已图	18	51	53
意知 + 已图	0	0	0
程知 + 已图	0	0	0
想知 + 已图	0	0	0

由表 5.20 可知,在基线期,BB 同时调用知识和语言发起会话的数量不多,主要是调用感知觉知识并鉴于自身的交际需求发起会话,如 BB 通过视觉体验,注意到了眼前的棒棒糖,便有了想吃糖果的欲望等需求,继而具有交际需求。同时,BB 偶尔会调用大脑中的已有图式并基于陈述性知识发起会话。虽然他所调用的已有图式与向受话人呈现的陈述

性知识并不匹配,但这是他们发起会话的方式之一,是与他人进行对话的独特方式。而 BB 调用陈述性知识并基于社会互动环境或在调用陈述性知识的基础上调用交际背景的情况零星可见,但是所调用的陈述性知识也并非与当前的社会互动环境或交际背景相符。

患儿 ZHY 调用感知性知识传递交际需求的能力较强,此外,他对社会规约性知识以及简单的陈述性知识掌握的情况尚好,可通过礼貌的方式称呼受话人或调用简单的陈述性知识表达自身的交际需求。患儿还可在基本正确表达陈述性知识的情况下调用已有图式发起会话。同时,我们还注意到,ZHY 还可以在社会互动环境的提示下调用有限的陈述性知识、程序性知识或社会规约性知识意图与他人发起会话。

患儿 HSM 所同时调用的知识和语言的子类别基本与 ZHY 趋同。只是 ZHY 在调用感知觉知识的基础上考虑到自身的心智状态而发起会话,如在小兔子轻轻跑过 ZHY 的身边时,ZHY 略感惊恐,因此说了一句"害怕"而希望引起受话人的注意从而发起会话。但其调用此子类型的数量还不多。

在干预期之后,患儿 BB 同时调用知识和语言发起会话的数量逐渐递增。与此同时,我们还发现,BB 所调用的子类型的数量也略有增加,如 BB 可以在具有交际需求时通过调用社会规约性知识、感知觉知识或陈述性知识发起会话。此外,BB 还会偶尔在调用感知觉知识的基础上考虑到自我的心智状态发起会话。再者,BB 还会在调用陈述性知识的同时考虑到社会互动环境或交际背景或已有图式与受话人开始实施会话。

此外,患儿 ZHY 同时调用知识和语言发起会话的数量也是逐渐递增,这也体现在其调用的子类型数量上。该患儿还可以在考虑到自身交际需求的基础上,少量调用程序性知识或想象性知识发起会话。另外,ZHY 还会在调用想象性知识的同时考虑到他人的心智状态发起会话。虽然,调用该子类型的数量很少,但是患儿通过调用想象性知识来推测他人心智状态的能力初见端倪。

最后,患儿 HSM 同时调用知识和语言发起会话的数量同样是在增长的。相较于基线期,其所调用的子类型的数量也较多。HSM 所调用的数量以及子类型都比 BB 和 ZHY 多。HSM 所调用的子类型情况与 ZHY 基本相似,只是 HSM 出现了调用感知觉知识的同时考虑到他人的心智状态而发起会话的情况,虽然所调用的数量不多,但是他们可以将自我的感知体验知识作为线索,表征他人的心理状态,这也有助于患儿心理理论知识的获取(见表5.21)。

5.知识+行为发起数量

图5.5显示了三名患儿在干预前后调用知识+行为的数量在阶段内和阶段间的变化分析结果。

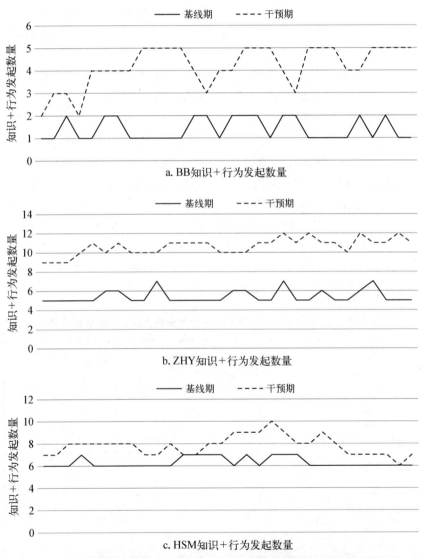

a. BB知识+行为发起数量

b. ZHY知识+行为发起数量

c. HSM知识+行为发起数量

图5.5 三名患儿调用知识+行为发起数量变化曲线图

就基线期到干预期的曲线总体趋势看,三名患儿同时调用知识和行为发起会话的数量在基线期的总体情况较为平稳。在干预期后,三名患儿的数据波动较为明显,但总体具有下滑的趋势。由此认为,主题互动游戏对患儿同时调用知识和行为进行会话发起的提高作用较为显著。

具言之,在基线期,三名患儿在会话发起阶段同时调用知识和行为的数量分别为 1-2、5-7、6-7,说明三名患儿在基线期的水平并不高,且差异也并不显著。三名患儿的 C 值结果显示,他们在基线期的数据尚不存在显著性差异,可以进入干预期。

在干预期,C 值结果表明,三名患儿的数据不存在显著性差异,说明在会话发起阶段同时调用知识和行为数量的变化较为平稳。

针对每个阶段的均值来看(见表 5.22),I 1 = 1.4＜II 1 = 4.2,I 2 = 5.4＜II 2 = 10.63,I 3 = 6.3＜II 3 = 7.8,说明三名患儿同时调用知识和行为发起会话的数量都有所增加。他们在基线期与干预期之间的数据重合比分别是 6.67%、0%、40%。除了 HSM 的重合数据较多以外,另外两名患儿的数据重合率较少或并没有重合,表明干预效果较为显著。此外,三名患儿在各阶段间的 C 值结果表明,只有 ZHY($C3 = 0.34$,$Z3 = 2.26$,$p＜0.01$)具有显著性差异,这表明,在进入干预期后,只有 ZHY 的干预效果较为显著,而其他两名患儿在会话发起阶段同时调用知识和行为的数量虽有所增长,但并没有达到显著差异水平。

表 5.22　会话发起阶段调用知识＋行为在每个阶段内的变化趋势

条　目	BB		ZHY		HSM	
干预阶段	I 1	II 1	I 2	II 2	I 3	II 3
阶段长度	8	24	16	16	24	8
水平范围	1-2	2-5	5-7	9-12	6-7	7-10
水平变化	1	3	2	3	1	3
平均值	1.4	4.2	5.4	10.63	6.3	7.8
Z 值	-1.13	0.99	-0.03	2.26	1.85	-0.79
C 值	-0.27	0.42	-0.63	0.34**	1.71	-1.32

注:** 表示 $p＜0.01$,基线期与干预期的数据存在显著性差异。

进一步来看,三名患儿在基线期所调用的知识＋行为子类型如下。

表 5.23　三名患儿在基线期所调用的知识＋行为子类型情况

调用知识＋行为类型＼姓名	BB	ZHY	HSM
社知＋展示	0	0	19
社知＋身触	0	0	6
社知＋给予	0	0	0
社知＋位移	0	0	13
社知＋手势	10	38	33
社知＋点头	0	0	0
社知＋摇头	0	0	0
社知＋模仿	0	0	12
社知＋面部	16	34	29
感知＋展示	0	0	0
感知＋身触	0	0	0
感知＋给予	0	0	0
感知＋位移	15	0	13
感知＋手势	0	33	22
感知＋点头	0	0	0
感知＋摇头	0	0	0
感知＋模仿	0	0	0
感知＋面部	0	37	28
陈知＋展示	0	0	0

146

调用 知识＋行为类型 \ 姓名	BB	ZHY	HSM
陈知＋身触	0	0	0
陈知＋给予	0	0	0
陈知＋位移	0	0	0
陈知＋手势	0	0	0
陈知＋点头	0	0	0
陈知＋摇头	0	0	0
陈知＋模仿	0	0	0
陈知＋面部	0	0	0
意知＋展示	0	0	0
意知＋身触	0	0	0
意知＋给予	0	0	0
意知＋位移	0	0	0
意知＋手势	0	0	0
意知＋点头	0	0	0
意知＋摇头	0	0	0
意知＋模仿	0	0	0
意知＋面部	0	0	0
程知＋展示	0	0	0
程知＋身触	0	0	0
程知＋给予	0	0	0
程知＋位移	0	0	0

调用 知识＋行为类型 ＼ 姓名	BB	ZHY	HSM
程知＋手势	0	0	0
程知＋点头	0	0	0
程知＋摇头	0	0	0
程知＋模仿	0	0	0
程知＋面部	0	20	14
想知＋展示	0	0	0
想知＋身触	0	0	0
想知＋给予	0	0	0
想知＋位移	0	0	0
想知＋手势	0	0	0
想知＋点头	0	0	0
想知＋摇头	0	0	0
想知＋模仿	0	0	0
想知＋面部	0	0	0

三名患儿在干预期所调用的知识＋行为子类型如下。

表 5.24 三名患儿在干预期所调用的知识＋行为子类型情况

调用 知识＋行为类型 ＼ 姓名	BB	ZHY	HSM
社知＋展示	12	29	27
社知＋身触	2	3	12
社知＋给予	0	0	20

调用知识＋行为类型　　姓名	BB	ZHY	HSM
社知＋位移	10	27	19
社知＋手势	22	33	23
社知＋点头	0	0	0
社知＋摇头	0	0	0
社知＋模仿	0	0	21
社知＋面部	27	46	27
感知＋展示	0	0	0
感知＋身触	0	0	0
感知＋给予	0	0	0
感知＋位移	29	36	23
感知＋手势	0	33	17
感知＋点头	0	0	0
感知＋摇头	0	0	0
感知＋模仿	0	0	0
感知＋面部	0	44	17
陈知＋展示	13	35	0
陈知＋身触	0	0	0
陈知＋给予	0	0	0
陈知＋位移	11	0	0
陈知＋手势	0	0	0
陈知＋点头	0	0	0

调用 知识 + 行为类型　　姓名	BB	ZHY	HSM
陈知 + 摇头	0	0	0
陈知 + 模仿	0	0	0
陈知 + 面部	0	0	0
意知 + 展示	0	0	0
意知 + 身触	0	0	0
意知 + 给予	0	0	0
意知 + 位移	0	0	0
意知 + 手势	0	0	0
意知 + 点头	0	0	0
意知 + 摇头	0	0	0
意知 + 模仿	0	0	0
意知 + 面部	0	0	0
程知 + 展示	0	0	0
程知 + 身触	0	0	0
程知 + 给予	0	0	0
程知 + 位移	0	0	0
程知 + 手势	0	0	0
程知 + 点头	0	0	0
程知 + 摇头	0	0	0
程知 + 模仿	0	0	0
程知 + 面部	0	33	28

150

调用知识 + 行为类型 \ 姓名	BB	ZHY	HSM
想知 + 展示	0	0	0
想知 + 身触	0	0	0
想知 + 给予	0	0	0
想知 + 位移	0	0	0
想知 + 手势	0	0	0
想知 + 点头	0	0	0
想知 + 摇头	0	0	0
想知 + 模仿	0	0	0
想知 + 面部	0	0	0

可以看出，在基线期（见表5.23），患儿BB在会话发起时偶尔会通过调用社会规约性知识并借助面部表情或手势指示的方式发起会话，说明患儿BB还是掌握了一定的社会规约性知识，但是语言表达能力并不强，因此往往需要借助于手势指示或者面部表情的方式希望他人察觉其交际意图，为受话人传递信号。由此，受话人需要从患儿的手势或面部表情中搜集实质性信息，交际过程才可发挥作用。对于患儿ZHY而言，他还会在调用感知觉知识的基础上发挥手势或面部表情的辅助作用发起会话。此外，我们还注意到，该患儿会在调用程序性知识的基础上通过面部表情试图发起会话。比如，该患儿想邀请受话人一起做体能游戏，他先试图做出第一步，并通过渴望的面部表情传递邀请的交际目的。与其他两名患儿相比，患儿HSM同时调用知识和行为的数量较多，子类型也较多。该患儿调用社会规约性知识或感知觉知识的情况较好，但需要辅之以相应的行为动作，如展示物品、身体触碰、位置移动、手势指示、模仿以及面部表情等，以期受话人可以察觉出其会话发起的意图，并给予相关提示。事实上，患儿并不喜欢与他人有身体触碰，因此患儿HSM通过触碰发起会话的次数也较少，仅

仅是通过拉着受话人的手礼貌地希望他人与自己共同从事感兴趣的活动。

在干预期(见表5.24),三名患儿同时调用知识和行为的数量均有所增加,所调用的子类型也较基线期有所增长。比如,患儿可以在调用陈述性知识的基础上通过展示物品或位置移动等方式,在阐述事实性知识的同时通过行为动作的辅助希望得到受话人的肯定,以此发起会话。患儿HSM可以在调用社会规约性知识的基础上,通过礼貌的方式给予受话人物品,以引起他人的关注从而发起会话,达到共同游戏的目的。此外,患儿HSM所调用的数量和类型相较于ZHY而言,有递减的趋势。这说明,随着患儿在干预阶段语言能力的稳步提高,他们依赖"行为"这一象征符号引导他人注意外界某一对象从而达到分享自己注意的目的会逐渐过渡到借助语言得以实现。

6. 语言+行为发起数量

表5.25展示了三名患儿在干预前后同时调用语言和行为发起会话数量的阶段内和阶段间变化分析结果。

表5.25　会话发起阶段调用语言+行为在每个阶段内的变化趋势

条　目	BB		ZHY		HSM	
干预阶段	I 1	II 1	I 2	II 2	I 3	II 3
阶段长度	8	24	16	16	24	8
水平范围	1 - 3	3 - 5	5 - 9	9 - 13	6 - 8	9 - 13
水平变化	2	2	4	4	2	4
平均值	2.97	4.27	6.13	11.33	6.37	11.47
Z 值	1.24	- 2.52	4.22	- 6.11	4.31	- 6.23**
C 值	0.32	- 0.14	- 0.25	0.33	0.21	- 0.15

注: ** 表示 $p < 0.01$,基线期与干预期的数据存在显著性差异。

从基线期到干预期的曲线总体趋势来看,三名患儿在会话发起阶段同时调用语言和行为的数量波动较为显著,但HSM在基线期总体趋势较为稳定。在干预期，三名患儿的数据中，BB 的波动较大，但与基线期的数据相比，整体还是呈上升态势，这说明主题互动游戏对患儿同时调用语言和行为的提高作用较为明显（如图 5.6 所示）。

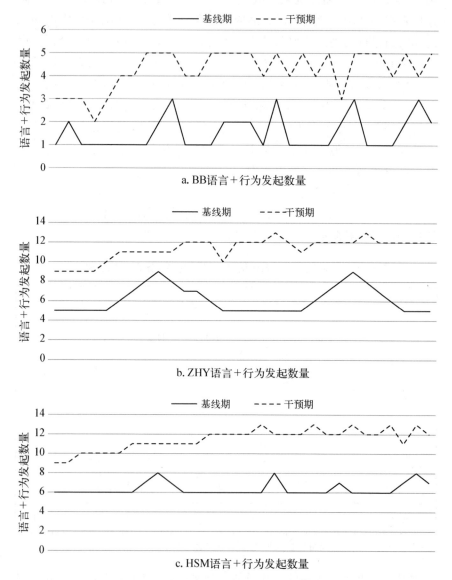

图 5.6　三名患儿调用语言＋行为发起数量变化曲线图

具体而言,三名患儿在基线期同时调用语言和行为的数量分别为 1 - 3、5 - 9、6 - 8,可见三名患儿在基线期的水平差异不大。此外,C 值显示,数据并没有显著性差异,可进入干预期进行干预。

在干预期,C 值统计结果表明,三名患儿在干预期的数据不存在显著性差异,说明患儿同时调用语言和行为的数量较为稳定。

就各阶段的平均值而言,I 1 = 2.97<II 1 = 4.27,I 2 = 6.13<II 2 = 11.33,I 3 = 6.37<II 3 = 11.47(见表 5.26),可见三名患儿同时调用语言和行为的数量均有所增长。此外,三名患儿在基线期和干预期间的数据重合比分别为 20%、13.33%、0%,重合数量较少,表明干预效果良好。此外,三名患儿的阶段间 C 值结果中仅有 HSM($C3 = 0.47$,$Z3 = 2.89$,$p<0.01$)呈现出显著性差异,表明三名患儿在干预期,只有 HSM 的干预效果显著,而另外两名患儿尽管同时调用语言和行为发起会话的数量有所增加,但并没有达到显著水平。

表 5.26　会话发起阶段调用语言＋行为在每个阶段内的变化趋势

条　目	BB		ZHY		HSM	
干预阶段	I 1	II 1	I 2	II 2	I 3	II 3
阶段长度	8	24	16	16	24	8
水平范围	1 - 3	3 - 5	5 - 9	9 - 13	6 - 8	9 - 13
水平变化	2	2	4	4	2	4
平均值	2.97	4.27	6.13	11.33	6.37	11.47
Z 值	1.24	− 2.52	4.22	− 6.11	4.31	− 6.23**
C 值	0.32	− 0.14	− 0.25	0.33	0.21	− 0.15

注:** 表示 $p<0.01$,基线期与干预期的数据存在显著性差异。

表 5.27　三名患儿在基线期所调用的语言＋行为子类型情况

调用语言＋行为类型 ＼ 姓名	BB	ZHY	HSM
交需＋展示	0	18	19
交需＋身触	0	0	17
交需＋给予	0	0	0
交需＋位移	8	33	0
交需＋手势	12	27	0
交需＋点头	0	0	0
交需＋摇头	0	0	0
交需＋模仿	0	0	0
交需＋面部	0	21	42
心智＋展示	0	0	0
心智＋身触	0	0	0
心智＋给予	0	0	22
心智＋位移	0	0	0
心智＋手势	0	0	0
心智＋点头	0	0	0
心智＋摇头	0	0	0
心智＋模仿	0	0	0
心智＋面部	0	0	0
社互＋展示	15	30	0
社互＋身触	0	0	23

调用 语言＋行为类型　姓名	BB	ZHY	HSM
社互＋给予	0	0	0
社互＋位移	0	0	10
社互＋手势	11	32	33
社互＋点头	0	0	0
社互＋摇头	0	0	0
社互＋模仿	0	0	0
社互＋面部	0	0	0
交背＋展示	0	0	0
交背＋身触	0	0	0
交背＋给予	0	0	0
交背＋位移	0	0	0
交背＋手势	0	0	0
交背＋点头	0	0	0
交背＋摇头	0	0	0
交背＋模仿	0	0	0
交背＋面部	0	0	0
命态＋展示	0	0	0
命态＋身触	0	0	0
命态＋给予	0	0	0
命态＋位移	0	0	0

156

调用 语言+行为类型 ＼ 姓名	BB	ZHY	HSM
命态+手势	0	0	0
命态+点头	0	0	0
命态+摇头	0	0	0
命态+模仿	0	0	0
命态+面部	0	0	0
已图+展示	0	0	0
已图+身触	0	0	0
已图+给予	0	0	0
已图+位移	0	23	25
已图+手势	0	0	0
已图+点头	0	0	0
已图+摇头	0	0	0
已图+模仿	0	0	0
已图+面部	0	0	0

在基线期（见表 5.27），患儿 BB 同时调用语言和行为的数量较少，所调用的类型也并不多，主要集中于在有交际需求之时通过位置移动或手势指示的方式发起会话，会话技能知识较弱。此外，该患儿偶尔会在考虑到社会互动环境时通过手势指示或展示物品的方式发起会话。而对于患儿 ZHY 而言，其同时调用语言和行为的数量较 BB 而言有所增加，所调用的类型也有所增多。具体表现在，ZHY 可以在具有交际需求时通过展示物品、位置移动、手势指示或面部表情的方式发起会话。该患儿还可以考虑到社会互动环境，并通过展示物品或手势指示的方式发起

会话。可见,患儿 ZHY 除非具有交际需求时会通过位置移动的方式靠近受话人,满足自身的交际需要,否则不会根据现有的社会互动环境的提示亲近受话人,这也与绝大部分研究者的相关发现相吻合,即患儿不愿意亲近他人。同时,患儿 ZHY 也不能基于社会互动环境的提示信息通过面部表情向受话人发起会话,传递自己的情绪体验。我们还可以注意到,该患儿偶尔可以调用头脑中的已有图式,并通过位置移动的方式表达自身的交际目的。如 ZHY 在看到水杯的时候,激活头脑中的已有图式——水杯是用来喝水的,并走向康复师,请求康复师帮他拿到水杯,从而实现喝水的交际目的。HSM 所调用的数量和类型相较于前两名患儿是最多的。该患儿会在交际需求的基础上通过展示物品、身体触碰、面部表情发起会话。这也说明,随着年龄的增加,患儿可以在有交际需求时,通过身体触碰或面部表情向受话人传递具有交流的倾向,即身式语也属于一种语言,可传递信息、表达态度、彰显情感。与此同时,HSM 还可在调用心智状态的基础上通过给予物品的方式发起会话。比如,HSM 看到康复师试图找拼图,以便与儿童一起做游戏,HSM 察觉出了康复师的心智状态,并通过给予康复师拼图的方式意图发起会话。再者,该患儿可以在考虑社会互动环境的时候通过身体触碰、位置移动或手势指示的方式发起会话。可见,随着年龄的增加,患儿也逐渐在社会互动环境的帮助下借助接触受话人或趋近于受话人的方式主动发起会话,不断转变不愿接触他人的心理。研究还发现,患儿 HSM 在头脑中已有图式的帮助下通过位置移动的方式发起会话的次数较 ZHY 要多。这也说明,年龄较长的儿童会在已有图式的帮助下通过"位置移动"这一行为方式试图发起会话,使受话人得以关注,以便验证调用已有图式的准确性。

表 5.28　三名患儿在干预期所调用的语言＋行为子类型情况

调用 语言＋行为类型　　　　姓名	BB	ZHY	HSM
交需＋展示	0	29	27
交需＋身触	18	28	25

158

调用 语言＋行为类型　　姓名	BB	ZHY	HSM
交需＋给予	12	17	21
交需＋位移	21	37	40
交需＋手势	25	31	33
交需＋点头	0	0	0
交需＋摇头	0	0	0
交需＋模仿	0	0	0
交需＋面部	3	32	47
心智＋展示	0	0	0
心智＋身触	0	0	0
心智＋给予	0	0	29
心智＋位移	0	0	7
心智＋手势	0	0	0
心智＋点头	0	0	0
心智＋摇头	0	0	0
心智＋模仿	0	0	0
心智＋面部	0	0	0
社互＋展示	27	42	36
社互＋身触	0	10	28
社互＋给予	0	0	0
社互＋位移	0	0	17
社互＋手势	22	45	10

调用 语言＋行为类型　　姓名	BB	ZHY	HSM
社互＋点头	0	0	0
社互＋摇头	0	0	0
社互＋模仿	0	0	0
社互＋面部	0	0	0
交背＋展示	0	0	0
交背＋身触	0	0	0
交背＋给予	0	0	0
交背＋位移	0	0	0
交背＋手势	0	0	0
交背＋点头	0	0	0
交背＋摇头	0	0	0
交背＋模仿	0	0	0
交背＋面部	0	0	0
命态＋展示	0	0	0
命态＋身触	0	0	0
命态＋给予	0	0	0
命态＋位移	0	0	0
命态＋手势	0	0	0
命态＋点头	0	0	0
命态＋摇头	0	0	0
命态＋模仿	0	0	0

160

调用 语言＋行为类型　　　姓名	BB	ZHY	HSM
命态＋面部	0	0	0
已图＋展示	0	29	0
已图＋身触	0	0	0
已图＋给予	0	0	0
已图＋位移	0	40	24
已图＋手势	0	0	0
已图＋点头	0	0	0
已图＋摇头	0	0	0
已图＋模仿	0	0	0
已图＋面部	0	0	0

　　数据显示,在干预期(见表 5.28),三名患儿同时调用语言与行为的数量和类型均多于基线期。其中,患儿 BB 可基于交际需求通过身体触碰、给予物品、位置移动、手势指示或面部表情的方式发起会话。可见,患儿 BB 可以主动进行身体接触或移向受话人。此外,该患儿还可略微借助面部表情传递情绪,体现出其在社会交往上表现出的进步。再者,患儿 BB 基于社会互动环境通过展示物品或手势指示的方式发起会话的数量增多。相较于 BB,ZHY 所调用的数量和类型较多。主要基于交际需求通过展示物品、身体触碰、给予物品、位置移动、手势指示或面部表情的方式发起会话。这里,我们注意到,患儿 ZHY 不仅可以考虑到自身的交际需求,还会考虑到他人的交际需求,从而通过给予物品的方式发起会话,探试自我对他人意图的猜测。患儿 HSM 在交际需求的提示下调用行为的类型与数量均多于基线期,比如,HSM 在有交际需求时通过展示物品、身体触碰、面部表情、给予物品、位置移动以及手势指示等方式发起会话。由此推知,年龄较长的患儿可以在交际需求的驱使下调用

多种行为方式来传递交际意向。同时,HSM可以考虑到他人的心智状态并通过给予或位置移动的方式发起话题。据此认为,随着患儿年龄的增长,在适当的干预方式下,他们推测他人心理活动的能力已慢慢成形。此外,HSM可以在社会互动环境的指引下,通过展示物品、身体触碰、位置移动等方式发起会话。HSM还可以在调用已有图式的同时通过位置移动的方式发起会话。但是,其所调用的数量逐渐减少。由此推测,随着年龄的增长以及接受具有针对性的训练,在有社会互动环境的指引下,患儿可以逐渐较少依靠行为表达交际意向。

7. 知识+语言+行为发起数量

表5.29显示三名患儿在干预前后同时调用知识、语言和行为数量在阶段内和阶段间的变化分析结果。

表5.29 会话发起阶段同时调用知识+语言+行为在每个阶段内的变化趋势

条 目	BB		ZHY		HSM	
干预阶段	I 1	II 1	I 2	II 2	I 3	II 3
阶段长度	8	24	16	16	24	8
水平范围	1-3	1-5	4-6	6-9	5-7	9-12
水平变化	2	4	2	3	2	3
平均值	1.38	3.03	4.14	7.93	5.43	9.9
Z 值	0.12	1.02	-0.03	1.66**	0.57	0.56**
C 值	0.04	0.17	-0.03	0.25	0.21	0.32

注: ** 表示 $p < 0.01$,干预期和基线期的数据具有显著性差异。

从基线期到干预期的总体趋势图看,三名患儿同时借助知识、语言和行为发起会话的数量在基线期较为稳定。在干预期,三名患儿的数据均有波动,且呈上升态势,表明主题互动游戏对患儿同时借助知识、语言和行为发起会话的数量比较明显(见图5.7)。

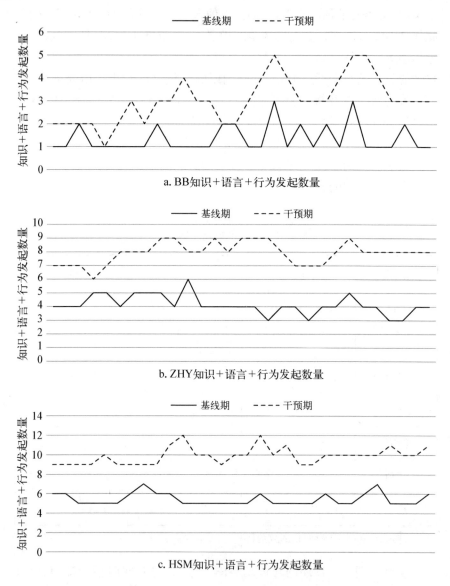

a. BB知识＋语言＋行为发起数量

b. ZHY知识＋语言＋行为发起数量

c. HSM知识＋语言＋行为发起数量

图5.7 三名患儿知识＋语言＋行为发起数量变化曲线图

具言之,三名患儿在基线期同时调用知识、语言和行为发起会话的数量分别为 1 - 2、4 - 6、5 - 7,由此认为,相对而言,他们在基线期的水平差异较为显著。C 值结果显示,他们在基线期并无显著性差异,可以对其实施干预。

　　在干预期,三名患儿的稳定性有所下调。但 C 值结果表明,数据并不存在显著性差异,说明患儿所调用的数量变化比较稳定。

　　针对每个阶段的平均值来说,I 1 = 1.38＜II 1 = 3.03,I 2 = 4.14＜II 2 = 7.93,I 3 = 5.43＜II 3 = 9.9,三名患儿在会话发起阶段同时调用知识、语言和行为的数量有所增长。他们在基线期和干预期的数据重合比分别为 70%、3.33%、0%,表明 HSM 和 ZHY 的干预效果很好。

　　具体来看,三名患儿在会话维持阶段调用知识＋语言＋行为子类型情况如下。

表 5.30　三名患儿在基线期所调用的知识＋语言＋行为子类型情况

调用 知识＋语言＋行为类型　　　姓名	BB	ZHY	HSM
社知＋交需＋面部	5	22	14
社知＋心智＋面部	0	0	8
社知＋社互＋面部	4	20	15
社知＋交背＋面部	0	0	0
社知＋命题＋面部	0	0	0
社知＋已图＋面部	0	0	0
感知＋交需＋面部	0	0	0
感知＋心智＋面部	0	0	0
感知＋社互＋面部	0	0	14
感知＋交背＋面部	0	0	0
感知＋命题＋面部	0	0	0

164

调用 知识+语言+行为类型　　姓名	BB	ZHY	HSM
感知＋已图＋面部	0	0	0
陈知＋交需＋面部	0	0	0
陈知＋心智＋面部	0	0	0
陈知＋社互＋面部	0	0	0
陈知＋交背＋面部	0	0	0
陈知＋命题＋面部	0	0	0
陈知＋已图＋面部	0	0	0
意向＋交需＋面部	0	0	0
意向＋心智＋面部	0	0	0
意向＋社互＋面部	0	0	0
意向＋交背＋面部	0	0	0
意向＋命题＋面部	0	0	0
意向＋已图＋面部	0	0	17
程知＋交需＋面部	0	0	0
程知＋心智＋面部	0	0	0
程知＋社互＋面部	0	0	0
程知＋交背＋面部	0	0	0
程知＋命题＋面部	0	0	0
程知＋已图＋面部	0	0	0
想象＋交需＋面部	0	0	0
想象＋心智＋面部	0	0	0

调用 \ 姓名 知识+语言+行为类型	BB	ZHY	HSM
想象＋社互＋面部	0	0	0
想象＋交背＋面部	0	0	0
想象＋命题＋面部	0	0	0
想象＋已图＋面部	0	0	0
社知＋交需＋身触	0	0	0
社知＋心智＋身触	0	0	0
社知＋社互＋身触	0	0	0
社知＋交背＋身触	0	0	0
社知＋命题＋身触	0	0	0
社知＋已图＋身触	0	0	0
感知＋交需＋身触	0	0	0
感知＋心智＋身触	0	0	0
感知＋社互＋身触	0	0	0
感知＋交背＋身触	0	0	0
感知＋命题＋身触	0	0	0
感知＋已图＋身触	0	0	0
陈知＋交需＋身触	0	0	0
陈知＋心智＋身触	0	0	0
陈知＋社互＋身触	0	0	9
陈知＋交背＋身触	0	0	0
陈知＋命题＋身触	0	0	0

第五章　自闭症儿童语用障碍问题的干预

166

知识+语言+行为类型　　　　姓名	BB	ZHY	HSM
陈知＋已图＋身触	0	0	0
意向＋交需＋身触	0	0	0
意向＋心智＋身触	0	0	0
意向＋社互＋身触	0	0	0
意向＋交背＋身触	0	0	0
意向＋命题＋身触	0	0	0
意向＋已图＋身触	0	0	0
程知＋交需＋身触	0	0	0
程知＋心智＋身触	0	0	0
程知＋社互＋身触	0	0	0
程知＋交背＋身触	0	0	0
程知＋命题＋身触	0	0	0
程知＋已图＋身触	0	0	0
想象＋交需＋身触	0	0	0
想象＋心智＋身触	0	0	0
想象＋社互＋身触	0	0	0
想象＋交背＋身触	0	0	0
想象＋命题＋身触	0	0	0
想象＋已图＋身触	0	0	0
社知＋交需＋给予	5	0	0
社知＋心智＋给予	0	0	0

调用 知识+语言+行为类型 姓名	BB	ZHY	HSM
社知＋社互＋给予	6	0	0
社知＋交背＋给予	0	0	0
社知＋命题＋给予	0	0	0
社知＋已图＋给予	0	0	0
感知＋交需＋给予	0	0	0
感知＋心智＋给予	0	0	0
感知＋社互＋给予	0	0	0
感知＋交背＋给予	0	0	0
感知＋命题＋给予	0	0	0
感知＋已图＋给予	0	0	0
陈知＋交需＋给予	0	0	0
陈知＋心智＋给予	0	0	0
陈知＋社互＋给予	4	27	0
陈知＋交背＋给予	0	0	0
陈知＋命题＋给予	0	0	0
陈知＋已图＋给予	0	0	0
意向＋交需＋给予	0	0	0
意向＋心智＋给予	0	0	10
意向＋社互＋给予	0	0	0
意向＋交背＋给予	0	0	0
意向＋命题＋给予	0	0	0

第五章　自闭症儿童语用障碍问题的干预

调用 知识+语言+行为类型　　　姓名	BB	ZHY	HSM
意向+已图+给予	0	0	0
程知+交需+给予	0	0	0
程知+心智+给予	0	0	0
程知+社互+给予	0	0	15
程知+交背+给予	0	0	0
程知+命题+给予	0	0	0
程知+已图+给予	0	0	0
想象+交需+给予	0	0	0
想象+心智+给予	0	0	0
想象+社互+给予	0	0	0
想象+交背+给予	0	0	0
想象+命题+给予	0	0	0
想象+已图+给予	0	0	0
社知+交需+展示	0	0	0
社知+心智+展示	0	0	0
社知+社互+展示	0	0	0
社知+交背+展示	0	0	0
社知+命题+展示	0	0	0
社知+已图+展示	0	0	0
感知+交需+展示	0	0	0
感知+心智+展示	0	0	0

调用 知识+语言+行为类型　　　姓名	BB	ZHY	HSM
感知+社互+展示	0	0	0
感知+交背+展示	0	0	0
感知+命题+展示	0	0	0
感知+已图+展示	0	0	0
陈知+交需+展示	0	0	0
陈知+心智+展示	0	0	0
陈知+社互+展示	0	0	0
陈知+交背+展示	0	0	0
陈知+命题+展示	0	0	0
陈知+已图+展示	0	0	0
意向+交需+展示	0	0	0
意向+心智+展示	0	0	0
意向+社互+展示	0	0	0
意向+交背+展示	0	0	0
意向+命题+展示	0	0	0
意向+已图+展示	0	0	0
程知+交需+展示	0	0	0
程知+心智+展示	0	0	0
程知+社互+展示	0	0	0
程知+交背+展示	0	0	0
程知+命题+展示	0	0	0

170

调用 知识+语言+行为类型　　姓名	BB	ZHY	HSM
程知+已图+展示	0	0	0
想象+交需+展示	0	0	0
想象+心智+展示	0	0	0
想象+社互+展示	0	0	0
想象+交背+展示	0	0	0
想象+命题+展示	0	0	0
想象+已图+展示	0	0	0
社知+交需+位置	0	0	0
社知+心智+位置	0	0	5
社知+社互+位置	4	18	15
社知+交背+位置	0	0	0
社知+命题+位置	0	0	0
社知+已图+位置	0	0	0
感知+交需+位置	0	0	0
感知+心智+位置	0	0	0
感知+社互+位置	0	0	0
感知+交背+位置	0	0	0
感知+命题+位置	0	0	0
感知+已图+位置	0	0	0
陈知+交需+位置	0	0	0
陈知+心智+位置	0	0	0

调用 知识+语言+行为类型　　姓名	BB	ZHY	HSM
陈知＋社互＋位置	0	0	0
陈知＋交背＋位置	0	0	0
陈知＋命题＋位置	0	0	0
陈知＋已图＋位置	0	0	11
意向＋交需＋位置	0	0	0
意向＋心智＋位置	0	0	0
意向＋社互＋位置	0	0	0
意向＋交背＋位置	0	0	0
意向＋命题＋位置	0	0	0
意向＋已图＋位置	0	0	0
程知＋交需＋位置	0	0	0
程知＋心智＋位置	0	0	0
程知＋社互＋位置	0	0	0
程知＋交背＋位置	0	0	0
程知＋命题＋位置	0	0	0
程知＋已图＋位置	0	13	0
想象＋交需＋位置	0	0	0
想象＋心智＋位置	0	0	0
想象＋社互＋位置	0	0	18
想象＋交背＋位置	0	0	0
想象＋命题＋位置	0	0	0

第五章　自闭症儿童语用障碍问题的干预

171

调用 姓名 知识+语言+行为类型	BB	ZHY	HSM
想象+已图+位置	0	0	12
社知+交需+手势	11	0	0
社知+心智+手势	0	0	0
社知+社互+手势	0	0	0
社知+交背+手势	0	0	0
社知+命题+手势	0	0	0
社知+已图+手势	0	0	0
感知+交需+手势	0	0	0
感知+心智+手势	0	0	0
感知+社互+手势	0	0	0
感知+交背+手势	0	0	0
感知+命题+手势	0	0	0
感知+已图+手势	0	0	0
陈知+交需+手势	0	0	0
陈知+心智+手势	0	0	0
陈知+社互+手势	0	0	0
陈知+交背+手势	0	0	0
陈知+命题+手势	0	0	0
陈知+已图+手势	2	0	0
意向+交需+手势	0	0	0
意向+心智+手势	0	0	0

调用 知识＋语言＋行为类型　姓名	BB	ZHY	HSM
意向＋社互＋手势	0	0	0
意向＋交背＋手势	0	0	0
意向＋命题＋手势	0	0	0
意向＋已图＋手势	0	0	0
程知＋交需＋手势	0	0	0
程知＋心智＋手势	0	0	0
程知＋社互＋手势	0	20	0
程知＋交背＋手势	0	0	0
程知＋命题＋手势	0	0	0
程知＋已图＋手势	0	0	0
想象＋交需＋手势	0	0	0
想象＋心智＋手势	0	0	0
想象＋社互＋手势	0	0	0
想象＋交背＋手势	0	0	0
想象＋命题＋手势	0	0	0
想象＋已图＋手势	0	0	0

可见,在基线期(见表5.30),患儿BB在会话阶段同时调用知识＋语言＋行为的类型及数量较少,主要集中于在具有交际需求时通过调用社会规约性知识并借助给予物品的方式或面部表情或手势指示的方式发起会话。在有社会互动环境的情况下,患儿偶尔也会通过调用社会规约性知识并借助面部表情、位置移动或给予物品的方式发起会话。但是该患儿只限于在某些熟悉的人面前调用社会规约性知识,如康复师或母

第五章　自闭症儿童语用障碍问题的干预

亲。同时,患儿还可在社会互动环境的提示下偶尔通过调用陈述性知识或社会规约性知识并借助给予物品的方式发起会话。这也说明,社会互动环境会为患儿提供一定的情境信息,患儿可以调用简单的陈述性知识或基本的社会规约性知识,通过给予物品的方式引起受话人的注意,希望受话人有所察觉,并为其发起会话。患儿 ZHY 所调用的数量比 BB 略多,但类型有所减少。具体为 ZHY 在具有交际需求或在社会互动环境的提示下通过调用社会规约性知识并通过面部表情的方式发起会话。此外,该患儿还可在社会互动环境的帮助下通过调用有限的陈述性知识并通过给予物品的方式发起会话,希望受话人予以帮助。如该患儿想喝放在康复师桌子上的旺仔牛奶,此外他知道按照常识而言,只有完成与康复师的训练任务才可以得到奖励的牛奶,因此他通过给予积木的方式希望通过准确完成任务获得奖励。此外,该患儿还可在社会互动环境的提示下通过调用社会规约性知识与位置移动的方式以及通过调用头脑中已有图式并借助程序性知识及位置移动的方式,或在社会互动环境的帮助下通过调用程序性知识或借助于手势指示发起会话。可见,患儿可以利用稍微多样的方式发起会话,虽然数量并不多,但已涉及程序性知识并可以调用有限的已有图式。患儿 HSM 所调用的数量和类型在三名患儿之中堪为最多。HSM 在社会互动环境或交际需求的驱使下可调用社会规约性知识并通过面部表情发起会话,但是与 ZHY 相比,调用的数量有所递减,说明随着年龄的递增,患儿可以将所要传递的话语意图明晰化,并不仅仅借助于面部表情予以传达。同时,研究发现,HSM 还可在调用心智状态时借助社会规约性知识以及面部表情或位置移动的方式发起会话。此外,该患儿还会在意向性知识的帮助下,通过调用心智状态,借助给予物品的方式发起会话。这也折射出随着患儿年龄的增加,他们外显的需要认知加工参与的读心术能力有初步形成的征兆。而典型发育个体儿童在 4 岁左右就可以形成该能力(Heyes & Firth,2014;Schuwerk,Vuori & Sodian,2015)。此外,HSM 还可在社会互动环境的帮助下通过调用感知觉知识、陈述性知识、程序性知识、社会规约性知识或想象性知识以及行为动作(如,面部表情、身体触碰、给予物品、位置移动)的方式发起会话。可见,患儿可以语境为明示信息,并通过调用多种知识及行为方式传递交往意愿。再者,我们还发现,患儿 HSM 还可以调用头脑中的已有图式并通过借助于意向性知识或陈述性知识或想象性知识在面部表情或位置移动等行为的帮助下达成会话发起之目的。这说明,患儿 HSM 调取头脑中已有图式的能力可能有提高的趋势。

三名患儿在干预期所调用的知识＋语言＋行为子类型如下。

表 5.31　三名患儿在干预期所调用的知识＋语言＋行为子类型情况

调用 知识＋语言＋行为类型 ＼ 姓名	BB	ZHY	HSM
社知＋交需＋面部	11	34	20
社知＋心智＋面部	0	6	15
社知＋社互＋面部	12	31	37
社知＋交背＋面部	0	0	0
社知＋命题＋面部	0	0	0
社知＋已图＋面部	0	0	0
感知＋交需＋面部	0	0	0
感知＋心智＋面部	0	0	0
感知＋社互＋面部	0	0	22
感知＋交背＋面部	0	0	0
感知＋命题＋面部	0	0	0
感知＋已图＋面部	0	0	0
陈知＋交需＋面部	0	0	0
陈知＋心智＋面部	0	0	0
陈知＋社互＋面部	0	0	0
陈知＋交背＋面部	0	0	0
陈知＋命题＋面部	0	0	0

176

调用 姓名 知识+语言+行为类型	BB	ZHY	HSM
陈知+已图+面部	0	0	0
意向+交需+面部	0	0	0
意向+心智+面部	0	0	0
意向+社互+面部	0	0	0
意向+交背+面部	0	0	0
意向+命题+面部	0	0	0
意向+已图+面部	0	0	25
程知+交需+面部	0	0	0
程知+心智+面部	0	0	0
程知+社互+面部	0	0	0
程知+交背+面部	0	0	0
程知+命题+面部	0	0	0
程知+已图+面部	0	0	0
想象+交需+面部	0	0	0
想象+心智+面部	0	0	0
想象+社互+面部	0	0	0
想象+交背+面部	0	0	0
想象+命题+面部	0	0	0
想象+已图+面部	0	0	0
社知+交需+身触	0	0	0
社知+心智+身触	0	0	0

调用 知识+语言+行为类型　　姓名	BB	ZHY	HSM
社知＋社互＋身触	0	0	0
社知＋交背＋身触	0	0	0
社知＋命题＋身触	0	0	0
社知＋已图＋身触	0	0	0
感知＋交需＋身触	0	0	0
感知＋心智＋身触	0	0	7
感知＋社互＋身触	0	0	0
感知＋交背＋身触	0	0	0
感知＋命题＋身触	0	0	0
感知＋已图＋身触	0	0	0
陈知＋交需＋身触	0	0	0
陈知＋心智＋身触	0	0	0
陈知＋社互＋身触	0	0	18
陈知＋交背＋身触	0	0	0
陈知＋命题＋身触	0	0	0
陈知＋已图＋身触	0	0	0
意向＋交需＋身触	0	0	0
意向＋心智＋身触	0	0	0
意向＋社互＋身触	0	0	0
意向＋交背＋身触	0	0	0
意向＋命题＋身触	0	0	0

第五章　自闭症儿童语用障碍问题的干预

178

调用 姓名 知识+语言+行为类型	BB	ZHY	HSM
意向＋已图＋身触	0	0	0
程知＋交需＋身触	0	0	0
程知＋心智＋身触	0	0	0
程知＋社互＋身触	0	0	0
程知＋交背＋身触	0	0	0
程知＋命题＋身触	0	0	0
程知＋已图＋身触	0	0	4
想象＋交需＋身触	0	0	0
想象＋心智＋身触	0	0	0
想象＋社互＋身触	0	0	0
想象＋交背＋身触	0	0	0
想象＋命题＋身触	0	0	0
想象＋已图＋身触	0	0	0
社知＋交需＋给予	15	0	0
社知＋心智＋给予	0	0	0
社知＋社互＋给予	9	0	0
社知＋交背＋给予	0	0	0
社知＋命题＋给予	0	0	0
社知＋已图＋给予	0	0	0
感知＋交需＋给予	0	0	0
感知＋心智＋给予	0	0	0

调用 知识+语言+行为类型　　姓名	BB	ZHY	HSM
感知 + 社互 + 给予	0	0	0
感知 + 交背 + 给予	0	0	0
感知 + 命题 + 给予	0	0	0
感知 + 已图 + 给予	0	0	0
陈知 + 交需 + 给予	0	0	0
陈知 + 心智 + 给予	0	0	0
陈知 + 社互 + 给予	9	39	0
陈知 + 交背 + 给予	0	0	0
陈知 + 命题 + 给予	0	0	0
陈知 + 已图 + 给予	0	0	0
意向 + 交需 + 给予	0	0	0
意向 + 心智 + 给予	0	6	18
意向 + 社互 + 给予	0	0	0
意向 + 交背 + 给予	0	0	0
意向 + 命题 + 给予	0	0	0
意向 + 已图 + 给予	0	0	0
程知 + 交需 + 给予	0	0	0
程知 + 心智 + 给予	0	0	0
程知 + 社互 + 给予	0	0	24
程知 + 交背 + 给予	0	0	0
程知 + 命题 + 给予	0	0	0

第五章　自闭症儿童语用障碍问题的干预

180

调用 知识+语言+行为类型 ＼ 姓名	BB	ZHY	HSM
程知＋已图＋给予	0	0	0
想象＋交需＋给予	0	0	0
想象＋心智＋给予	0	0	0
想象＋社互＋给予	0	0	0
想象＋交背＋给予	0	0	0
想象＋命题＋给予	0	0	0
想象＋已图＋给予	0	0	0
社知＋交需＋展示	0	0	0
社知＋心智＋展示	0	0	0
社知＋社互＋展示	0	0	0
社知＋交背＋展示	0	0	0
社知＋命题＋展示	0	0	0
社知＋已图＋展示	0	0	0
感知＋交需＋展示	0	0	0
感知＋心智＋展示	0	0	0
感知＋社互＋展示	0	0	0
感知＋交背＋展示	0	0	0
感知＋命题＋展示	0	0	0
感知＋已图＋展示	0	0	0
陈知＋交需＋展示	0	0	0
陈知＋心智＋展示	0	0	0

调用 知识＋语言＋行为类型＼姓名	BB	ZHY	HSM
陈知＋社互＋展示	0	0	0
陈知＋交背＋展示	0	0	0
陈知＋命题＋展示	0	0	0
陈知＋已图＋展示	0	0	0
意向＋交需＋展示	0	0	0
意向＋心智＋展示	0	0	0
意向＋社互＋展示	0	0	0
意向＋交背＋展示	0	0	0
意向＋命题＋展示	0	0	0
意向＋已图＋展示	0	0	0
程知＋交需＋展示	0	0	0
程知＋心智＋展示	0	0	0
程知＋社互＋展示	0	0	0
程知＋交背＋展示	0	0	0
程知＋命题＋展示	0	0	0
程知＋已图＋展示	0	0	0
想象＋交需＋展示	0	0	0
想象＋心智＋展示	0	0	0
想象＋社互＋展示	0	5	0
想象＋交背＋展示	0	0	0
想象＋命题＋展示	0	0	0

182

调用 知识+语言+行为类型　　　　姓名	BB	ZHY	HSM
想象＋已图＋展示	0	0	0
社知＋交需＋位置	0	0	0
社知＋心智＋位置	0	0	15
社知＋社互＋位置	10	38	35
社知＋交背＋位置	0	0	0
社知＋命题＋位置	0	0	0
社知＋已图＋位置	0	0	0
感知＋交需＋位置	0	0	0
感知＋心智＋位置	0	0	0
感知＋社互＋位置	0	0	0
感知＋交背＋位置	0	0	0
感知＋命题＋位置	0	0	0
感知＋已图＋位置	0	0	0
陈知＋交需＋位置	0	0	0
陈知＋心智＋位置	0	0	0
陈知＋社互＋位置	0	0	0
陈知＋交背＋位置	0	0	0
陈知＋命题＋位置	0	0	0
陈知＋已图＋位置	0	5	18
意向＋交需＋位置	0	0	0
意向＋心智＋位置	0	0	0

调用 知识+语言+行为类型　　姓名	BB	ZHY	HSM
意向＋社互＋位置	0	0	0
意向＋交背＋位置	0	0	0
意向＋命题＋位置	0	0	0
意向＋已图＋位置	0	0	0
程知＋交需＋位置	0	0	0
程知＋心智＋位置	0	0	0
程知＋社互＋位置	0	0	0
程知＋交背＋位置	0	0	0
程知＋命题＋位置	0	0	0
程知＋已图＋位置	0	25	0
想象＋交需＋位置	0	0	0
想象＋心智＋位置	0	0	0
想象＋社互＋位置	0	0	27
想象＋交背＋位置	0	0	0
想象＋命题＋位置	0	0	0
想象＋已图＋位置	0	0	12
社知＋交需＋手势	14	0	0
社知＋心智＋手势	0	0	0
社知＋社互＋手势	0	0	0
社知＋交背＋手势	0	0	0
社知＋命题＋手势	0	0	0

第五章　自闭症儿童语用障碍问题的干预

184

调用 知识+语言+行为类型　　姓名	BB	ZHY	HSM
社知＋已图＋手势	0	0	0
感知＋交需＋手势	0	0	0
感知＋心智＋手势	0	0	0
感知＋社互＋手势	0	0	0
感知＋交背＋手势	0	0	0
感知＋命题＋手势	0	0	0
感知＋已图＋手势	0	0	0
陈知＋交需＋手势	0	0	0
陈知＋心智＋手势	0	0	0
陈知＋社互＋手势	0	0	0
陈知＋交背＋手势	0	0	0
陈知＋命题＋手势	0	0	0
陈知＋已图＋手势	7	0	0
意向＋交需＋手势	0	0	0
意向＋心智＋手势	0	0	0
意向＋社互＋手势	0	0	0
意向＋交背＋手势	0	0	0
意向＋命题＋手势	0	0	0
意向＋已图＋手势	0	0	0
程知＋交需＋手势	0	0	0
程知＋心智＋手势	0	0	0

调用 知识＋语言＋行为类型　姓名	BB	ZHY	HSM
程知＋社互＋手势	4	41	0
程知＋交背＋手势	0	0	0
程知＋命题＋手势	0	0	0
程知＋已图＋手势	0	0	0
想象＋交需＋手势	0	0	0
想象＋心智＋手势	0	0	0
想象＋社互＋手势	0	0	0
想象＋交背＋手势	0	0	0
想象＋命题＋手势	0	0	0
想象＋已图＋手势	0	0	0

　　可见，在干预期的患儿 BB 所调用的语用指标数量均比在基线期时的多，此外，与基线期相比，处于干预期的该患儿还可以基于社会互动环境调用程序性知识并通过手势的方式发起会话。在患儿 ZHY 所调用的语用指标类型与数量也较基线期多。此外，该患儿偶尔还可调用心智状态并借助于社会规约性知识和面部表情的方式发起会话。如该患儿看到受话人对其微笑，便会调用心智状态认为受话人心情愉悦，并通过称呼受话人的方式传递所调用的社会规约性知识，此外还通过"微笑"这一面部表情对受话人进行回应。再者，该患儿还可在考虑心智状态的同时通过调用意向性知识并借助于给予物品的方式发起会话。同时，我们还发现，该患儿有时还可在社会互动环境的提示下通过调用想象性知识并借助展示物品的方式发起会话。另外，患儿 ZHY 偶尔还可通过调用已有图式和陈述性知识并借助位置移动的方式发起会话。而患儿 HSM 所调用的语用指标数量和类型也比基线期时的多。此外，HSM 还可偶尔在调用感知性知识的同时调用心智状态并可通过身体触碰的方式发起

186

会话,同时,该患儿有时还可通过调用已有图式以及程序性知识并通过身体触碰的方式发起会话。尽管患儿的触觉较为敏感,比较反感身体触碰,但随着训练的增强,他们还可以在调用感知觉知识与心智状态或调用已有图式及程序性知识的同时通过身体触碰的方式辅助会话的发起,以便与他人建立一定的和谐关系。此外,感知觉知识、心智状态及已有图式较为抽象,即患儿不知如何进行调用,需要受话人为患儿提供帮助,以便完成会话的发起,身体触碰这一方式正好起到催化剂的作用,使受话人对患儿予以关注并提供适切的帮助(见表 5.31)。

(三)会话维持能力

会话发起后,患儿需要掌握一定的会话维持能力才可确保会话的正常进行。通过比较主题互动游戏干预前后患儿调用知识、语言、行为及其交互关系的数量变化来考察主题互动游戏对患儿会话维持的效果。

1. 知识维持数量

表 5.32 显示三名患儿在干预前后知识维持数量在阶段内和阶段间的变化分析结果。

表 5.32 会话维持阶段调用知识在每个阶段内的变化趋势

条 目	BB		ZHY		HSM	
干预阶段	I 1	II 1	I 2	II 2	I 3	II 3
阶段长度	8	24	16	16	24	8
水平范围	3 - 15	24 - 45	25 - 40	33 - 54	29 - 50	39 - 59
水平变化	12	21	15	21	21	20
平均值	10.90	36.45	33.39	46.87	37.90	45.52
Z 值	0.31	2.07**	− 0.03	2.01**	1.27	1.71
C 值	0.07	0.38	− 0.01	0.44	0.27	0.53

注:** 表示 $p < 0.01$,干预期和基线期的数据具有显著性差异。

从基线期到干预期的曲线总体趋势来看,三名患儿借助知识维持会话的数量在基线期波动较为明显,以 BB 最为显著,但整体而言,三名患儿在基线期的数据均较为稳定。在干预期,三名患儿的数据仍有波动,但呈上升态势,说明主题互动游戏对患儿借助知识维持会话提高的效果较为显著。

具体而言,三名患儿在基线期的知识维持数量分别为 3－15、25－40、29－50,可见三名患儿在基线期的水平差异较为明显。C 值结果表明,三名患儿在基线期无显著性差异,可对其进行干预。

在干预期,三名患儿的稳定性与基线期相比有所下降。但 C 值显示,其数据均不存在显著性差异,即他们所调用的数量变化较为稳定。

就每个阶段的平均值而言(见图 5.8),I 1 = 10.90 < II 1 = 36.45,I 2 = 33.39 < II 2 = 46.87,I 3 = 37.90 < II 3 = 45.52,三名患儿在会话维持阶段调用知识的数量有所递增。三名患儿在基线期和干预期的数据重合比均为 0%、0%、54.84%,说明 BB 和 ZHY 的干预效果较为显著。同时,三名患儿的阶段间 C 值结果($C1 = 0.35, Z1 = 2.21, p < 0.01$; $C2 = 0.96, Z2 = 5.31, p < 0.01$; $C3 = 0.07, Z3 = 4.95, p < 0.01$)显示均具有显著性差异,说明三名患儿在进入干预期后,干预效果显著。

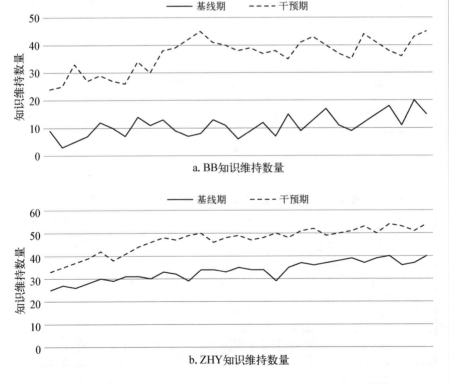

a. BB知识维持数量

b. ZHY知识维持数量

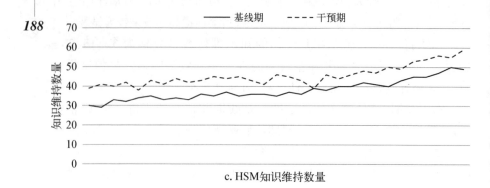

c. HSM知识维持数量

图 5.8　三名患儿知识维持数量变化曲线图

具体来看,三名患儿在会话维持阶段调用知识子类型情况如下。

表 5.33　三名患儿在基线期所调用的知识子类型情况

调用知识 类型 姓名	社会规约 性知识	感知觉 知识	陈述性 知识	意向性 知识	程序性 知识	想象性 知识
BB	56	58	47	59	73	45
ZHY	177	172	173	175	183	155
HSM	199	197	195	200	224	160

三名患儿在干预期所调用的知识子类型如下。

表 5.34　三名患儿在干预期所调用的知识子类型情况

调用知识 类型 姓名	社会规约 性知识	感知觉 知识	陈述性 知识	意向性 知识	程序性 知识	想象性 知识
BB	191	194	185	188	197	175
ZHY	242	247	243	241	252	228
HSM	235	237	236	240	246	217

表 5.33 显示,在基线期,三名患儿借助社会规约性知识、感知觉知识、陈述性知识、意向性知识以及程序性知识来维持会话的能力尚可,但是调用想象性知识来维持会话的能力较弱。其中,三名患儿调用程序性知识的情况最多,说明患儿的机械记忆与视觉记忆具有较强的优势,由于机械记忆不需要患儿灵活整合信息,识别物体时也会有诸多暗示,因此患儿可以将所见到的物体与情景准确地描述或实践出来。有研究表明,患儿的程序性记忆远超过事件性回忆,他们在程序性记忆任务中的表现和对照组同样好(周念丽,2015:14)。但是,患儿在会话维持中调用想象性知识的情况差强人意。同会话发起时一样,患儿的想象性能力较弱,他们不善于观察世界,导致其创造性思维和创造性想象存在问题。尽管如此,在会话维持阶段,患儿在他人的提示下,其想象力知识调用情况要好于会话发起阶段。此外,我们还注意到,BB 在基线期时,其调用陈述性知识的数量也较少,表明低龄患儿在会话维持阶段还较难厘清命题之间的逻辑关系,并借此维持会话。在干预期,三名患儿调用知识子类型的数量均有提升,且调用比例均衡,这说明患儿在经过主题互动游戏干预后,提高效果良好。但值得注意的是,HSM 在干预期后,其调用知识子类型的数量并没有比 ZHY 多。进一步分析语料发现,患儿 ZHY 在会话维持的意图中不断通过调用知识各子类型实施请求,而 HSM 往往是简单回应,其更接近于典型发育儿童维持会话的方式。此外,还可以观察到患儿的想象性知识的调用虽有提高,但与其他知识各子类型相比,还是略微偏少(见表 5.34)。

2. 语言维持数量

表 5.35 展示出三名患儿在干预前后语言数量的阶段内和阶段间变化情况。

表 5.35　会话维持阶段调用语言在每个阶段内的变化趋势

条　目	BB		ZHY		HSM	
干预阶段	I 1	II 1	I 2	II 2	I 3	II 3
阶段长度	8	24	16	16	24	8

条　目	BB		ZHY		HSM	
水平范围	30 - 40	38 - 45	38 - 42	44 - 55	43 - 53	58 - 66
水平变化	10	7	4	11	10	8
平均值	32.83	42.07	39.13	50.13	44.87	62.57
Z 值	- 1.51	0.65	- 0.21	0.05**	- 0.22	1.53**
C 值	- 0.43	- 0.04	0.62	0.01	- 0.03	0.52

从基线期到干预期的曲线整体趋势来看,三名患儿调用语言维持会话的数量在基线期的数据波动较为显著,且走向各有差异,HSM 的总体趋势趋于上升,而 BB 的趋势稍有下降,ZHY 的总体走向是保持在小范围内波动。在干预期,三名患儿的数据仍有所波动,但均呈上升态势,说明主题互动游戏对患儿调用语言维持会话的提高较为显著。

具体而言,三名患儿在基线期调用语言的数量分别为 30 - 40、38 - 42、43 - 53,基线水平差异较为显著。同时,C 值提示,三名患儿在基线期的数据并无显著性差异,可进入干预期。

在干预期,三名患儿的数据较为稳定,C 值结果显示,三名患儿在干预期的数据不存在显著性差异,说明在干预期,患儿语言数量变化较为稳定。

就每个阶段的平均值而言,I 1 = 32.83＜II 1 = 42.07;I 2 = 39.13＜II 2 = 50.13;I 3 = 44.87＜II 3 = 62.57,三名患儿调用语言数量均有所增加。同时,他们在基线期和干预期之间的数据重合比分别为 10%、0%、0%,ZHY 和 HSM 的阶段间 C 值($C2 = 0.68$,$Z2 = 4.13$,$p < 0.01$;$C3 = 0.39$,$Z3 = 2.37$,$p < 0.01$)均呈现显著性差异,说明上述两名患儿进入干预期后,干预效果良好;而 BB 的语言调用数量虽有所增加,但还未达到显著水平。

具体来看,三名患儿在会话维持阶段调用语言子类型情况如下。

表 5.36 会话维持阶段调用语言在每个阶段内的变化趋势

姓名＼调用语言类型	交际需求	心智状态	社会互动环境	交际背景	命题态度	已有图式
BB	260	13	228	197	23	233
ZHY	305	29	278	221	46	295
HSM	345	37	306	283	54	321

表 5.37 三名患儿在干预期所调用的语言子类型情况

姓名＼调用语言类型	交际需求	心智状态	社会互动环境	交际背景	命题态度	已有图式
BB	329	43	285	276	53	276
ZHY	377	56	318	332	78	343
HSM	471	89	395	387	94	441

表 5.36 显示,在基线期,患儿在会话维持阶段考虑到受话人具有社交沟通需求情况尚可,但是辨别受话人的情绪或表情存在相当大的困难。此外,患儿在受话人的提示下可略微关注社会互动环境,说出与"此时此地"情境相匹配的话语,但他们并不能根据受话人的社会地位适宜地承接话语。如果与康复师或监护人就绘本内容进行问题作答,患儿可调用交际背景,识别绘本图片信息,维持会话。但是,对于命题态度的调用,患儿还需要受话人的协助,即,受话人明确地向患儿提问,使其说出对某一事件的情感或态度表达,比如,"你喜欢小猪佩奇吗?"患儿才会对此进行回应。患儿主动表达出他们命题态度的情况较少。患儿调用已有图式维持会话的数量居中,说明患儿的记忆力较强,具有"照相式"的记忆特点,对某些动物名册、音乐曲目记忆犹新,因此较为容易调用该方面的已有图式,但对抽象的事物记忆差,比如对计量单位等的识记和调取均有困难。在干预期(见表 5.37),三名患儿调用各语言子维度的数量均有显著提升。其中,他们调用社会互动环境维持会话的情况较好,这

也与患儿在基线期已经熟悉话题有关。同时,随着年龄的增长,三名患儿的交际需求越来越明确,社交沟通较具有目的性。心智状态、命题态度、已有图式、交际背景的调用同样是随着年龄的增长,效果更为明显。总之,三名患儿在会话维持过程中较为被动的情况有所好转。

3. 行为维持数量

表 5.38 显示三名患儿干预前后调用行为数量的阶段内和阶段间变化分析结果。

表 5.38　会话维持阶段调用行为在每个阶段内的变化趋势

条　目	BB		ZHY		HSM	
干预阶段	Ⅰ1	Ⅱ1	Ⅰ2	Ⅱ2	Ⅰ3	Ⅱ3
阶段长度	8	24	16	16	24	8
水平范围	30 - 43	38 - 45	37 - 41	43 - 55	41 - 49	58 - 65
水平变化	13	7	4	12	8	7
平均值	33.5	41.93	38.83	49.37	45.4	62.73
Z 值	- 0.11	- 0.64	2.65	- 1.32**	- 0.21	3.91**
C 值	- 0.54	0.62	0.64	- 0.29	- 0.36	- 0.12

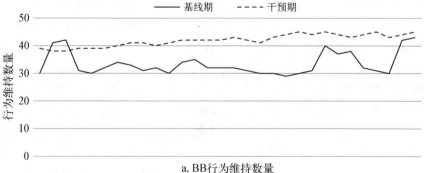

a. BB行为维持数量

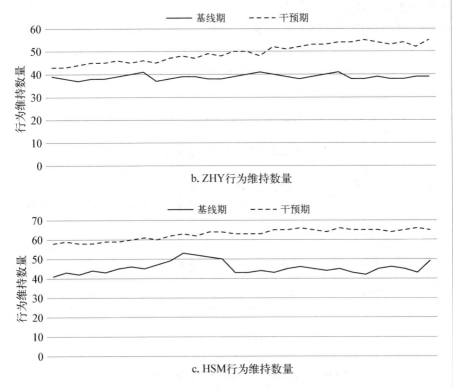

b. ZHY行为维持数量

c. HSM行为维持数量

图 5.9　三名患儿调用行为维持数量变化曲线图

　　就基线期到干预期的曲线变化情况来看（见图 5.9），三名患儿调用行为的数量在基线期的波动较大。但整体而言，三名患儿在基线期的数据走向较为平稳。在进入干预期后，三名患儿的数据还是具有波动性，但均呈现出上升趋势，说明主题互动游戏对患儿调用行为的提高作用显著。

　　具体而言，三名患儿在基线期调用行为的数量分别为 33.5、38.83、45.4，由此可知，三名患儿在基线期的水平差异较为显著，在基线期的水平稳定性尚可。C 值显示，三名患儿在基线期无显著性差异，可进入干预期。

　　进入干预期后，三名患儿的稳定性虽有所下降，但 C 值显示，三名患儿在干预期的数据均未出现显著性差异，说明干预期调用行为的数量变化较为稳定。

　　就每个阶段的平均值而言，三名患儿调用行为来维持会话的数量略

有增加。三名患儿在基线期与干预期的数据重合比分别是 16.67%、

0%、0%，ZHY 和 HSM 的阶段间 C 值（$C2 = 0.87, Z2 = 5.06, p < 0.01$；$C3 = 0.77, Z3 = 4.47, p < 0.01$）均呈现显著性差异，说明上述两名患儿进入干预期后，干预效果良好；而 BB 在维持阶段的行为调用数量虽有所增加，但还未达到显著水平。

具体来看，三名患儿在会话维持阶段调用行为子类型情况如下。

表 5.39　三名患儿在基线期所调用的行为子类型情况

姓名 ＼ 调用行为类型	面部表情	身体触碰	给予物体	展示物品	位置移动	手势指示
BB	23	2	12	10	466	492
ZHY	80	27	45	32	479	502
HSM	187	30	50	49	512	534

三名患儿在干预期所调用的行为子类型如下。

表 5.40　三名患儿在干预期所调用的行为子类型情况

姓名 ＼ 调用行为类型	面部表情	身体触碰	给予物体	展示物品	位置移动	手势指示
BB	238	67	245	256	267	185
ZHY	267	73	274	265	298	304
HSM	334	88	324	473	341	322

表 5.39 显示，在基线期，患儿主要通过位置移动、手势指示来进行会话维持。而调用给予物品、展示物品、面部表情、身体触碰等行为来维持会话的数量较少且呈递减趋势。具体而言，在说话人反复强调患儿需要关注某事物之时或询问患儿某物品所处的位置时，患儿才会通过位置移动或手势指示的方式进行回复，从而维持会话。在干预期，患儿调用各行为子类型的数量和质量均有所提高（见表 5.40），说明经过干预之后，

患儿可以借助诸多行为来维持会话,并了解行为可以表达情感,传达人与人之间的态度,且有助于话轮交替、反馈与注意(Wundt,1973)。

4. 知识 + 语言维持数量

表 5.41 展示三名患儿在干预前后同时调用知识和语言维持数量的阶段内和阶段间变化分析结果。

表 5.41　会话维持阶段调用知识 + 语言在每个阶段内的变化趋势

条　目	BB		ZHY		HSM	
干预阶段	I 1	II 1	I 2	II 2	I 3	II 3
阶段长度	8	24	16	16	24	8
水平范围	30 - 35	38 - 44	39 - 42	44 - 51	43 - 48	58 - 61
水平变化	5	6	3	7	6	3
平均值	31.23	41.93	39.47	48.57	44.07	59.63
Z 值	0.33	- 0.27	0.37	0.53	- 0.16	0.66
C 值	0.65	- 1.29	0.89	1.88	- 0.84	1.70

从基线期到干预期的曲线总体趋势图来看(见图 5.10),三名患儿同时借助知识和语言来维持会话的数量在基线期的波动情况较为凸显,其中,HSM 最为显著。相对而言,三名患儿在基线期的数据比较平稳;在干预期,他们的数据仍存在波动,但总体还是呈现上升趋势,这表明主题互动游戏对患儿同时借助知识和语言维持会话能力的提高具有一定的效果。

具言之,在基线期,上述三名患儿同时调用知识和语言维持会话的数量分别为 30 - 35、39 - 42、43 - 48 区间,因此可以说他们在基线期的水平差异比较明显。此外,C 值结果表明,三名患儿在基线期并没有显著性差异,可以对他们予以干预。

与基线期相比,三名患儿在干预期的稳定性有所下跌。而 C 值结果表明,数据并不具有显著性差异。换言之,三名患儿所用的数量变化比较稳定。

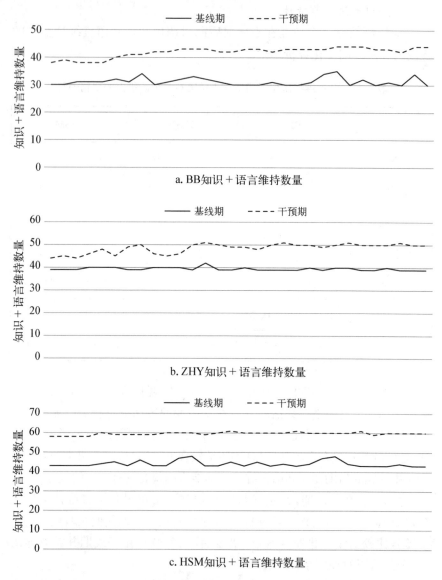

图 5.10　三名患儿调用知识＋语言维持数量变化曲线图

观察每个阶段的平均值发现，I 1 = 31.23＜II 1 = 41.93，I 2 = 39.47＜II 2 = 48.57，I 3 = 44.07＜II 3 = 59.63，三名患儿在会话维持阶段同时调用知识和语言的数量逐渐增多。他们在基线期和干预期数据的重合比均为 0%，说明患儿的干预效果都比较明显。此外，三名患儿的阶段间 C 值为（$C1 = 0.51, Z = 2.89, p < 0.01; C2 = 0.49, Z = 2.93, p < 0.01; C3 = 0.73, Z3 = 2.36, p < 0.01$），表明所有患儿在进行主题干预游戏中效果较为显著。

具体而言，三名患儿在会话维持阶段同时调用知识＋语言子类型的情况如下。

表 5.42　三名患儿在基线期所调用的知识＋语言子类型情况

调用 知识＋语言类型　　姓名	BB	ZHY	HSM
社知＋交需	0	30	45
感知＋交需	76	86	92
陈知＋交需	75	84	88
意知＋交需	77	87	92
程知＋交需	39	45	50
想知＋交需	44	50	66
社知＋心智	0	0	0
感知＋心智	0	0	0
陈知＋心智	0	0	15
意知＋心智	0	0	13
程知＋心智	0	0	0
想知＋心智	0	0	0

198

调用 知识+语言类型 \ 姓名	BB	ZHY	HSM
社知+互动	0	0	0
感知+互动	69	75	87
陈知+互动	57	66	79
意知+互动	32	47	51
程知+互动	48	59	62
想知+互动	12	23	34
社知+背景	0	0	0
感知+背景	0	0	0
陈知+背景	78	89	90
意知+背景	6	22	25
程知+背景	69	77	81
想知+背景	18	37	41
社知+命题	0	0	0
感知+命题	0	0	0
陈知+命题	62	85	86
意知+命题	0	0	0
程知+命题	0	0	0
想知+命题	0	0	0
社知+已图	0	0	0

知识+语言类型　　　　　姓名	BB	ZHY	HSM
感知＋已图	0	0	0
陈知＋已图	89	104	105
意知＋已图	0	0	0
程知＋已图	63	79	80
想知＋已图	23	39	40

可见,患儿 BB 会在交际需求的驱使下主要通过调动感知觉知识、陈述性知识和意向性知识维持会话。此外,患儿还会偶尔调用程序性知识和想象性知识来维持会话。BB 在社会互动环境的提示下会调用感知觉知识、陈述性知识、意向性知识和程序性知识,但是调用的想象性知识较少。BB 还会在调用交际背景的同时调用陈述性知识和程序性知识,但是调用的想象性知识和意向性知识较少。其中,意向性知识的调用是在交际背景的提示下为物体进行命名以维持会话的进程。再者,该患儿还可在调用陈述性知识的同时调用命题态度,从而维系会话。比如,康复师指着图片中可爱的小猪说道:"小猪是不是很可爱,你很喜欢它?"此时患儿会在他人的提示下调用陈述性知识并表达命题态度,以此来维持会话的进行。结果还呈现出,BB 可以在调用已有图式的基础上调用陈述性知识或程序性知识,但是调用的想象性知识过少。而患儿 ZHY 所调用的类型基本与 BB 一致,只是所调用的数量较 BB 多,此外,ZHY 还可在交际需求的提示下通过调用社会规约性知识维持会话。对于患儿 HSM 而言,其较多调用的数量和类型均比前两名患儿多。对于所调用的类型,我们发现,HSM 可以偶尔在调用心智状态的同时调用陈述性知识或意向性知识来维持会话,但所调用的数量还不多。患儿心理理论的发展并没有遵循稳定的发展轨迹。相对而言,年长患儿识别他人的交际意图能力或对他人的心理状态进行归因的能力才初有体现(见表 5.42)。

三名患儿在干预期所调用的知识＋语言子类型如下。

表 5.43　三名患儿在干预期所调用的知识＋语言子类型情况

调用 知识＋语言类型 　　　　姓名	BB	ZHY	HSM
社知＋交需	12	36	57
感知＋交需	75	82	99
陈知＋交需	79	83	86
意知＋交需	83	89	92
程知＋交需	57	71	75
想知＋交需	78	85	91
社知＋心智	19	22	33
感知＋心智	27	31	32
陈知＋心智	0	7	16
意知＋心智	0	0	19
程知＋心智	0	0	16
想知＋心智	0	6	8
社知＋互动	45	57	68
感知＋互动	75	83	93
陈知＋互动	74	81	91
意知＋互动	51	67	87
程知＋互动	67	70	105
想知＋互动	50	53	86
社知＋背景	0	0	0

调用知识＋语言类型＼姓名	BB	ZHY	HSM
感知＋背景	0	0	0
陈知＋背景	79	89	100
意知＋背景	17	32	56
程知＋背景	71	83	98
想知＋背景	34	39	67
社知＋命题	0	0	0
感知＋命题	26	27	31
陈知＋命题	78	78	83
意知＋命题	0	0	0
程知＋命题	0	0	0
想知＋命题	0	0	0
社知＋已图	0	0	0
感知＋已图	0	0	0
陈知＋已图	84	90	92
意知＋已图	0	0	0
程知＋已图	59	60	67
想知＋已图	28	36	41

　　干预期的患儿，他们所调用的总体数量和子类型数量均有所增加。其中，BB可以在考虑他人交际需求的基础上调用社会规约性知识。此外，在干预训练后，该患儿可以在考虑心智状态的同时调用社会规约性知识或感知觉知识来维持对话。虽然所调用的数量较少，但是其心理理

论有所体现。同时,BB 还可在社会互动环境的提示下调用社会规约性知识来维持会话,可见其借助社会规约性知识来维持话题的能力也逐渐提升。患儿 ZHY 所调用的子类型数量虽然与基线期相比有所减少,但仍处于均衡发展态势。与 BB 相比,ZHY 偶尔还可在调用心智状态的同时通过陈述性知识或想象性知识来维持会话。患儿 HSM 所调用的数量和类型也较前两名患儿多,主要体现为,HSM 可以在考虑心智状态的同时调用意向性知识或程序性知识来维持会话(见表 5.43)。

5. 知识＋行为维持数量

表 5.44 表明三名患儿在干预前后同时调用知识和行为来维持会话数量的阶段内和阶段间变化分析结果。

表 5.44　会话维持阶段调用知识＋行为在每个阶段内的变化趋势

条　目	BB		ZHY		HSM	
干预阶段	I 1	II 1	I 2	II 2	I 3	II 3
阶段长度	8	24	16	16	24	8
水平范围	30 - 42	38 - 45	36 - 43	44 - 54	43 - 52	58 - 65
水平变化	12	7	7	10	9	7
平均值	33.43	42.70	39.33	50.47	47.17	62.8
Z 值	- 1.87	- 0.96	- 0.94	1.31	1.14	0.17
C 值	- 0.79	0.67	- 0.33	0.18	0.25	0.18

从基线期到干预期的曲线总体走势图看,三名患儿同时借助知识和行为维持会话的数量在基线期的波动情况较为明显,主要体现在患儿 HSM 的数据上。整体来看,三名患儿在基线期的数据较为平稳。在干预期,三名患儿的数据仍具有波动性,但整体还是属于上升态势,这说明主题互动游戏对患儿同时借助知识和行为维持会话能力的提高具有一定的作用(见图 5.11)。

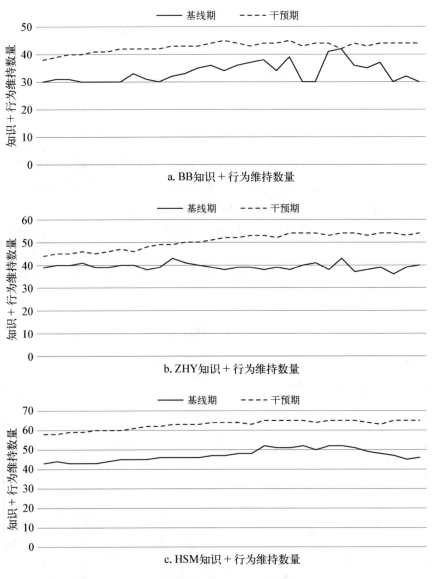

a. BB知识＋行为维持数量

b. ZHY知识＋行为维持数量

c. HSM知识＋行为维持数量

图5.11　三名患儿调用知识＋行为维持数量变化曲线图

具体而言,在基线期,三名患儿同时调用知识和行为维持会话的数量分别在 30 - 42、36 - 43、43 - 52 区间,因此可以说他们在基线期的水平差异比较明显。此外,C 值结果表明,三名患儿在基线期并未呈现显著性差异,可以对他们予以干预。

与基线期相比,三名患儿在干预期的稳定性有所下降。而 C 值结果表明,数据并不具有显著性差异。换言之,三名患儿所使用的数量变化比较稳定。

就每个阶段的平均值而言,I 1 = 33.43＜II 1 = 42.7,I 2 = 39.33＜II 2 = 50.47,I 3 = 47.17＜II 3 = 62.8,三名患儿在会话维持阶段同时调用知识和行为的数量逐渐增多。他们在基线期和干预期数据的重合比均为 0%,说明患儿的干预效果都较为明显。此外,三名患儿的阶段间 C 值为($C1 = 0.56, Z1 = 2.89, p＜0.01; C2 = 0.67, Z2 = 3.96, p＜0.01; C3 = 0.79, Z3 = 4.59, p＜0.01$),表明三名患儿在进行主题干预游戏中效果良好。

具体而言,三名患儿在会话维持阶段同时调用知识＋行为子类型的情况如下。

表 5.45　三名患儿在基线期所调用的知识＋行为子类型情况

调用 知识＋行为类型 ＼ 姓名	BB	ZHY	HSM
社知＋展示	0	0	0
社知＋身触	0	0	0
社知＋给予	0	0	0
社知＋位移	0	0	0
社知＋手势	90	109	134
社知＋点头	0	0	0
社知＋摇头	0	0	0
社知＋模仿	0	0	0

知识 + 行为类型　　姓名	BB	ZHY	HSM
社知 + 面部	0	0	0
感知 + 展示	0	0	0
感知 + 身触	0	37	66
感知 + 给予	111	119	142
感知 + 位移	103	112	133
感知 + 手势	0	0	0
感知 + 点头	99	118	135
感知 + 摇头	115	121	139
感知 + 模仿	120	127	141
感知 + 面部	100	107	122
陈知 + 展示	98	109	110
陈知 + 身触	0	0	0
陈知 + 给予	84	89	96
陈知 + 位移	0	0	0
陈知 + 手势	82	91	97
陈知 + 点头	0	0	0
陈知 + 摇头	0	0	0
陈知 + 模仿	0	0	0
陈知 + 面部	0	0	0
意知 + 展示	0	0	0

206

调用知识 + 行为类型 \ 姓名	BB	ZHY	HSM
意知 + 身触	0	0	0
意知 + 给予	0	0	0
意知 + 位移	0	0	0
意知 + 手势	0	0	0
意知 + 点头	0	0	0
意知 + 摇头	0	0	0
意知 + 模仿	0	0	0
意知 + 面部	0	0	0
程知 + 展示	0	41	59
程知 + 身触	0	0	0
程知 + 给予	0	0	0
程知 + 位移	0	0	0
程知 + 手势	0	0	0
程知 + 点头	0	0	0
程知 + 摇头	0	0	0
程知 + 模仿	0	0	0
程知 + 面部	0	0	0
想知 + 展示	0	0	23
想知 + 身触	0	0	0
想知 + 给予	0	0	0

调用知识 + 行为类型　　姓名	BB	ZHY	HSM
想知 + 位移	0	0	0
想知 + 手势	0	0	18
想知 + 点头	0	0	0
想知 + 摇头	0	0	0
想知 + 模仿	0	0	0
想知 + 面部	0	0	0

　　对于 BB 而言,他主要借助感知觉知识并通过给予、位置移动、点头赞同、摇头拒绝、模仿或面部表情等方式维持会话。患儿在听到声音或目光在追随说话人手中的物品时会借助上述行为予以回应,维持会话。此外,该患儿还可在调用社会规约性知识的同时通过手势来维持会话。比如,康复师告诉 BB,妈妈要回去了,请 BB 跟妈妈道别,BB 便调用头脑中关于礼节方面的社会规约性知识,通过挥手来传递告别的交际目的。再者,患儿会在调用有限的陈述性知识的同时通过展示物品、给予物品、手势指示等方式维持会话。ZHY 所调用的知识和行为的类型基本与 BB 趋同,只是所调用的数量有所递增。与 BB 相比,ZHY 会在调用感知觉知识的同时通过身体触碰或在调用程序性知识的同时通过展示物品的方式来维持会话。与 BB 和 ZHY 相比,HSM 所调用的知识和行为的类型和数量均有所增长。具体为,HSM 会在调用想象性知识的同时通过展示物品或手势指示的方式维持会话。比如,康复师在叙述小鸭子找妈妈的故事时说道:"小鸭子一觉醒来,看到妈妈不见了,伤心地哭了起来。"康复师继续问道:"妈妈去哪里了?"患儿便会调用想象性知识拿着手里的棉花糖进行展示,意在回复康复师,妈妈去买棉花糖了;或者通过手指窗外的方式意欲回答康复师的提问、维持会话,表示妈妈出门了(见表 5.45)。

　　三名患儿在干预期所调用的知识 + 行为子类型如下。

表 5.46　三名患儿在干预期所调用的知识＋行为子类型情况

调用 知识＋行为类型　　　姓名	BB	ZHY	HSM
社知＋展示	0	0	0
社知＋身触	87	93	99
社知＋给予	0	0	0
社知＋位移	98	105	112
社知＋手势	92	109	142
社知＋点头	0	0	0
社知＋摇头	0	0	0
社知＋模仿	0	0	0
社知＋面部	0	0	0
感知＋展示	0	0	0
感知＋身触	0	26	79
感知＋给予	112	122	150
感知＋位移	108	118	146
感知＋手势	0	0	0
感知＋点头	105	121	143
感知＋摇头	119	133	142
感知＋模仿	123	135	146
感知＋面部	104	109	137
陈知＋展示	109	113	125
陈知＋身触	0	0	0

知识 + 行为类型＼姓名	BB	ZHY	HSM
陈知 + 给予	93	98	109
陈知 + 位移	0	0	0
陈知 + 手势	98	97	99
陈知 + 点头	0	0	0
陈知 + 摇头	0	0	0
陈知 + 模仿	0	0	0
陈知 + 面部	0	0	0
意知 + 展示	0	0	0
意知 + 身触	0	0	0
意知 + 给予	0	0	0
意知 + 位移	0	0	0
意知 + 手势	0	0	0
意知 + 点头	0	0	0
意知 + 摇头	0	0	0
意知 + 模仿	0	0	0
意知 + 面部	0	0	0
程知 + 展示	0	41	57
程知 + 身触	0	0	0
程知 + 给予	0	0	0
程知 + 位移	0	0	0

210

调用知识＋行为类型＼姓名	BB	ZHY	HSM
程知＋手势	33	45	52
程知＋点头	0	0	0
程知＋摇头	0	0	0
程知＋模仿	0	0	0
程知＋面部	0	0	0
想知＋展示	0	26	29
想知＋身触	0	0	0
想知＋给予	0	0	0
想知＋位移	0	0	0
想知＋手势	0	23	27
想知＋点头	0	0	0
想知＋摇头	0	0	0
想知＋模仿	0	0	28
想知＋面部	0	0	0

在干预期(见表5.46),患儿所调用的数量和类型均有递增之势。具体表现除了BB在基线期调用的上述类型之外,还表现为在干预期,患儿会在调用社会规约性知识的同时借助身体触碰或位置移动来维持会话。调查进一步发现,BB会在调用程序性知识的同时通过手势指示维持会话。与BB相比,处于干预期的ZHY,还会在调用想象性知识的同时借助展示物品或手势指示等方式维持会话。而与BB和ZHY相比,在干预期的HSM可在调用想象性知识的同时通过模仿来维持会话。这也说明,随着干预的进行,患儿更愿意进行假装想象游戏同时辅以模仿的行

为弥补想象性知识的抽象化,使受话人快速捕捉到患儿的会话维持意图,即他们的交际目的和超级目的,帮助患儿填补信息差。

6. 语言＋行为维持数量

表 5.47 呈现三名患儿在干预前后同时调用语言和行为维持数量的阶段内和阶段间变化分析结果。

表 5.47 会话维持阶段同时调用语言＋行为在每个阶段内的变化趋势

条 目	BB		ZHY		HSM	
干预阶段	I 1	II 1	I 2	II 2	I 3	II 3
阶段长度	8	24	16	16	24	8
水平范围	42 - 54	57 - 66	36 - 40	43 - 50	30 - 40	38 - 43
水平变化	12	9	4	7	10	5
平均值	33.13	43.10	39.47	49.27	45.33	61.83
Z 值	0.46	2.32**	0.89	2.23**	3.33	3.11**
C 值	2.83	0.30	0.22	0.51	0.65	0.53

注: ** 表示 $p < 0.01$,干预期或基线期的数据具有显著性差异。

从基线期到干预期的曲线总体趋势图来看,三名患儿同时借助语言和行为来维持会话的数量在基线期的波动情况较为凸显,以 HSM 最为显著。整体而言,三名患儿在基线期的数据比较平稳。在干预期,三名患儿的数据较为平稳,总体处于上升趋势,这说明主题互动游戏对患儿同时借助于语言和行为维持会话能力的提高有一定的影响(见图 5.12)。

具体而言,在基线期,三名患儿同时调用语言和行为维持会话的数量分别在 42 - 54、36 - 40、30 - 40 区间,由此认为他们在基线期的水平差异较为显著。C 值结果显示,三名患儿在基线期尚未出现显著性差异,可对他们进行干预。

与基线期相比,三名患儿在干预期的稳定性有所下降。C 值结果表明,数据并不具有显著性差异。换言之,三名患儿所用的数量变化较为稳定。

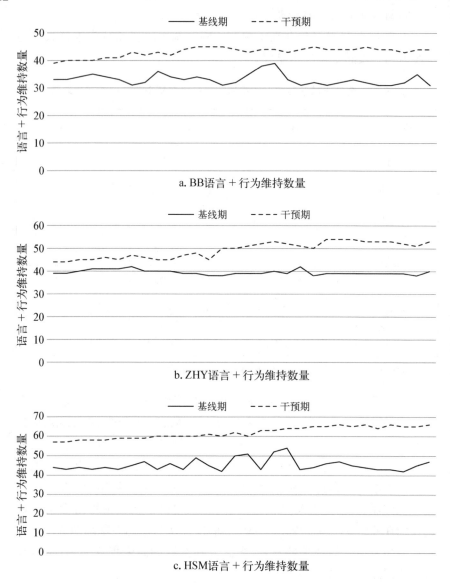

a. BB语言＋行为维持数量

b. ZHY语言＋行为维持数量

c. HSM语言＋行为维持数量

图 5.12　三名患儿调用语言＋行为维持数量变化曲线图

就每个阶段的平均值而言,I 1 = 33.13＜II 1 = 43.10,I 2 = 39.47＜II 2 = 49.27,I 3 = 45.33＜II 3 = 61.83,三名患儿在会话维持阶段同时调用语言和行为的数量逐渐增多。他们在基线期和干预期数据的重合比分别为 3.33%、0%、0%,说明患儿的干预效果均较为显著。三名患儿的阶段间 C 值为($C1 = 0.63$,$Z = 4.22$,$p < 0.01$;$C2 = 0.72$,$Z = 4.37$,$p < 0.01$;$C3 = 0.79$,$Z3 = 4.46$,$p < 0.01$),说明上述三名患儿在进行主题干预游戏中,效果比较显著。

表 5.48　三名患儿在基线期所调用的语言＋行为子类型情况

调用语言＋行为类型 ＼ 姓名	BB	ZHY	HSM
交需＋展示	92	93	99
交需＋身触	0	12	19
交需＋给予	83	89	94
交需＋位移	0	26	38
交需＋手势	97	98	104
交需＋点头	81	82	93
交需＋摇头	83	85	98
交需＋模仿	76	77	82
交需＋面部	0	13	23
心智＋展示	0	0	0
心智＋身触	0	0	0
心智＋给予	0	0	0
心智＋位移	0	0	0
心智＋手势	0	0	0
心智＋点头	0	0	0

214

调用 语言＋行为类型＼姓名	BB	ZHY	HSM
心智＋摇头	0	0	0
心智＋模仿	0	0	0
心智＋面部	0	0	0
社互＋展示	0	0	0
社互＋身触	0	0	0
社互＋给予	0	0	0
社互＋位移	0	18	27
社互＋手势	94	96	102
社互＋点头	0	0	0
社互＋摇头	0	0	0
社互＋模仿	0	0	0
社互＋面部	65	70	88
交背＋展示	0	0	0
交背＋身触	0	0	0
交背＋给予	0	0	0
交背＋位移	0	0	0
交背＋手势	84	90	96
交背＋点头	0	36	44
交背＋摇头	0	42	47
交背＋模仿	0	0	0
交背＋面部	0	0	0

调用 语言＋行为类型 ＼ 姓名	BB	ZHY	HSM
命态＋展示	0	0	0
命态＋身触	0	0	0
命态＋给予	0	0	0
命态＋位移	0	0	0
命态＋手势	0	0	0
命态＋点头	0	0	0
命态＋摇头	0	0	0
命态＋模仿	0	0	0
命态＋面部	0	0	0
已图＋展示	0	0	0
已图＋身触	0	0	0
已图＋给予	0	0	0
已图＋位移	0	0	0
已图＋手势	81	89	93
已图＋点头	80	88	96
已图＋摇头	78	80	92
已图＋模仿	0	0	25
已图＋面部	0	0	0

　　其中，BB 不仅会在考虑他人交际需求的基础上通过展示物品、给予物品、手势指示、点头赞同、摇头拒绝或模仿行为维持会话，还会在社会互动环境的提示下借助手势指示或面部表情维持会话。此外，BB 也会

216 考虑到交际背景,并通过手势指示或在调用有限的已有图式的前提下借助手势指示、点头赞同或摇头拒绝来维持会话。ZHY 不仅可以调用 BB 所使用的类型,而且会在考虑他人交际需求的基础上通过身体触碰、位置移动或面部表情的方式维持会话。ZHY 还会在社会互动环境提示的基础上通过移动的行为方式维持会话。同时,ZHY 会在交际背景的帮助下借助点头赞同或摇头拒绝的方式使会话保持进行。除了调用 ZHY 所调用的类型外,HSM 还可在调取已有图式的基础上通过模仿来使会话得以持续(见表 5.48)。

三名患儿在干预期所调用的语言＋行为子类型如下。

表 5.49　三名患儿在干预期所调用的语言＋行为子类型情况

调用 语言＋行为类型　　　姓名	BB	ZHY	HSM
交需＋展示	107	110	136
交需＋身触	7	10	47
交需＋给予	99	106	143
交需＋位移	21	27	64
交需＋手势	110	111	140
交需＋点头	98	100	137
交需＋摇头	99	102	134
交需＋模仿	83	93	131
交需＋面部	13	16	53
心智＋展示	0	0	0
心智＋身触	0	6	40
心智＋给予	7	10	58
心智＋位移	0	0	0

调用语言+行为类型 姓名	BB	ZHY	HSM
心智+手势	0	0	0
心智+点头	0	0	0
心智+摇头	0	0	0
心智+模仿	0	0	0
心智+面部	0	0	0
社互+展示	12	17	63
社互+身触	0	0	0
社互+给予	0	0	0
社互+位移	12	19	66
社互+手势	102	108	155
社互+点头	0	0	0
社互+摇头	0	0	0
社互+模仿	0	0	0
社互+面部	83	87	134
交背+展示	0	0	0
交背+身触	0	0	0
交背+给予	0	0	0
交背+位移	0	0	0
交背+手势	90	102	141
交背+点头	22	47	85

218

调用 语言＋行为类型 ＼姓名	BB	ZHY	HSM
交背＋摇头	26	58	97
交背＋模仿	0	0	0
交背＋面部	0	0	0
命态＋展示	0	0	0
命态＋身触	0	0	0
命态＋给予	0	0	0
命态＋位移	0	0	0
命态＋手势	0	0	10
命态＋点头	0	0	0
命态＋摇头	0	0	0
命态＋模仿	0	0	0
命态＋面部	0	0	0
已图＋展示	0	0	21
已图＋身触	0	0	0
已图＋给予	0	0	0
已图＋位移	0	0	0
已图＋手势	93	100	143
已图＋点头	97	109	139
已图＋摇头	93	108	144
已图＋模仿	19	32	87
已图＋面部	0	0	45

在干预期(见表 5.49),三名患儿所调用的数量和类型均有不同程度的增长。主要体现为以下几个方面:一是 BB 考虑他人心智状态的同时可通过给予物品的方式来维持会话,可见经过干预之后的患儿对他人心理状态进行归因并做出预测的能力有所体现;二是 BB 还可以在调用社会互动环境的同时借助展示物品的方式对他人的话语进行回复,这也表明患儿可以关注当前的焦点,但需要通过展示物品的方式帮助其深入拓展对话;三是 ZHY 不仅可调用 BB 使用的所有类型,而且还可在考虑他人心智状态的基础上通过身体触碰来维持会话(身体触碰主要是通过握手或拍手等方式来表示已把握受话人的心智状态,以示亲近);四是 HSM 可以调用命题态度并在手势指示的帮助下对他人的会话进行回应。此外,HSM 还可在调用已有图式的同时通过展示物品或面部表情来维持会话。这也说明,患儿借助命题表达命题态度的能力已有形成的迹象,但是需要手势指示的帮助以便受话人理解。再者,患儿对已有图式的调用更为主动,但也是需要通过物品展示或面部表情的帮助使他人正确解读。

7. 知识+语言+行为维持数量

表 5.50 展现三名患儿在干预前后同时调用知识、语言和行为来维持会话数量的阶段内和阶段间变化分析结果。

表 5.50　会话发起阶段同时调用知识+语言+行为在每个阶段内的变化趋势

条　目	BB		ZHY		HSM	
干预阶段	I 1	II 1	I 2	II 2	I 3	II 3
阶段长度	8	24	16	16	24	8
水平范围	30 – 40	38 – 43	36 – 40	43 – 50	40 – 48	57 – 62
水平变化	10	5	4	7	8	5
平均值	32.30	41.10	37.77	46.50	44.20	59.43
Z 值	1.13	0.96	0.79	1.33**	0.67	1.43
C 值	– 0.15	0.21	0.11	0.29	0.05	0.56

注: ** 表示 $p < 0.01$,干预期或基线期的数据具有显著性差异。

　　从基线期到干预期的曲线总体趋势图来看,三名患儿同时借助知识、语言和行为来维持会话的数量在基线期的波动情况较为凸显,以 BB 最为明显。总体来看,三名患儿在基线期的数据较为稳定。在干预期,他们的数据仍有一定的波动,但总体属于上升态势,提示主题互动游戏对患儿同时借助于知识、语言和行为维持会话能力的提高具有一定的影响(见图 5.13)。

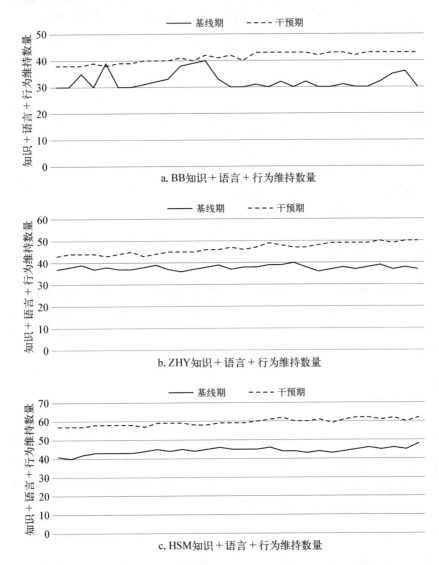

图 5.13　三名患儿调用知识＋语言＋行为维持数量变化曲线图

具体来说，在基线期，上述三名患儿同时调用知识、语言和行为维持会话的数量分别在 30－40、36－40、40－48 区间，由此可知，他们在基线期的水平差异较为显著。C 值结果也表明，三名患儿在基线期并没有出现显著性差异，可对他们进行干预。

与基线期相比，三名患儿在干预期的稳定性有所下滑。C 值结果表明，数据并没有呈现出显著性差异。进一步而言，三名患儿所使用的数量变化较为稳定。

观察每个阶段的平均值发现，I 1 = 32.3＜II 1 = 41.10，I 2 = 37.77＜II 2 = 46.50，I 3 = 44.2＜II 3 = 59.43，三名患儿在会话维持阶段同时调用知识、语言和行为的数量不断增多。他们在基线期和干预期的数据的重合比均为 0%，说明患儿的干预效果均比较明显。三名患儿的阶段间 C 值为（$C1 = 0.59$，$Z = 3.17$，$p＜0.01$；$C2 = 0.63$，$Z = 3.66$，$p＜0.01$；$C3 = 0.69$，$Z3 = 3.89$，$p＜0.01$），提示所有患儿在进行主题干预游戏中，效果较为显著。

具体来看，三名患儿在会话维持阶段调用知识＋语言＋行为子类型情况如下。

表 5.51　三名患儿在基线期所调用的知识＋语言＋行为子类型情况

调用知识＋语言＋行为类型 ＼ 姓名	BB	ZHY	HSM
社知＋交需＋面部	126	105	123
社知＋心智＋面部	0	0	0
社知＋社互＋面部	119	92	121
社知＋交背＋面部	0	0	0
社知＋命题＋面部	0	0	0
社知＋已图＋面部	0	0	15
感知＋交需＋面部	0	69	70
感知＋心智＋面部	0	0	0

调用 姓名 / 知识+语言+行为类型	BB	ZHY	HSM
感知＋社互＋面部	114	103	115
感知＋交背＋面部	0	0	56
感知＋命题＋面部	0	0	0
感知＋已图＋面部	0	59	60
陈知＋交需＋面部	0	0	0
陈知＋心智＋面部	0	0	0
陈知＋社互＋面部	0	0	0
陈知＋交背＋面部	0	0	0
陈知＋命题＋面部	0	0	0
陈知＋已图＋面部	0	0	15
意向＋交需＋面部	0	0	0
意向＋心智＋面部	0	0	0
意向＋社互＋面部	0	0	0
意向＋交背＋面部	0	0	0
意向＋命题＋面部	0	0	0
意向＋已图＋面部	0	0	0
程知＋交需＋面部	0	0	0
程知＋心智＋面部	0	0	0
程知＋社互＋面部	0	0	0
程知＋交背＋面部	0	0	0

调用 知识+语言+行为类型　　姓名	BB	ZHY	HSM
程知＋命题＋面部	0	0	0
程知＋已图＋面部	0	0	28
想象＋交需＋面部	0	0	0
想象＋心智＋面部	0	0	0
想象＋社互＋面部	0	0	0
想象＋交背＋面部	0	0	0
想象＋命题＋面部	0	0	0
想象＋已图＋面部	0	0	0
社知＋交需＋身触	0	0	0
社知＋心智＋身触	0	0	0
社知＋社互＋身触	0	0	0
社知＋交背＋身触	0	0	0
社知＋命题＋身触	0	0	0
社知＋已图＋身触	0	0	0
感知＋交需＋身触	0	0	0
感知＋心智＋身触	0	0	0
感知＋社互＋身触	0	0	0
感知＋交背＋身触	0	0	0
感知＋命题＋身触	0	0	0
感知＋已图＋身触	0	0	0

第五章　自闭症儿童语用障碍问题的干预

224

调用　　　　　　姓名 知识+语言+行为类型	BB	ZHY	HSM
陈知＋交需＋身触	0	0	0
陈知＋心智＋身触	0	0	0
陈知＋社互＋身触	0	0	0
陈知＋交背＋身触	0	0	0
陈知＋命题＋身触	0	0	0
陈知＋已图＋身触	0	0	0
意向＋交需＋身触	0	0	0
意向＋心智＋身触	0	0	0
意向＋社互＋身触	0	0	0
意向＋交背＋身触	0	0	0
意向＋命题＋身触	0	0	0
意向＋已图＋身触	0	0	0
程知＋交需＋身触	0	0	0
程知＋心智＋身触	0	0	0
程知＋社互＋身触	0	0	0
程知＋交背＋身触	0	0	0
程知＋命题＋身触	0	0	0
程知＋已图＋身触	0	0	0
想象＋交需＋身触	0	0	0
想象＋心智＋身触	0	0	0

知识+语言+行为类型　姓名	BB	ZHY	HSM
想象＋社互＋身触	0	0	0
想象＋交背＋身触	0	0	0
想象＋命题＋身触	0	0	0
想象＋已图＋身触	0	0	0
社知＋交需＋给予	0	0	0
社知＋心智＋给予	0	0	0
社知＋社互＋给予	0	0	0
社知＋交背＋给予	0	0	0
社知＋命题＋给予	0	0	0
社知＋已图＋给予	0	0	0
感知＋交需＋给予	0	58	66
感知＋心智＋给予	0	0	0
感知＋社互＋给予	0	0	0
感知＋交背＋给予	0	0	0
感知＋命题＋给予	0	0	0
感知＋已图＋给予	0	0	0
陈知＋交需＋给予	0	47	50
陈知＋心智＋给予	0	0	0
陈知＋社互＋给予	0	0	0
陈知＋交背＋给予	0	0	0

第五章　自闭症儿童语用障碍问题的干预

226

调用 知识＋语言＋行为类型　　姓名	BB	ZHY	HSM
陈知＋命题＋给予	0	0	0
陈知＋已图＋给予	116	113	117
意向＋交需＋给予	0	0	0
意向＋心智＋给予	0	0	0
意向＋社互＋给予	0	0	0
意向＋交背＋给予	0	0	0
意向＋命题＋给予	0	0	0
意向＋已图＋给予	0	0	0
程知＋交需＋给予	0	0	0
程知＋心智＋给予	0	0	0
程知＋社互＋给予	0	0	0
程知＋交背＋给予	0	0	0
程知＋命题＋给予	0	0	0
程知＋已图＋给予	0	0	0
想象＋交需＋给予	0	0	0
想象＋心智＋给予	0	0	0
想象＋社互＋给予	0	0	0
想象＋交背＋给予	0	0	0
想象＋命题＋给予	0	0	0
想象＋已图＋给予	0	0	0

知识+语言+行为类型　　　　姓名	BB	ZHY	HSM
社知＋交需＋展示	0	0	0
社知＋心智＋展示	0	0	0
社知＋社互＋展示	0	0	0
社知＋交背＋展示	0	0	0
社知＋命题＋展示	0	0	0
社知＋已图＋展示	0	0	0
感知＋交需＋展示	0	0	0
感知＋心智＋展示	0	0	0
感知＋社互＋展示	0	0	0
感知＋交背＋展示	0	0	0
感知＋命题＋展示	0	0	0
感知＋已图＋展示	0	0	0
陈知＋交需＋展示	0	0	0
陈知＋心智＋展示	0	0	0
陈知＋社互＋展示	0	0	0
陈知＋交背＋展示	0	0	0
陈知＋命题＋展示	0	0	0
陈知＋已图＋展示	0	0	0
意向＋交需＋展示	0	0	0
意向＋心智＋展示	0	0	0

调用　　　　　　　　姓名 知识＋语言＋行为类型	BB	ZHY	HSM
意向＋社互＋展示	0	0	0
意向＋交背＋展示	0	0	0
意向＋命题＋展示	0	0	0
意向＋已图＋展示	0	0	0
程知＋交需＋展示	0	0	0
程知＋心智＋展示	0	0	0
程知＋社互＋展示	0	0	0
程知＋交背＋展示	0	0	0
程知＋命题＋展示	0	0	0
程知＋已图＋展示	0	0	0
想象＋交需＋展示	0	0	0
想象＋心智＋展示	0	0	0
想象＋社互＋展示	0	0	0
想象＋交背＋展示	0	0	0
想象＋命题＋展示	0	0	0
想象＋已图＋展示	0	0	0
社知＋交需＋位置	0	0	0
社知＋心智＋位置	0	0	0
社知＋社互＋位置	0	0	0
社知＋交背＋位置	0	0	0

调用 知识+语言+行为类型　姓名	BB	ZHY	HSM
社知 + 命题 + 位置	0	0	0
社知 + 已图 + 位置	0	0	0
感知 + 交需 + 位置	0	0	0
感知 + 心智 + 位置	0	0	0
感知 + 社互 + 位置	0	0	0
感知 + 交背 + 位置	0	0	0
感知 + 命题 + 位置	0	0	0
感知 + 已图 + 位置	0	0	0
陈知 + 交需 + 位置	0	0	0
陈知 + 心智 + 位置	0	0	0
陈知 + 社互 + 位置	0	0	0
陈知 + 交背 + 位置	0	0	0
陈知 + 命题 + 位置	0	0	0
陈知 + 已图 + 位置	0	0	0
意向 + 交需 + 位置	0	0	0
意向 + 心智 + 位置	0	0	0
意向 + 社互 + 位置	0	0	0
意向 + 交背 + 位置	0	0	0
意向 + 命题 + 位置	0	0	0
意向 + 已图 + 位置	0	0	0

调用 知识+语言+行为类型 姓名	BB	ZHY	HSM
程知+交需+位置	0	0	0
程知+心智+位置	0	0	0
程知+社互+位置	0	0	0
程知+交背+位置	0	0	0
程知+命题+位置	0	0	0
程知+已图+位置	0	0	0
想象+交需+位置	0	0	0
想象+心智+位置	0	0	0
想象+社互+位置	0	0	0
想象+交背+位置	0	0	0
想象+命题+位置	0	0	0
想象+已图+位置	0	0	0
社知+交需+手势	0	0	0
社知+心智+手势	0	0	0
社知+社互+手势	0	0	0
社知+交背+手势	0	0	0
社知+命题+手势	0	0	0
社知+已图+手势	0	0	0
感知+交需+手势	0	0	0
感知+心智+手势	0	0	0

调用 知识+语言+行为类型 \ 姓名	BB	ZHY	HSM
感知 + 社互 + 手势	0	0	0
感知 + 交背 + 手势	0	0	0
感知 + 命题 + 手势	0	0	0
感知 + 已图 + 手势	0	0	0
陈知 + 交需 + 手势	0	0	0
陈知 + 心智 + 手势	0	0	0
陈知 + 社互 + 手势	0	0	0
陈知 + 交背 + 手势	0	0	0
陈知 + 命题 + 手势	0	0	0
陈知 + 已图 + 手势	121	121	122
意向 + 交需 + 手势	0	0	0
意向 + 心智 + 手势	0	0	0
意向 + 社互 + 手势	0	0	0
意向 + 交背 + 手势	0	0	0
意向 + 命题 + 手势	0	0	0
意向 + 已图 + 手势	0	0	0
程知 + 交需 + 手势	0	0	0
程知 + 心智 + 手势	0	0	0
程知 + 社互 + 手势	0	0	0
程知 + 交背 + 手势	0	0	0

第五章　自闭症儿童语用障碍问题的干预

调用 知识＋语言＋行为类型　　　　姓名	BB	ZHY	HSM
程知＋命题＋手势	0	0	0
程知＋已图＋手势	0	0	0
想象＋交需＋手势	126	127	127
想象＋心智＋手势	0	0	0
想象＋社互＋手势	124	120	121
想象＋交背＋手势	0	0	0
想象＋命题＋手势	0	0	0
想象＋已图＋手势	123	119	120

在基线期(见表 5.51),上述三名患儿所维持的会话呈现零散、频繁中断、冗余出错的状况,但是还算可以顺利完成高成本的会话维持任务。这也与受话人持之以恒的耐心密不可分。具体而言,BB 可以在交际需求或社会互动环境的提示下,在调用社会规约性知识的基础上,通过面部表情的方式维持会话。BB 也会在社会环境的帮助下,通过调用感知觉知识和面部表情来维持会话。再者,BB 还会在调用已有图式及陈述性知识的同时通过给予物品或手势指示的方式使会话维持下去。此外,BB 还会在交际需求、社会互动环境或已有图式的帮助下通过调用想象性知识并借助手势指示的方式维持会话。我们注意到,患儿需要调用想象性知识并借助于语言及行为的某些语用指标予以辅助,但是 BB 所调用的想象性知识却与此时此景不太相关,属于一种脱离情境的"超乎寻常之想象"。

ZHY 除了会调用 BB 所调用的语用指标外,还会在感知觉知识的提示下考虑到他人的交际需求并通过面部表情或给予物品的方式对受话人的话语予以回应,以便维持会话。同时,他也会在考虑到他人交际需求的同时,通过陈述性知识并在给予物品这一行为的辅助下维持会话。再者,ZHY 在调用感知觉知识的同时也会调用有限的已有图式,并通过面部表情来回应他人的话语。在这种情况下,ZHY 往往是根本没有理解受话人的话语,虽然调用了感知觉知识和已有图式,但是尚未具有将话语意义与头脑中已存在的图式相匹配的能力。与此同时,HSM 还会在调用社会规约性知识的同时调用已有图式,并通过面部表情对他人进行回复。HSM 在感知觉知识的提示下会调用交际背景并借助面部表情维持会话。此外,他还会在调用已有图式之时调用陈述性知识或程序性知识并借助面部表情使对话持续进行。但是该患儿借助于面部表情的目的是希望受话人帮助补充或是再进入其熟悉的话题之中。针对绘本内容的提问,该患儿会在调用想象性知识时考虑到交际背景并通过手势指示的方式维持会话。事实上,患儿在某些语言方面的表现是其优势所在,比如可以发挥想象性知识的作用对话语进行回应,尽管所调用的想象性知识并非与话语内容相吻合。

表 5.52　三名患儿在干预期所调用的知识＋语言＋行为子类型情况

调用 知识＋语言＋行为类型　　姓名	BB	ZHY	HSM
社知＋交需＋面部	133	134	144
社知＋心智＋面部	0	0	0
社知＋社互＋面部	123	124	135
社知＋交背＋面部	0	0	0
社知＋命题＋面部	0	0	0
社知＋已图＋面部	0	0	36
感知＋交需＋面部	0	75	77
感知＋心智＋面部	0	0	0
感知＋社互＋面部	119	120	129
感知＋交背＋面部	0	0	46
感知＋命题＋面部	0	0	0

234

调用 知识+语言+行为类型　　　姓名	BB	ZHY	HSM
感知+已图+面部	0	51	68
陈知+交需+面部	0	0	0
陈知+心智+面部	0	0	0
陈知+社互+面部	0	0	0
陈知+交背+面部	0	0	0
陈知+命题+面部	0	0	0
陈知+已图+面部	0	0	29
意向+交需+面部	0	0	0
意向+心智+面部	0	0	0
意向+社互+面部	0	0	0
意向+交背+面部	0	0	0
意向+命题+面部	0	0	0
意向+已图+面部	0	0	0
程知+交需+面部	0	0	0
程知+心智+面部	0	0	0
程知+社互+面部	0	0	0
程知+交背+面部	0	0	0
程知+命题+面部	0	0	0
程知+已图+面部	0	0	36
想象+交需+面部	0	0	0

调用 知识＋语言＋行为类型	BB	ZHY	HSM
想象＋心智＋面部	0	0	0
想象＋社互＋面部	0	0	0
想象＋交背＋面部	0	0	0
想象＋命题＋面部	0	0	0
想象＋已图＋面部	0	0	0
社知＋交需＋身触	0	0	0
社知＋心智＋身触	0	0	0
社知＋社互＋身触	0	0	0
社知＋交背＋身触	0	0	0
社知＋命题＋身触	0	0	0
社知＋已图＋身触	0	0	0
感知＋交需＋身触	0	0	0
感知＋心智＋身触	0	0	0
感知＋社互＋身触	0	0	0
感知＋交背＋身触	0	0	0
感知＋命题＋身触	0	0	0
感知＋已图＋身触	0	0	0
陈知＋交需＋身触	0	0	0
陈知＋心智＋身触	0	0	0
陈知＋社互＋身触	0	0	0

236

调用　　　　　姓名 知识＋语言＋行为类型	BB	ZHY	HSM
陈知＋交背＋身触	0	0	0
陈知＋命题＋身触	0	0	0
陈知＋已图＋身触	0	0	0
意向＋交需＋身触	0	0	0
意向＋心智＋身触	0	0	0
意向＋社互＋身触	0	0	9
意向＋交背＋身触	0	0	0
意向＋命题＋身触	0	0	0
意向＋已图＋身触	0	0	0
程知＋交需＋身触	0	0	0
程知＋心智＋身触	0	0	0
程知＋社互＋身触	0	0	0
程知＋交背＋身触	0	0	0
程知＋命题＋身触	0	0	0
程知＋已图＋身触	0	0	0
想象＋交需＋身触	0	0	0
想象＋心智＋身触	0	0	0
想象＋社互＋身触	0	0	0
想象＋交背＋身触	0	0	0
想象＋命题＋身触	0	0	0

调用 知识+语言+行为类型　　姓名	BB	ZHY	HSM
想象 + 已图 + 身触	0	0	0
社知 + 交需 + 给予	89	82	102
社知 + 心智 + 给予	0	0	0
社知 + 社互 + 给予	0	0	0
社知 + 交背 + 给予	0	0	0
社知 + 命题 + 给予	0	0	0
社知 + 已图 + 给予	0	0	0
感知 + 交需 + 给予	0	53	89
感知 + 心智 + 给予	0	0	0
感知 + 社互 + 给予	0	0	0
感知 + 交背 + 给予	0	0	0
感知 + 命题 + 给予	0	0	0
感知 + 已图 + 给予	0	0	0
陈知 + 交需 + 给予	0	45	68
陈知 + 心智 + 给予	0	0	0
陈知 + 社互 + 给予	0	0	0
陈知 + 交背 + 给予	0	0	0
陈知 + 命题 + 给予	0	0	0
陈知 + 已图 + 给予	128	119	123
意向 + 交需 + 给予	0	0	0

调用 知识+语言+行为类型　　　　姓名	BB	ZHY	HSM
意向＋心智＋给予	0	0	0
意向＋社互＋给予	0	0	0
意向＋交背＋给予	0	0	0
意向＋命题＋给予	0	0	0
意向＋已图＋给予	0	0	0
程知＋交需＋给予	0	0	0
程知＋心智＋给予	0	0	0
程知＋社互＋给予	0	0	0
程知＋交背＋给予	0	0	0
程知＋命题＋给予	0	0	0
程知＋已图＋给予	0	0	0
想象＋交需＋给予	0	0	0
想象＋心智＋给予	0	0	0
想象＋社互＋给予	0	0	0
想象＋交背＋给予	0	0	0
想象＋命题＋给予	0	0	0
想象＋已图＋给予	0	0	0
社知＋交需＋展示	0	0	0
社知＋心智＋展示	0	0	0
社知＋社互＋展示	0	0	0

调用 知识+语言+行为类型 \ 姓名	BB	ZHY	HSM
社知＋交背＋展示	0	0	0
社知＋命题＋展示	0	0	0
社知＋已图＋展示	0	0	0
感知＋交需＋展示	0	0	0
感知＋心智＋展示	0	0	0
感知＋社互＋展示	0	0	0
感知＋交背＋展示	0	0	0
感知＋命题＋展示	0	0	0
感知＋已图＋展示	0	0	0
陈知＋交需＋展示	0	0	0
陈知＋心智＋展示	0	0	0
陈知＋社互＋展示	0	0	0
陈知＋交背＋展示	0	0	0
陈知＋命题＋展示	0	0	0
陈知＋已图＋展示	0	0	0
意向＋交需＋展示	0	0	0
意向＋心智＋展示	0	0	0
意向＋社互＋展示	0	0	0
意向＋交背＋展示	0	0	0
意向＋命题＋展示	0	0	0

调用　　　　　　　　姓名 知识+语言+行为类型	BB	ZHY	HSM
意向+已图+展示	0	0	0
程知+交需+展示	0	0	0
程知+心智+展示	0	0	0
程知+社互+展示	0	0	0
程知+交背+展示	0	0	0
程知+命题+展示	0	0	0
程知+已图+展示	0	0	44
想象+交需+展示	0	0	0
想象+心智+展示	0	0	0
想象+社互+展示	0	0	0
想象+交背+展示	0	0	0
想象+命题+展示	0	0	0
想象+已图+展示	0	0	0
社知+交需+位置	0	0	0
社知+心智+位置	0	0	0
社知+社互+位置	0	0	0
社知+交背+位置	0	0	0
社知+命题+位置	0	0	0
社知+已图+位置	0	0	0
感知+交需+位置	0	0	0

调用 知识＋语言＋行为类型　姓名	BB	ZHY	HSM
感知＋心智＋位置	0	4	7
感知＋社互＋位置	0	0	0
感知＋交背＋位置	0	0	0
感知＋命题＋位置	0	0	0
感知＋已图＋位置	0	0	0
陈知＋交需＋位置	0	0	0
陈知＋心智＋位置	0	0	0
陈知＋社互＋位置	0	0	0
陈知＋交背＋位置	0	0	0
陈知＋命题＋位置	0	0	0
陈知＋已图＋位置	0	0	0
意向＋交需＋位置	0	0	0
意向＋心智＋位置	0	0	0
意向＋社互＋位置	0	0	0
意向＋交背＋位置	0	0	0
意向＋命题＋位置	0	0	0
意向＋已图＋位置	0	0	0
程知＋交需＋位置	0	0	0
程知＋心智＋位置	0	0	0
程知＋社互＋位置	0	0	0

242

调用知识+语言+行为类型＼姓名	BB	ZHY	HSM
程知＋交背＋位置	0	0	0
程知＋命题＋位置	0	0	0
程知＋已图＋位置	0	0	0
想象＋交需＋位置	0	0	0
想象＋心智＋位置	0	0	0
想象＋社互＋位置	0	0	0
想象＋交背＋位置	0	0	0
想象＋命题＋位置	0	0	0
想象＋已图＋位置	0	0	0
社知＋交需＋手势	0	0	0
社知＋心智＋手势	0	0	0
社知＋社互＋手势	0	0	0
社知＋交背＋手势	0	0	0
社知＋命题＋手势	0	0	0
社知＋已图＋手势	0	0	0
感知＋交需＋手势	0	0	0
感知＋心智＋手势	0	0	0
感知＋社互＋手势	0	0	0
感知＋交背＋手势	0	0	0
感知＋命题＋手势	0	0	0

调用 知识＋语言＋行为类型	BB	ZHY	HSM
感知＋已图＋手势	0	0	0
陈知＋交需＋手势	0	0	0
陈知＋心智＋手势	0	0	0
陈知＋社互＋手势	0	0	0
陈知＋交背＋手势	0	0	0
陈知＋命题＋手势	67	59	61
陈知＋已图＋手势	145	136	145
意向＋交需＋手势	0	0	0
意向＋心智＋手势	0	0	0
意向＋社互＋手势	0	0	0
意向＋交背＋手势	0	0	0
意向＋命题＋手势	0	0	0
意向＋已图＋手势	0	0	0
程知＋交需＋手势	0	0	0
程知＋心智＋手势	0	0	0
程知＋社互＋手势	0	0	0
程知＋交背＋手势	0	0	0
程知＋命题＋手势	0	0	0
程知＋已图＋手势	0	0	0
想象＋交需＋手势	143	132	154

第五章　自闭症儿童语用障碍问题的干预

续　表

调用 知识＋语言＋行为类型　　　姓名	BB	ZHY	HSM
想象＋心智＋手势	0	0	0
想象＋社互＋手势	147	134	139
想象＋交背＋手势	0	0	0
想象＋命题＋手势	0	0	0
想象＋已图＋手势	141	127	142

在干预期（见表 5.52），患儿经过主题互动游戏的训练后，所调用的数量和类型较基线期高。具体如下，患儿 BB 可以在鉴于他人交际需求的基础上，调用社会规约性知识并通过给予物品的方式维持会话；他还可以在调用陈述性知识及命题态度的同时，借助手势指示来维持会话。对于患儿 ZHY 而言，其最大的突破便是在调用感知觉知识的基础上考虑他人的心智状态，以便通过位置移动的方式来维持会话的进行。比如，康复师假装在哭泣，引起 ZHY 的关注，ZHY 在听到康复师哭泣的声音后便会调用心智状态，明白其在伤心难过，走到身边试图与康复师维持会话。而患儿 HSM 的变化则是在社会互动环境的提示下，调用意向性知识并通过身体触碰的方式维持会话，传递情感意向。此外，该患儿还可以在调用已有图式和程序性知识的同时，借助展示物品的方式使会话得以进行。

（四）会话修补能力

会话修补作为会话中较为高级的一种能力，指的是当会话出现中断时，话语双方需要借助一定的修补策略维持会话的进行。通过比较主题互动游戏干预前后患儿所调用的知识、语言和行为以及交互关系的数量差异，探寻主题互动游戏对患儿会话修补能力所产生的效果。对于患儿而言，会话修补较难掌握。当会话发生阻碍时，三名患儿意识到信息不充足并要求他人进行修补的敏感性较差且主动进行修补的次数较少。同时，患儿较少能够意识到需要补充足够的信息使交际对象更加清楚而主动进行修补。即使是修补，也属于不合乎当下的情境，只是通过重复他人话语而使对方意识到其并没有听懂当前的话语。因此，本部分只对干预后的结果进行讨论。

干预后，患儿调用各语用指标的数量及类型情况如下：

1. 知识修补数量

在干预期阶段（见表5.53），三名患儿的会话修补能力有所提升，修补敏感性增强，具体表现为在发生会话阻断时，可以启动自我修补，并逐渐可以意识到会话对象的话语不完善、自己不能理解之处或错误之处并主动要求其进行修补。具体而言，患儿调用社会规约性知识、陈述性知识、程序性知识进行会话修补的次数增幅显著，且调用得较为准确。但同时我们还注意到，患儿调用感知觉知识、意向性知识和想象性知识进行会话修补的次数有所增加，但增加的数量并不明显。

表5.53　三名患儿在干预期所调用的知识子类型情况

姓名 / 调用知识类型	社会规约性知识	感知觉知识	陈述性知识	意向性知识	程序性知识	想象性知识
BB	9	14	29	10	6	5
ZHY	39	37	47	34	30	19
HSM	43	40	49	38	33	21

2. 语言修补数量

在干预期（见表5.54），三名患儿调用语言对会话进行修补的数量和类型均有所提高，但提高的幅度并不显著。随着年龄的递增，三名患儿借助语言进行修补的数量逐渐增多。多数情况下，患儿发现对方的话语关涉到自我的交际需求没能得到满足时，会发起会话修补请求，但是请求的内容局限于情境中所发生的事。患儿偶尔也会将对方的话语与社会互动情境及头脑中有限的已有图式相匹配，当其发现出现相悖的情况时，一般会重复其之前掌握的话语（与对话内容并无太大关系，需要受话人结合当时的情境进行推理）。当患儿与受话人进行绘本共读时，如果他人关于绘本中内容所提问的话语与患儿所掌握的信息不吻合，患儿会调用交际背景重复提问人的话语，进而使受话人帮助进行会话修补。只有患儿HSM调用了1次命题态度对受话人的情感、态度话语请求修补，但话语内容仅是重复他人话语中所涉及的情感、态度方面的只言片语，**246** 在受话人听来较为难懂。

表 5.54　三名患儿在干预期所调用的语言子类型情况

姓名＼调用语言类型	交际需求	心智状态	社会互动环境	交际背景	命题态度	已有图式
BB	12	1	5	6	0	10
ZHY	19	3	9	7	0	15
HSM	21	4	12	11	1	17

3. 行为修补数量

在干预期(见表 5.55)，BB 仅会通过位置移动(离开)的方式向受话人表示自己并未听懂，以便受话人修补会话。ZHY 则是通过面部表情、给予物品或位置移动的方式提示受话人进行会话修补。面部表情以及给予物品均是会话延宕的集中体现，表示上一句话影响患儿的理解。HSM 会用手势指示的方式暗示对方自己并没有听清楚其会话、无法作答，同时将注意力转移到其他事物上。这时需要对方帮助患儿修补会话。

表 5.55　三名患儿在干预期所调用的行为子类型情况

姓名＼调用行为类型	面部表情	身体触碰	给予物体	展示物品	位置移动	手势指示
BB	0	0	0	0	7	0
ZHY	6	0	2	0	5	0
HSM	8	0	5	0	6	2

4. 知识＋语言修补数量[①]

处于干预期的患儿，同时借助知识和语言进行修补的数量和类型均

---

① 由于患儿语言理解能力通常较弱，同时调用多种语用指标进行会话修补的情况较少，因此，本部分列表不呈现数据，只汇报结果，后同。

较少。具体表现为,患儿 ZHY 属于感知觉过于敏感的患儿,因此其在没有听清楚或看清楚对方所展现的内容时,会具有交际需求,期待对方进行会话修补。患儿 ZHY 则会在社会互动环境的提示下调用想象性知识来发起会话修补请求。这主要是由于 ZHY 仅仅根据字面意义来解读对方会话,预设能力欠佳,因此不能理解他人的会话意图,只能通过调用想象性知识(其喜欢或迷恋的话题)来请求他人帮助修补会话,使其得以理解。患儿 HSM 在尚未推测出对方话语中所蕴含的情感信息时会调用感知觉知识和心智状态,切身体会他人的情感体验。但这样的情况还是较为少见的,因为患儿缺乏认知同理心和情感同理心,需要其监护人和康复师不断训练,才会有所进步。

5. 知识 + 行为修补数量

在干预之后,患儿 BB 会在感知觉知识的帮助下(感知声音传来的方向)并通过位置移动的方式表示自己虽然听到了对方的话语,但尚未理解,因此通过离开的方式请求他人予以修补,使其可以准确解读对方的会话。此外,ZHY 会在感知觉知识的提示下,通过模仿的方式(如果受话人借助模仿的方式与患儿开展会话,希望患儿回答其模仿动作行为的载体)表示其尚未明白受话人的话语意图,受话人须予以修补。当 HSM 调用陈述性知识后发现没有理解受话人话语时,其会通过摇头的方式表示请受话人进行会话修补。

6. 语言 + 行为修补数量

通过干预,患儿 BB 在调用已有图式(做拼图游戏时需要将颜色一致的图片放在一起)出现困难时,会通过面部表情的方式(眼睛看向其他方向)发起会话修补请求。同时,BB 在发现他人对其有交际需求而其并不能解读他人话语时会通过位置移动的方式提示交际对方进行会话修补。患儿 ZHY 则是在社会互动环境的提示下,通过摇头的方式表示自己结合社会互动环境并没有理解话语,请求他人进行会话修补。患儿 HSM 会在调用心智状态出现困难时,通过凝视受话人的面部表情发出修补请求,请求他人对较难理解的心智状态进行外部表征。此外,HSM 还会在不理解受话人所传递话语的命题态度时,借助摇头的方式表示自己并不理解,需要受话人的辅助。

7. 知识 + 语言 + 行为修补数量

干预后,患儿可在感知觉知识的帮助下,识解出他人具有交际需求,

248

但是由于理解和表达能力有限,因此其会通过面部表情(目光游离)的方式传递其尚未理解话语意图、需要对方进行修补的交际目的。患儿ZHY则是在调用陈述性知识与交际背景的同时发现其并没有掌握对方的话语意图,因此通过位置移动(走开)的方式暗示对方进行修补,以期可以理解并继续会话任务。患儿HSM会在感知觉知识的帮助下,调用心智状态。然而,对于患儿而言,即使其年龄较长,也较难具有心理理论知识,因此会通过面部表情(微笑)的方式,请求他人对较难把握的抽象的心智状态进行明示,以便帮助患儿判断其所理解的话语及情感内涵是否正确。

二、定性结果分析

量化研究后,发现三名患儿在借助主题互动游戏干预前后,其调用语用指标的数量和质量均有显著提升。量化研究的结果需要定性研究予以补充。由此,通过患儿的具体语料阐释量化研究中尚存在的问题,旨在全面、具体地把握患儿语用能力的发展情况。

为使干预前后的语料分析具有连贯性,选择同一话题"去超市购物"作为会话内容,分别对三名患儿在会话发起、会话维持、会话修补以及会话修补回应阶段的语用情况进行定性分析。

(一)会话发起阶段分析

会话发起是患儿实施会话活动的基础和准备(Ninio & Snow,1996),可决定患儿的整个会话活动。但事实上,患儿的会话发起能力较弱,较少主动发起会话。三名患儿在基线期时,会话发起数量分别为15、51.6、52.6,干预后数量分别为27、75.2、76.4,数值提高显著。具体而言,患儿在会话发起时主要借助知识、语言、行为及其交互关系。结果显示,患儿主要借助语言发起会话,且随着儿童年龄的增长,其调用该种方式越来越频繁,但较少调用行为发起会话。以下将以"去超市购物"为话题,探究干预前后患儿在会话发起时能力的变化趋势。

1. 在基线期,患儿BB的会话发起情况剖析

在实施主题互动游戏干预前,BB的会话发起不是很主动,难以针对

某一话题展开会话,注意力不能集中,会出现喋喋不休或偏离话题等情况,且其产出的句子较短、词汇较为单调。下面是患儿 BB 与康复师围绕"去超市购物"的会话语料。

例:BB-before. Cha

*BB:超市.

*KFS:对 我们 在 超市 里面.

*BB:超市.

@g

@EndTurn

*BB:果冻.

%act:BB 指着书桌上的果冻.

*KFS:我们 先 来 做 游戏 一会 就 吃 果冻.

*BB:(沉默)

%act:点头.

@g

@EndTurn

*BB:超市.

*KFS:对 去 超市 你 要 买 什么 好吃的?

*BB:巧克力.

*KFS:那 你 问 了 巧克力 多少 钱 呢?

*BB:XX.

@g

@EndTurn

*BB:XX.

%act:跑到桌子前试图拿果冻.

*BB:BB 快 回来 咱们 继续 在 超市 里 买 好吃的 呀.

@g

*BB:吃 蛋糕.

*KFS:买 什么 口味 的 蛋糕?

*BB:XXX.

*KFS:什么?

*BB:(沉默)

%act：保持沉默．

@g

从上述会话可以看出，关于"去超市购物"，BB 主动发起了 5 次会话，但只有 3 次是与"超市购买"相关。具体而言，BB 每次想发起与主题相关的会话都未能成功。第一次发起会话后，由于 BB 只说了"超市"，并未进一步具体阐述需要去超市的目的，从而导致会话中断。此外，BB 在会话过程中难以集中自己的注意力，在第一次会话失败后，就将注意力转移到桌子上的果冻上面去了，并没有继续进行"去超市购物"的游戏。此后，BB 再一次被桌子上的果冻吸引，从而又中断了游戏。经过康复师的再次提醒后，BB 又一次发起主题会话，但之后又是含糊不清，使得会话再次中断。

上述语料片段提示，在患儿接受主题互动游戏干预前的基线期，BB 不能集中注意力、语言表达含糊不清、语言较为匮乏，这些均导致 BB 难以较好地发起会话。这些问题是在主题互动游戏中需要重点干预的方面。

2. 干预后 BB 会话发起情况剖析

对 BB 实施主题互动游戏干预之后，其在与康复师进行互动时基本可以融入该游戏中，会话发起较为清晰自然。下例可具体体现其会话发起能力变化的程度。

例：BB-after.cha

＊BB：老师 去 超市．

%act：用手势跟康复师打招呼．

＊BB：去 买 果冻 吧．

＊KFS：买 什么 口味 的 果冻 呀？

＊BB：XX．

＊KFS：喜欢 吃 什么 味道 的？

＊BB：荔枝．

＊KFS：好 那 就 给 BB 买 荔枝 味儿 的 果冻．

@EndTurn

＊BB：去 超市．

＊BB：去 超市 买 果冻 吧．

%act：试图拽着康复师的手．

＊KFS：好的 你 喜欢 吃 什么 味道 的 果冻？

＊BB：荔枝.

＊KFS：荔枝 果冻 需要 买 几 个 啊？

＊BB：两 个.

＊BB：朱 老师 买 果冻.

＊KFS：你 想 让 朱 老师 给 你 买 果冻 呀？

＊BB：是的.

@g

在该语料中，BB已经掌握了如何在游戏情境中适应角色人物，可融入"去超市购物"这一话题之中。BB还学会了通过语言并可借助行为发起会话。此外，从交际内容上看，在"超市购物"过程中，BB已经不再局限于完成游戏任务，而是可有效关注会话内容。

由此认为，经过主题互动游戏干预后，患儿可以一种贴切的自然情境——"去超市购物"的会话方式进行会话。同时，患儿从仅仅通过单词表达过渡到短句层面，而且患儿的注意力有所集中，可融入游戏情境之中，以便完成会话。

(二) 会话维持阶段分析

会话发起后，需要交际双方保证会话的维持，这一阶段也是会话过程的重要阶段。就量化研究而言，三名患儿在会话维持阶段调用的数量分别为 249.83、281.93、332.87，干预后的数量变为 291.4、341.59、434.23，可见数量提高得较为显著。会话维持也分为知识维持、语言维持、行为维持及其交互关系等。总体而言，患儿所使用的会话维持方式与会话发起类似，主要借助语言维持会话，在诸多情境下，该类维持会话的方式使用较为频繁，且随着年龄的增加更为常见。而其他类别的会话维持方式使用的数量并没有借助语言的数量多。以下还是以"去超市购物"话题为例，阐释干预前后患儿会话维持能力的变化。

1. 在基线期，患儿 ZHY 会话维持情况剖析

在实施主题互动游戏干预前，ZHY 在与会话对象互动时较多地关注"去超市购物"这一事件本身，而忽略交际的具体内容。"去超市购物"仅仅是简单诉说，并无实质性内容。交谈的内容也仅限于一问一答，缺少重要信息。请看下例。

例：ZHY-before. Cha

＊ZHY：嗨.

%act：眼睛看着远方.

＊LL：嗨 你 想 干 什么 啊?

＊ZHY：不 是.

@g

@EndTurn

＊ZHY：饼干 吃.

%act：手里拿着妈妈给的饼干.

＊LL：咱们 先 玩 去 购物 的 游戏 一会 咱们 一起 吃 饼干 好 吗?

＊ZHY：（默不作声）

%act：并无回应

＊LL：还是 你 先 告诉 我 你 想 去 超市 买 什么?

@g

＊ZHY：嗨.

＊LL：你好 你 想 跟 我 去 超市 买 好 吃 的 吗?

＊ZHY：好 的 去 超市 买 好 吃 的.

＊LL：你 想 买 点 什么 好 吃 的 啊?

＊ZHY：（无回应）

%act：并无应答

＊LL：想 不 想 吃 好 吃 的 啊?

＊ZHY：嗯

%act：点头

＊LL：哦 那 想 吃 好 吃 的 我们 需要 去 超市 买 啊.

＊ZHY：买.

＊LL：对 啊 我们 去 买 你 想 买 什么?

＊ZHY：（沉默不语）

@g

从该例可以看出，ZHY 一直在刻板地进行"去超市购物"这一游戏，并没有真正融入该游戏中。当研究者问 ZHY 想干什么的时候，他直接回答"不是"，可见 ZHY 答非所问，难以维持会话。此外，在会话的推进中，ZHY 多次出现沉默不语的情况，在研究者不断询问并发起继续会话的请求时,ZHY 也并未积极配合,导致会话多次中断。

由此可见,在基线期阶段,ZHY 在会话维持期,往往只是刻板地回答会话对象的问题,难以就话题内容展开深入交流,对会话的维持并没有实质性的推进作用。

2. 干预后 ZHY 会话维持情况剖析

在主题互动游戏"去超市购物"环节中,不仅需要让患儿 ZHY 了解游戏的方式,还需鼓励其充分发挥想象力来丰富游戏环节,使其借助多样的会话内容,实施"去超市购物"这一游戏。通过不断地进行游戏互动,ZHY 基本已掌握会话维持的方式。同时,对于对话中的不适切语句,ZHY 可以辨别出来并继续询问交际方,表明该患儿对语言的识别更加敏感且进步明显。

例:ZHY-after. Cha

*ZHY:我们 还 去 超市 买 好吃 的 吗?

*LL:好 啊.

*ZHY:那 去 买 吧.

@g

@EndTurn

*ZHY:去 附近 的 超市 买 橙子 吧.

*LL:好 的 你 想 买 几 个 橙子 啊?

*ZHY:两 个.

*LL:好 的 那么 我们 就 买 两 个 吧.

*ZHY:好 的.

%act:点头.

@g

*ZHY:去 超市 买 橙子.

*ZHY:璐璐 老师 陪 我 去 吗?

*LL:可以 啊 我们 去 买 好吃 的 橙子 吧.

*ZHY:好 的 我 要 买 两 个.

*LL:买 两 个 给 谁 吃 啊?

*ZHY:给 老师 吃 给 宝宝 吃.

*LL:好的 咱们 两 个 人 一人 一 个 橙子 好 不 好?

*ZHY:好 的.

@g

从上述语料可以看出,在主题互动游戏干预之后,ZHY 的会话维持能力有了显著的提高。该患儿不仅可以正确地回答研究者的提问,还可针对"去超市购物"过程中的相关内容进行沟通,比如,询问"璐璐老师陪我去吗?"等。由此可以看出,ZHY 已经逐渐摆脱仅仅从形式上维持会话,转而变成从内容上丰富会话内容,可以从实质上扩充会话交流内容。

此外,ZHY 的语言表达能力以及社会交际能力等均有了显著的提升。在进行"去超市购物"这一游戏中,能够发挥想象力从而展开会话,从只言片语的程度提高到了借助短语回答问题的程度。同时,ZHY 在进行游戏会话中更有礼貌。可见,主题互动游戏对于提高患儿的会话维持能力效果显著。

(三) 会话修补阶段分析

在会话的推进中,由于交际双方在语言表达、理解、认知及其他各方面均存在差异,因此会影响到会话的顺利推进,会话的中断在所难免。会话的成功推进离不开交际双方的相互配合。对于自闭症儿童而言,由于其语言能力等受限,因此如何监控会话的整个进程、如何处理会话过程中的中断现象是患儿无法解决的问题。在具体的研究中,三名患儿在会话中进行修补的情况较少。此外,出现的修补情况多数也属于他人修补。进一步分析,随着主题互动游戏的不断进行,患儿对他人修补请求发起的回应能力增强,且适切回应的比例也有了显著增长。但是,由于患儿在整个会话过程中使用会话修补的次数较少,由此,本部分的示例并没有选择"去超市购物"这一主题,而是选择了较为典型的会话中断和修补的片段进行阐述。

1. 在基线期,患儿 HSM 会话修补情况剖析

例:HSM-before.cha

＊LL:XXXXXX(刻意加快语速)

＊HSM:(没有作答)

%act:茫然地看着 LL

@g

＊HSM:你好.

＊LL:hi XXX?

＊HSM：（没有作答）

%act：并没有理解 LL 的话语,仅微笑

@g

＊LL：我们 买 胜瓜 吗?（特意找"丝瓜"的学名来问患儿）

＊HSM：嗯?

＊LL：胜瓜.

＊HSM：嗯?

@g

＊HSM：XXX.

＊LL：哦?

＊HSM：我 想 回 家.

@g

从上述例子可以看出,当研究者刻意加快语速时,HSM 表现出的是不知所措的样子,或者仅仅保持微笑,或许是想以此方式告知研究者,他并没有听懂研究者的话语,因此通过该方式向研究者寻求帮助。由于患儿会话修补能力较弱,致使两次会话都以失败告终。在接下来的语料中,研究者选择了"丝瓜"这一词汇的学名,HSM 使用了"嗯"这个较为简单的修补方式,且当研究者再次重复时,HSM 也仅仅重复了一句"什么"。在最后的语料中,当 HSM 阐述不清时,作为交际对象的研究者发起了修补请求,但该患儿并没有作出回复,而是以"我想回家"来结束这一对话。

由此认为,在实施主题互动游戏干预前,HSM 在出现会话中断的时候,难以主动发起会话修补,而更愿意他人帮其进行修补。但是,HSM 偶尔也会发起修补请求,但都属于较为简单的、基本的请求重复。此外,HSM 的注意力并不集中,经常会忽视他人发起的修补请求,并且开始一个新的话题。

2. 干预后 HSM 会话修补情况剖析

在接受主题互动游戏干预后,HSM 的会话修补能力显著提高,该患儿可以就尚未听懂或未听清楚的地方发起修补请求。同时,HSM 在回答对方的会话修补请求时,也可以做到简单阐释,以便他人可以了解其所传递的意思,并开始关注受话人是否已经理解自己的交际意图。请看下例。

例：HSM-after.cha

*LL：XXX（刻意加快语速）

*HSM：说 的 是 什么 啊?

*LL：XXX（再一次加快语速）

*HSM：什么 馅饼?

*LL：馅饼 趁热 才 好 吃.

@g

*HSM：璐璐 老师 我们 去 买 荔枝 吧.

*LL：XXX?

*HSM：陪 我 去 买 荔枝 好 不 好?

*LL：好 的 一会 我们 就 去.

@g

*LL：告诉 老师 哪个 图片 是 胜瓜?

*HSM：什么 瓜?

*LL：胜瓜.

*HSM：是 什么 啊?

*LL：就 是 丝瓜.

*HSM：我 要 XX.

*LL：你 要 什么?

*HSM：我 要 这个 画板.

*LL：要 画板?

*HSM：嗯 我 也 想 画 画儿.

@g

在第一段语料中，HSM 并未听清楚交际对方的话语，因此通过说"说的是什么啊?"发起修补请求，请求对方重复。当研究者再一次刻意加快语速时，HSM 再一次发起了修补请求，并且就没有听清楚的信息使用请求详述"什么馅饼"发起修补请求，以便维持交际的顺利进行。再者，我们发现，HSM 的修补请求是不断递进、逐渐贴切的。在接下来的会话中，当 HSM 并未听清楚对方的话语时，其通过请求对方证实的方式发起修补。在下一段语料中，当研究者刻意说丝瓜的学名"胜瓜"时，HSM 询问"什么瓜"，表示并没有在头脑中提取出"胜瓜"的精确含义，因此通过请求研究者详述的方式发起修补请求，而当研究者仍然刻意说

"胜瓜"时,HSM直接询问"是什么啊?"单刀直入的简单询问使得会话持续进行,避免了会话的中断。在最后所列举的语料中,当研究者并未听清楚患儿想要的物品时,该患儿直接重复研究者所未听清楚的话语,并继续表示要画板的最终目的是想画画儿。这样,作为受话人的研究者不仅听清楚了患儿的话语,而且更加深入地理解了该患儿的交际目的。

　　总之,在接受主题互动游戏干预后,HSM可以进行基本的会话修补活动。该患儿可深入修补影响会话进程的话语,聚焦在需要修补的关键信息之上。同时,我们还可注意到,在回应修补请求时,HSM不仅可以再一次重复对方并未听清楚的话语,还可进一步阐释,以便使受话人正确解读。

三、干预效果阐释

　　本研究通过实验了解自闭症儿童的语用特点,并借助符号互动论的内涵,制定主题互动游戏方案,并使用跨被试多基线单一被试方法检验主题互动游戏对自闭症儿童语用障碍的干预效果。

　　由此,我们认为本研究主要关注的是以下几个问题:一是如何设计适用于自闭症儿童的语用障碍主题互动游戏干预方案;二是该方案的有效性如何以及如何验证该方案。通过本研究,总结出以下结果。

(一)从定量方面考察主题互动游戏干预效果

　　在接受主题互动游戏干预方案之后,与干预前相比,三名患儿的诸多语用指标差异都较为显著($p<0.01$)。尽管三名患儿具有主体差异,但主题互动游戏对他们产生的效果还是有目共睹的,这从语用指标的调用情况可见一斑。具体而言,三名患儿在会话发起、会话维持、会话修补方面调用的数量都有所增长,而会话中断的现象有所减少,这也说明患儿的会话能力在逐渐提高。同时,患儿调用知识、语言、行为及其交互关系的语用指标数量也在不断增加。此外,患儿在会话修补回应中适切性回应的数量也是处于增长的态势。由此认为,患儿的会话修补能力显著提高。上述语用指标的变化足以说明,主题互动游戏干预方案对患儿语用能力的提高是有显著效果的。

（二）从定性方面考察主题互动游戏干预效果

此外，本研究还借助定性研究方法，对三名患儿干预前后在会话发起、会话维持、会话修补等层面的语用能力表现异同进行列举分析，以便检验、证实或补充定量研究结果。

第一，就会话发起层面而言，在实施主题互动游戏干预前，患儿 BB 的会话发起主动性较差，且难以针对某一话题展开讨论，维持会话的时间也较短，注意力并不集中，喜欢陶醉在自我的言语幻想之中。此外，该患儿所发起的句子较短，基本属于独词阶段，相当于 1 岁～1 岁半的典型发育儿童水平。在实施主题互动游戏干预后，BB 与康复师在会话过程中早已融入主题互动游戏中，不再像"局外人"一样与他人"对话"，而是自然地融入游戏会话活动之中。同时，我们发现，患儿的语句水平从简单的独词阶段过渡到了词组阶段，即等同于 1 岁半～2 岁的典型发育儿童。再者，患儿 BB 的注意力要比干预前更为集中。

第二，在会话维持阶段，在接受主题互动游戏干预前，ZHY 在与研究者进行会话时，仅仅是在应付"去超市购物"这一主题互动游戏，对交流的内容缺乏认识。在进行这一游戏活动时，患儿 ZHY 通过简单的、毫无意义的交流互动匆匆结束了这一游戏，内容较为单调，交流的内容属于"前言不搭后语"型，并不能针对主题游戏进行深入交流，对会话的维持与推进并没有起到切合实际的帮助效果。在实施主题互动游戏后，在形式上，ZHY 可以顺利维持会话，并逐渐步入从内容上深入开展会话的过程，真正实现"扩充会话交流内容"这一研究目的。

第三，从会话修补阶段来看，在实施主题互动游戏干预前，患儿 HSM 可进行的会话修补情况较少。尽管 HSM 就并未听清楚或缺失的信息请求会话修补，但往往属于请求重复这一简单的会话修补初级阶段。而请求解释、请求详细阐释或请求证实等较为复杂的修补请求，出现的概率基本为零。再者，由于患儿的注意力并不集中，经常会对对方的会话修补请求置若罔闻，继而又发起一个新的话题。在接受主题互动游戏干预之后，HSM 的会话修补能力有所提高，其会对没有听清楚或并未理解的话语发起修补请求，且发起的修补请求也不仅仅局限于请求重复，而是向更高级层面的修补请求发展。当回答他人所发出的修补请求时，该患儿也会减慢回答问题的速度，并进行简单的阐释，以便使他人可以更加清楚自己的交际目的，并逐渐注意到交际对方是否已经理解了自己的交际意向。

（三）主题互动游戏干预方案成效阐释

历经1~3个月左右的主题互动游戏干预，自闭症儿童的语用能力获得了一定的发展。我们对干预效果进行剖析，发现患儿语用能力的提高与本研究的和谐性、灵活性以及整体性息息相关。

1. 和谐性

本研究所涉及的和谐性指的是主题互动游戏干预环境的和谐。该干预环境是基于不同的语用主题设计而成，并不是简单的治疗室。比如，患儿熟悉的家庭环境，我们选择的是布置温馨的家政服务室；患儿常常在其中学习的学校环境，我们选择的是语言训练康复室；患儿生活的社区环境，我们选择的是游戏训练室。同时，干预成员与患儿之间的关系，也摒弃了传统意义上指导者和被指导之间的关系，而是成为和谐理念指导下的"合作者""协助者"以及"同伴"。干预过程也是灵活多样、开放自由的。这种和谐的生态关系保证了患儿在干预过程中的整体积极性，他们更愿意亲身体验，学习不同语境下的语用技能知识。

2. 灵活性

本研究的灵活性主要指的是干预活动的动态性。针对主题互动游戏的整个进程，我们并非原封不动地按照既定的设计进行游戏，而是根据每名患儿的实际情况并结合他们对语用指标的调用情况适时调整干预方案。比如，某一患儿已经对个别语用指标有所掌握，那么就不需要继续做与该语用指标相关的干预游戏，而是可以进行其还未掌握的其他语用指标游戏，直到他们可以基本掌握这些语用指标为止。

此外，我们基于不同的交际情境设计相关的不同主题或脚本的社会认知故事以及与此相关的游戏活动。这与经典的韵律训练、语义训练、句法识记有所区别，因此该方案可以灵活使用，帮助患儿建构共通的社会和情感空间，使他们可以在互动中协调自身的感知、行为以及情感。的确，社会互动是需要两个或两个以上的人共同行动来积极创造与维持的（陈颖、杨文登、叶浩生，2019：32）。因此，我们设计诸多角色互动游戏，增强患儿对社会的直接感知能力，以便促进患儿与他人的社会关系。该干预方案强调患儿和交际者之间的互动，为患儿提供仿真的社交场景,吸引其注意,带动他们认知新鲜事物,属于动态的、有意义的交际过程。在交互过程中,帮助患儿逐渐掌握情绪识别的方法并提高他们的理解和表达能力,从而不断提高患儿的语言运用能力。

3. 整体性

本研究确定以患儿的语用能力作为研究重心,是因为语用能力是儿童语言发展的核心,也是每名儿童成长过程中"里程碑式"的标志。2岁左右的儿童即可根据交际者的身份及不同情境随时调整交往策略,而这些并非单独的语音、语义、语法指标所能说明的。诚然,语言作为社会交往的工具,在运用之中凸显其整体性或系统性的理念,囊括了语音、语义、语法等各个层面。将语用能力作为本研究的重点研究问题,对全面、系统、客观地获得患儿的语言发展全貌意义非凡。

同时,本研究所设计的干预方案也具有整体性。该干预方案与患儿的日常生活息息相关,包括家庭情境、康复机构(学校)情境、社区情境等。上述三种情境共同构成了完整的闭环,涵盖患儿所处的生活和学习的诸多方面。该干预方案对于患儿的语言习得非常重要。因此,从多角度全面帮助患儿习得相关语用技能知识,可提高他们的语言能力。

最后,本研究的实验设计也凸显整体性理念。本研究属于多基线单一被试研究,以便探究患儿在实施主题互动游戏干预前后,其语用能力的演变过程。其中,本研究对每名患儿从历时角度进行观察与干预,并对其语用指标的调用情况进行跟踪以便适时做出调整;我们还将患儿与交际者视为整体,进行共时对比。这样,历时和共时研究得以交叉融合,确保了本研究的完整性与科学性。

第六章

自闭症儿童语用能力
提升的思考

首先,本研究对 50 名语用障碍儿童的语料进行剖析,并对其语用指标的调用情况及语用特点进行量化阐释。在整体上把握语用障碍儿童语用特点的基础上,借助符号互动论设计主题互动游戏干预方案,并使用跨被试多基线单一被试研究方法检验主题互动游戏对患儿语用能力的干预效果,遵循"把握规律——制定方案——验证效果"这一研究思路,深入探讨,旨在为自闭症儿童语用障碍康复与训练提供启示。

第一节　针对自闭症儿童语用能力提升的启示 ——

就患儿在会话阶段所表现出来的情况,即,不积极的会话发起、刻板的会话维持以及不敏感的会话修补,我们提出较有针对性的应对方案。

一、帮助患儿积极地进行会话发起

首先,我们需要帮助患儿提高会话发起的主动性。事实上,通过调研发现,在会话发起时患儿表现不佳,属于被动的交际者。一般而言,患儿与成人,尤其是与母亲的交流较多。在会话发起时,往往是母亲主动发起会话,而患儿处于被动、迎合的状态。母亲倾向于通过提问发起会话,而患儿通常并不给予回应或仅仅给出错误的答案。这时母亲很少会为患儿提供正确答案的示范或对患儿的回答进行纠正,而是重新发起新的话题。此外,我们还注意到,有些表面上看似患儿主动发起的话题,实际上也是在成人的帮助下完成的。譬如,有些患儿的发声并非想引起受话人的注意,但受话人常常会主动回应,这样就会被误认为患儿是在主动发起会话。由此,患儿在与成人的交互中更希望成人会主导话语,帮助其完成会话。而患儿的锻炼机会则逐渐减少,甚至变成根本没有与他人进行主动交流的意愿。这种现象在典型发育儿童中也很常见,儿童在亲子互动中习惯于等待问题的答案,而非主动向成人提出问题并就某一问题与他人进行协商或探讨。正如李晓燕(2008)所指出的,中国家长在与儿童的交流中往往属于"控制者",这种交流方式会导致儿童在会话中处于被动的交往状态。研究也进一步发现,该种会话风格普遍存在于自闭症儿童亲子互动会话之中,应该引起家长的广泛关注并予以修正。

有鉴于此,我们认为转变患儿与成人会话者的互动方式势在必行,以便充分调用患儿发起会话的主动性。同时,成人在与患儿的会话互动中可由会话的"控制者"变为"回应者"或"协调者",将话语的主动权转交给患儿,使其有更多机会去主动发起会话,从而提高他们发起会话的能力。此外,成人在此过程中,需要准确把握患儿发起会话的实际情况,随时鼓励并监控患儿的会话发起行为。

再者,在会话修补时,患儿也应提高其主动性。但实际情况却事与愿违。患儿倾向于让他人帮助其进行会话修补,而自我进行会话修补的情况较少,数量也不多。整体而言,患儿在会话修补过程中还是缺少主动性,这与他们对语言的敏感度较低、自身的语言水平不足以及成人交际者的过度帮助不无关系。但在实际的会话进程中,研究者也发现,作为成人的交际者也存在并未对患儿的会话进行修补的情况,比如,当患儿话语含糊或表达不清时,成人交际者并未修补;当患儿提问或成人交际者主动发起提问时,在未提供答案的情况下,成人交际者并未修补;当患儿出现语法、语义以及语用错误时,成人交际者也并未修补(李晓燕,2019:95-97)。事实上,当会话出现中断时,成人交际者可为患儿提供一定的会话修补机会,比如,通过发起多种会话修补请求,培养患儿回应修补请求的能力,而不是代替患儿对会话进行修补。同时,在会话的过程中,成人交际者还可为患儿设置会话中断环节,为患儿提供发起会话修补的机会,帮助患儿习得更加复杂的会话修补请求。

二、帮助患儿丰富会话的内容

根据上述研究结果,随着年龄的增长,患儿所使用的句子和所调用的词汇相对而言还很贫乏,这就会使会话内容缺乏丰富性,导致交际过程出现障碍,影响患儿平时正常社交的有效性。由此,应该帮助患儿减少会话中断的发生,并提高患儿修补会话的能力,以便保证会话的有效性。

研究结果发现,患儿出现的会话中断主要为以下几种类型。一是无回应。患儿在会话过程中由于注意力并不集中,难以聚焦交际对象的问题。此外,患儿的兴趣相对单一,所以感兴趣的会话内容较少,因此他们更容易精神不集中,出现无回应现象。二是给出无法解读的回应。由于患儿语音表达含糊不清或所传递的意思无法被他人解读,致使患儿出现会话中断。基于此,患儿在日常的语用练习中可通过多模态方式提高语言学习的兴趣,如增加韵律练习以及语音与语义匹配的形象化练习等。

诚然,患儿会话修补能力的提升也是会话顺利进行的保证。在会话的推进过程中,成人交际者可鼓励患儿进行自我会话修补,而不要代替儿童进行修补,由此提高他们发起会话修补请求的积极性。与此同时,成人交际者可以特意设计诸多会话修补请求,等待患儿回复,并对患儿的修补请求适当予以回应,帮助患儿认识到交际的本质,提高其对会话的整体把握度。在患儿对会话修补的主动性提高之后,成人交际者可进一步增加会话修补请求的难度,帮助他们掌握框架复杂的会话修补请求。

三、帮助患儿聚焦交际的目的性

本研究发现,患儿调用知识、语言、行为及其交互关系等语用指标的数量呈现多元的发展态势。但是,从整体上进行分析,我们还发现,患儿仅仅集中于调用某些语用指标,而并未涉及另一些需要掌握的语用指标,这可能与会话主题或者情境的限制有关,但也并不能排除患儿尚未掌握上述语用指标这一情况。此外,他们的交际目的并不聚焦,交际方式也较为狭窄。由此,需要采取相关策略培养患儿在相应的情境下运用适切的语用指标的能力,以便从容应对诸多交际场合。

鉴于上述情况,我们认为成人交际者可为患儿创设多种多样的交际情境,设计题材丰富的会话主题,帮助患儿在不同情境下调用不同的语用指标,从而完成会话任务。比如,可以为他们设计与小伙伴玩耍的情境,使患儿可以同时正确调用知识(想象性知识)+语言(心智状态)+行为(面部表情)这一语用指标。事实上,患儿在本研究中调用该种语用指标的情况较少,需在今后的语用练习中通过一定的策略予以加强。由此,患儿通过有计划、有目的的语用训练活动可以较快地提高语用能力。

第二节　主题互动游戏的启示

本研究发现,主题互动游戏对提高患儿的语用能力具有一定的效果。因此,我们可以通过语用游戏练习全面呈现主题互动游戏的优势,发挥其效用。

一、培养整体的语用游戏意识

毋庸置疑,语用即语言的使用,涵盖语言的诸多层面,如语音、语义、句法等,具有整体性。患儿的语言能力是在语言的使用中培养的,在对患儿的语言训练中不能只针对语言的某一层面来进行,而是要具有整体的语言观,为他们创建一个可以积极回应的、轻松的交际环境。我们不可以认为培养患儿的语用能力就是帮助他们识记一些词汇,更不能因为患儿某个发音障碍就对其进行重点击破,而是要通过帮助他们在使用语言的过程中全面提升语用能力。

语言及其相关影响因素之间具有整体性。就儿童发展而言,语言和思维紧密相关,儿童的语言发展离不开其认知能力和社会化程度的提高。因为儿童的主要思维特点是以形象思维和表象思维为主要形式,通过在情境中的自然观察与模仿来学习语言,不断积累对语言的敏感、顿悟与兴趣。同时,儿童在社会化过程中可获得基本的生活自理能力、语言能力、语言技能以及自我概念等。在此过程中,他们具有可塑性,社会角色逐渐增强,并学习扮演性别角色、游戏角色、学校角色等。儿童正是通过一连串社会角色的培养与认定,使自我行为表现与社会规约相一致[①]。对于患儿而言,他们在与他人进行交际时,往往是基于兴趣或是伴有情绪。因此,关注到患儿的这些特点,可以更好地帮助患儿激发言语表达的意愿,培养其良好的语用能力。

二、认识交际对象的社会角色

人们在交际的过程中离不开角色的扮演。在社会互动中,儿童也要预想他人在交际中所处的社会地位,按照社会规约扮演好自身的角色并思考如何做出适切的回应,以此来完成话轮并了解他人的观点与交际意图,以便调整自己的言语和非言语行为,完成交际。与此同时,语言情境也发挥着巨大的作用,即说话人所要表达的话语要符合相应的时间、地点等信息,并要考虑受话人的社会身份,以便做出相关回应,扮演好适宜的社会角色。在这一理念的指导下,本研究通过设计主题互动游戏帮助患儿体验不同的社会情境、扮演多样的社会角色并掌握每种社会角色应持有的语言行为,从而不断提高患儿在诸多情境下的语用能力。

在利用主题互动游戏对患儿进行语用训练时,需要帮助患儿体会并了解所扮演的角色内涵、了解交际者的观点及想法、学会对此进行猜想或假设,使患儿深知,在交际互动过程中最重要的就是全面理解他人。再者,患儿还需要理解他人的非言语信息,如面部表情、手势、身体动作、位置移动等。上述非言语信息需要与患儿所扮演的社会角色相适应。比如,在扮演顾客时,首先应该让患儿了解顾客应承担的社会责任,如,顾客应尊重卖家并就想要购买的商品向卖家咨询。顾客的表情、手势等

---

① 参见 https://baike.baidu.com/item/儿童社会化/1349636?fr = aladdin.

非言语行为要与其社会身份相吻合，这些都是需要患儿在角色扮演中不断体验并掌握的。患儿在掌握了上述观点之后，才可用符合情境的话语传递信息。

三、增强语言输入的趣味性

对于典型发育儿童而言，学习并掌握言语和非语言行为相对容易。但是，对于自闭症儿童，鉴于他们有限的认知能力以及社会化程度，与典型发育儿童相比，其学习语言的效率和效果都不尽如人意。另外，我们还注意到，一般意义上的语用练习对于患儿来说枯燥乏味，因而不能长时间地吸引他们的注意，这也会使训练的效果大打折扣。然而，主题互动游戏可激发患儿的兴趣，帮助他们保持专注，对患儿具有一定的吸引力。因为对于患儿而言，游戏是他们最喜欢的活动之一，符合患儿的身心发展规律。患儿从游戏活动中可以学到社会交往经验及语言和非语言知识（如，会话发起、会话维持、会话修补、商议、想象、安慰等），并体验不同的社会角色，将此与现实生活中的所见所闻进行比对，丰富交往素材，全面提升他们的语用能力。与此同时，患儿在角色扮演中还能扩充心理理论知识、提高执行能力。由此认为，角色扮演游戏不仅可以帮助患儿提高语言表达能力，还可培养他们的社会认知能力。

四、突出交际中的互动性

如前文所述，主题互动游戏是以符合互动论为基础的。符号互动论主要强调的是个体归属于社会群体，个体可以在社会团体之间的互动中学习并逐渐趋于社会化。对于患儿而言，其语用能力的发展过程也遵循着这一轨迹。而交际中的互动是提高患儿语用能力的主要方式之一，因为交际可帮助患儿进行语言使用。在使用的过程中，他人的交互作用必不可少，使用者在与他人的互动过程中高度合作并协调话语。交际时的会话情境随时变化，交际双方的角色也在说话人和受话人之间动态变化（邹立志，2018）。患儿在与他人的互动中补充、完善、修正自己的语言，以逐渐发展语言能力。

　　研究结果也再一次表明,患儿与他人的互动会影响干预的效果。BB属于低龄组患儿,较为内向,不善于与他人沟通,眼神游离不定,更不愿意参与到与他人的互动游戏之中。因此,就干预效果而言,与中龄组以及高龄组患儿相比,BB语用能力提高的幅度较小。与 BB 相比,HSM 更善于与他人进行交互,也非常愿意参与主题互动游戏。尽管我们干预的时间仅有短短几个月,但是这位患儿提升的效果非常显著,语用能力也提高得较快。

　　由此认为,在与他人的交际互动过程中,患儿语用能力的提升是极其显著的,因此可为患儿多营造轻松的交流、沟通、互动环境。

第三节　营造良好的交际环境

一、创造丰富的语言使用环境

　　患儿在进行干预游戏时体验不同的语言使用环境,对其交际效果具有一定的影响。事实上,在实际的语言使用中,患儿可以接触到不同的情境。在不同的情境之下,患儿需要与不同的交际者展开交流活动,因此也会调用不同的语用指标进行交际。因此,为患儿提供丰富的语言使用情境,可帮助患儿习得不同的语用技能。笔者认为可从以下几个层面着手。

　　首先,对于康复学校而言,可为患儿模拟诸多交际情境。比如,可以在康复学校的活动室模拟社区环境,设计与同伴、康复师进行交流的语言情境,调动患儿交际的积极性,培养其思维能力。同时,康复师可为患儿提供示范并借助语言对他们进行循序渐进的引导,鼓励患儿主动进入情境游戏之中,使用不同的语用类型并充分发挥他们的想象力,表达出自己的所思所想。

　　其次,平时的日常生活情境也需要重视,因为这是患儿接触到真实语境的绝佳机会。比如,在社区、家庭等环境中,多为患儿提供与邻居、家庭成员、陌生人等交流互动的沟通机会,以便培养患儿的语用能力。

由于患儿具有一定的无法承受的情绪或情感负担,他们往往会拒绝会话或无法进行正常的对话交流。因此康复师和家长也需鼓励患儿多与他人就某一话题展开讨论,并且可以与具有不同社会身份的人进行交流,这样才可大幅度地提高患儿的语用能力。

再者,患儿在交际过程中发挥想象力也是必不可少的。因为在与他人的讨论之中,有些需要发挥患儿的想象力去承接话题,以便创设新的情节,这也与患儿的知识经验有关(Cacciar,Levorato & Chiara,1997)。此外,想象力也可帮助患儿不断探索未知世界,更好地观察以及认识世界。由此,康复师以及家长应重视对患儿想象力的培养,帮助他们对未知事物保有好奇心,激发他们潜在的兴趣以及求知欲。掌握关注并欣赏患儿想象性成果的方法,为他们创设并提供足够的想象力空间。在康复治疗的过程中,也应增设关于想象力培养的课程,引导患儿进行想象性活动,形成教育合力。

二、提供和谐的成长环境

患儿的语用能力纷繁复杂,他们的会话主动性欠佳,对不同的交际环境以及交际对象都会有不同程度的敏感性,由此会产生不同的应对策略。比如,对非常熟悉的家长,他们的表现较为任性、随意,所调用的语用指标并不丰富;对有所顾虑的康复师,他们的表现较为主动、配合,尽力完成康复师所设置的话题任务;对不熟悉的陌生人,他们的表现则为随性、视而不见,因此所调用的语用指标的丰富程度更是微乎其微。基于此,笔者不禁思考:如何为患儿提供适合其语用能力发展的成长环境?那么即是要为他们提供既不令其过于紧张,又不太让他们过于懒散的和谐的成长环境。

和谐的成长环境首先需要家长、康复师基于患儿现有的语用能力,提供比患儿目前的语用能力水平稍微高一些的学习材料。这种材料对患儿来说具有一定的挑战性,但患儿还没有完全掌握,这样才能帮助患儿发展语言能力。的确,这对于矫正患儿的康复师以及期待患儿康复的家长而言极具挑战,需要精准把握患儿的性格特点以及处事方式。如果康复师和家长向患儿提供的语言输入材料过于简单,那么患儿的语言能力甚至是语用能力就不可能获得长足的发展。反之,如果材料过于复杂,则不利于患儿语言能力的发展,因为这样会打击患儿的自信心,使他们逐渐产生挫败感。基于上述原因,康复师和家长可根据患儿的实际情况设计适合其特点的方案,制定具有针对性的个性化语用能力提升训练手册。此外,还可不断激励患儿,通过演示或示范,实施具体的指导,为患儿提供挑战自我的机会,在实践中提升自己的语用能力。这一和谐环境的设计需要做得恰到好处,以充分调用患儿学习语言的热情并将其语用能力发挥出最佳水平。

此外,康复师和家长需多鼓励患儿针对某一话题进行提问。当前的实际情况是,康复师和家长基本处于核心的话语掌控地位,往往希望患儿对他们言听计从,而且并没有给患儿足够多的思考时间或没有更多时间可以耐心地等待患儿回复。由此,多数患儿并没有出现反问或是质疑的情况,他们主动发出请求的次数也并不多,常常处于被动的话语地位。这可能是由于大部分成人会认为提出反对或异议代表并不配合。同时,大多数康复师或家长甚至愿意帮助患儿去完成没有回答的会话任务或是快速地转移患儿并没有作答的话题而重新开始一个新的话题。由此,我们认为,康复师和家长应该多鼓励患儿不断地提问或提出异议,这种言语行为类型会帮助患儿进行更深层次的思考,以便培养他们的认知能力,提高他们的语用水平,使会话不断延展。

第四节　人工智能技术应用于自闭症儿童语用评估与干预

人工智能(Artificial Intelligence,简称 AI)作为致力于模拟及扩展人类智能的一门计算机科学新兴分支,可为患儿提供更加灵活化和精细化的语用评估与干预。从知识、语言和行为三个语用层面探究多模态互动感知的人工智能技术,为患儿语用评估和干预策略的提出提供方案。

AI 技术是指模仿人类与人类思维相关的认知功能的机器或计算机,以通过普通计算机程序来呈现人类智能为基本的技术原理。AI 的基本应用大致可分为四个方面:感知能力(perception)、认知能力

（cognition）、创造力（creativity）和智能（wisdom）。基于这四方面的研究领域包括机器人、语言识别、图像识别、自然语言处理、控制系统和仿真系统等。AI 技术已被广泛应用于科技、安保、教育和医疗等领域，包括人脸识别、视网膜识别、虹膜识别、脑成像和专家系统等。与现有的半自主机器人不同的是，AI 机器人不需要专业人员控制预编程表达式，操作是由智能程序完成的，大大减少了对人力的需求，儿童不需要去特定地点接受干预治疗。同时，沃丁顿（Waddingon）的研究显示，患儿在家庭或课堂环境中进行干预学习效果更佳。目前，应用于自闭症人群的人工智能技术主要聚焦于脑成像及多模态话语数据的辅助诊断以及多模态话语的干预研究。Huijnen、Warren 等研究者关注人工智能机器人对 ASD 儿童社交能力的提升作用，绘制基于社交能力的干预图式（Huijnen et al., 2016；Warren et al., 2015）。由此，AI 技术的逐步发展为患儿的语用评估与干预提供了更多的想象空间。

　　知识层面的 AI 辅助语用评估需要借助大数据技术采集患儿各年龄段原有数据库、实时网络共享数据和患儿本人的数据，经过原始数据过滤、拼接和转换建构患儿的百科知识数据管理系统，从患儿令人费解的言语产出中，快速激活与患儿互为显映的共享知识并从多角度分析患儿的话语形式，再将患儿显映的已有知识数据实时上传与存储，动态建构患儿知识的激活、关联和整合过程并对患儿当下的知识语用能力予以评测，结合统计分析、预测建模、数据挖掘算法和机器学习等高级分析功能，对患儿可能具有的可调用知识进行预测性分析。利用 AI 自然语言处理技术使患儿被激活的知识性话语与患儿的交际目的产生最大关联性，整合多种关联性假设并计算与患儿语用目的的最佳认知关联，以理解患儿有效的知识性话语，进而评估其知识语用能力。在语言交际层面的语用评估较为复杂，随着 AI 自然语言处理技术在上下文的语境表征和知识逻辑推理能力上的发展，不断扩充自然语言知识图谱，以实现患儿与智能机器之间用自然语言进行有效通信并通过语义理解技术，进一步提高问答与对话系统的精准度，在话语进行的动态过程中评估患儿在社交沟通和言语互动等语用方面理解并推理出话语预设和会话含义的水平、话轮交替的适切度、回应符合当前语境的言语产出能力等。话语意义的产出是 AI 与患儿共同建构语言编码与解码的符号转换过程，具有社会智能的 AI 具有一定的社交和认知能力，在语言交际中可以客观地辨别患儿的言语意图、情感和精神状态。AI 通过语义理解技术、话语交际管理、情感识别、患儿生理数据传感和数据建模保持话语轮替的交互进行(Davies,2019)。同时,结合特定语境下患儿言语理解和产出的语用能力,快速转变或强化学习任务,提高患儿语言交际层面的评估效果。最后,在行为层面,Wall 的研究表明 AI 机器学习技术在患儿行为评估中具有高准确率和低误报率的特点,且指出交换决策树算法(Alternating Decision Tree,简称 AD Tree)是 15 种机器算法中性能最好的。这种算法的子集分类和衡量的置信度最高,且在患儿病例的诊断中具有近 100%的准确度。除机器学习技术外,行为层面的 AI 辅助语用评估还可利用生物特征识别技术,通过传感器对患儿面部和声音等信息进行采集并转换成数字代码,通过 AI 情绪感知技术检测患儿语音的音色和音调变化,感知患儿对既定编程任务的视线回应和表情反馈,快速、准确地评估患儿的行为表现。

从智能机器人索菲亚,到骨科机器人天玑,再到围棋神话阿尔法狗,AI 技术依托大数据、云计算、互联网和物联网等信息技术,以深度神经网络试图创造具有社会智能的 AI 机器人,这也给自闭症的智能化语用干预带来可能。AI 机器人以多模态感知技术,如图像处理和分类、话语信息处理和整合、不同声音方式接收和产出、温感和面部情感识别等技术,模拟人类的听觉、视觉、触觉等感知能力,与患儿进行 AI 人机交互游戏和场景任务,动态地建立和扩展患儿的知识库数据,创建患儿的个性化数据以提高患儿语言理解和产出能力,强化患儿恰当的情感表达行为,实现患儿个性化与自适应的干预学习。AI 机器人能够提供更加结构化和标准化的干预,创造一个可控的语境,为患儿提供高度结构化的话语互动环境,智能的互动和有效的干预使患儿表现出更高的任务参与度,提高知识、语言和行为能力。此外,Kumazaki(2020)指出与人类干预时的动态表情和情绪的感官超负荷刺激相比,患儿通常对机器人表现出亲和力,而不是对看护人或是同龄人。这也意味着 AI 机器人有更多进行干预的机会,可以聚焦于辅助诊断过程、语境模仿、情绪识别、话轮转换练习、注意力与互动等技术的研发与改进。然而,患儿的语言和行为具有任意性和主观性的特点,也就是说,干预的言语行为过程实际上是由患儿所主导的,AI 机器人无法准确预测患儿的反应,这将导致 AI 技术在处理不完整的话语信息、作出适当的响应并继续提供干扰辅助时面临挑战。

272　　　对许多患儿来说,AI 提供了一种途径来帮助他们理解和产出话语意图和语言方式,这是人类无法做到的。由于患儿语用的评估和干预需要从知识、语言和行为三个层面进行综合考察,其语用过程中的知识提取、语言理解和产出以及行为表现的复杂性将人工检测引入困境,同时为避免评估过程中人为因素的影响,AI 技术可以依托数据整合与计算、识别技术、语言处理、情感智能等多模态感知技术客观地评估和干预整个筛查、诊断和治疗过程。但与此同时,由于 AI 辅助患儿语用技能的评估和干预的研究相对较新,应用于实证研究和临床诊断之前,还需解决许多障碍。现提出以下两点展望:(1) AI 技术大部分基于回顾性数据,应致力于建构成熟的研究理论体系,验证评估数据的质量和应用性;(2)患儿间知识存储和提取能力存在较大的差异性和不平衡性,患儿的语言和行为亦具有不确定性和不稳定性,建议开展有效的医教合作模式,将患儿的语用特征进行理论实证研究和诊疗数据收集的交叉整合。综上,AI 技术给患儿提供了科学性语用评估与干预的可能,但仍需要跨学科的交叉深入研究,以提升评估和干预的准确性和个性化特点。

参考文献

Abbeduto, L. & S. Rosenberg. Children's knowledge of the presuppositions of "know" and other cognitive verbs [J]. *Journal of Child Language*, 1985, 12(3): 621 – 641.

American Psychiatric Association. *Diagnostic and Statistical Manual (Fifth Edition)* [M]. Washington, DC: Author, 2013.

Anderson, B., N. Schnetz-Boutaud & J. Bartlett *et al*. Examination of association of genes in the serotonin system to autism [J]. *Neurogenetics*, 2009, 10(3): 209 – 216.

Anderson, S. R. & E. L. Keenan. Deixis. In T. Shopen (eds.). *Language Typology and Syntactic Description* [C]. Cambridge: Cambridge University Press, 1985.

Astington, J. W. *The Child's Discovery of the Mind* [M]. Cambridge, MA: Harvard University Press, 1993.

Attardo, S. Locutionary and perlocutionary cooperation: The perlocutionary cooperative principle [J]. *Journal of Pragmatics*, 1997, 27(6): 753 – 779.

Austin, J. L. *How to Do Things with Words* [M]. Beijing: Foreign Language Teaching and Research Press, 2002.

Aviezer, O. Bedtime talk of three-year-old: Collaborative repair of miscommunication [J]. *First Language*, 2003, 23(1): 117 – 139.

Bach, K. & R. M. Harnish. *Linguistic Communication and Speech Acts* [M]. Cambridge, MA: MIT Press, 1979.

Baldwin, D. Understanding the link between joint attention and language [A]. In C. Moore & P. Dunham (eds.). *Joint Attention: Its Origins and Role in Development* [C]. Hillsdale, NJ: Erlbaum, 1995, pp. 131 – 158.

Baldwin, D. & L. J. Moses. Early understanding of referential intent and attentional focus: Evidence from language and emotion [A]. In C. Lewis & P. Mitchell (eds.). *Children's Early Understanding of Mind: Origins and Development* [C]. Hillsdale, NJ: Erlbaum, 1994, pp. 133 – 156.

Bar-Hillel, Y. Indexical Expressions [J]. *Mind*, 1954, 63: 359 – 379.

Baron-Cohen, S. Do children with autism recognize surprise? A research note [J].

274

Cognition & Emotion, 1993, 7(6): 507 - 516.

Baron-Cohen, S. *Mindblindness: An Essay on Autism and Theory of Mind* [M]. Cambridge, MA: MIT Press, 1995.

Baron-Cohen, S., H. Ring & E. T. Bullmore *et al*. The amygdala theory of autism [J]. *Neuroscience & Biobehavioral Reviews*, 2000, 24(3): 355 - 364.

Baron-Cohen, S., H. Ring & S. Wheelwright *et al*. Social intelligence in the normal and autistic brain [J]. *An fMRI European Journal of Neuroscience*, 1999, 11: 1891 - 1898.

Bartak, L., M. Rutter & A. Cox. A comparative study of infantile autism and specific developmental receptive language disorder: I. The children [J]. *British Journal of Psychiatry*, 1975, 126: 127 - 145.

Bass, J. D. & J. A. Mulick. Social play skill enhancement of children with autism using peers and siblings as therapists [J]. *Psychology in the Schools*, 2007, 44(7): 727 - 735.

Bates, E. *Language and Context: The Acquisition of Pragmatics* [M]. New York: Academic Press, 1976.

Bates, E., L. Camaioni & V. Volterra. The acquisition of performatives prior to speech [J]. *Merrill-Palmer Quarterly of Behavior and Development*, 1975, 21(5): 205 - 224.

Benjamin, L., A. Debinski, D. Fletcher, C. Hedger, M. Mealings & A. Stewart-Scott [A]. The use of the Bethesda Conversational Skills Profile in closed head injury. In V. Anderson & M. Bailey (eds.). *Theory and Function: Bridging the Gap* [C]. Proceedings of the Fourteenth Annual Brain Impairment Conference Melbourne: Australian Society for the Study of Brain Impairment, 1989, pp. 57 - 65.

Bishop, D. V. M. Development of the children's communication checklist (CCC): A method for assessing qualitative aspects of communicative impairment in children [J]. *Journal of Child Psychology and Psychiatry, and Allied Disciplines*, 1998, 39(6): 879 - 891.

Bishop, D. V. M. Pragmatic language impairment: A correlate of SLI, a distinct subgroup, or part of the autistic continuum? [A] In D. V. M. Bishop & L. B. Leonard (eds.). *Speech and Language Impairments in Children: Causes, Characteristics, Intervention and Outcome* [C]. Hove: Psychology Press, 2000, pp. 99 - 113.

Bishop, D. V. M. *The Children's Communication Checklist*, Version 2 (CCC - 2) [M]. London: The Psychological Corporation, 2003.

Bishop, D. V. M. & C. Adams. What do referential communication tasks measure? A study of children with specific language impairment [J]. *Applied Psycholinguistics*, 1991, 12(2): 199 - 215.

Bishop, D. V. M. & C. Adams. Comprehension problems in children with specific language impairment: Literal and inferential meaning [J]. *Journal of Speech and Hearing Research*, 1992, 35: 119 – 129.

Blank, M., M. Gessner & A. Esposito. Language without communication: A case study [J]. *Journal of Child Language*, 1979, 6: 329 – 352.

Bloom, R. L., L. H. Pick, J. C. Borod & K. D. Rorie *et al*. Psychometric aspects of verbal pragmatic ratings [J]. *Brain and Language*, 1999, 68: 553 – 565.

Bosch, G. *Infantile Autism* [M]. New York: Springer, 1970.

Botting, N. & C. Adams. Semantic and inferencing abilities in children with communication disorders [J]. *International Journal of Language and Communication Disorders*, 2005, 40(1): 49 – 66.

Braddock, B. A., C. Pickett & J. Ezzelgot *et al*. Potential communicative acts in children with autism spectrum disorders [J]. *Developmental Neurorehabilitation*, 2015, 18(4): 260 – 271.

Bryan, K. L. *The Right Hemisphere Language Battery* [M]. Kibworth: Far Communications, 1989.

Bühler, K. The deictic field of language and deictic words [A]. In Jarvella, R. J. & W. Klein (eds.). *Speech, Place, and Action: Studies in Deixis and Related Topics* [C]. New York: Wiley, 1982, pp. 9 – 30.

Busby, J. & T. Suddendorf. Recalling yesterday and predicting tomorrow [J]. *Cognitive Development*, 2005, 20(3): 362 – 372.

Cacciar, C., M. C. Levorato & M. Chiara. Imagination at work: Conceptual and linguistic creativity in children [A]. In T. B. Ward, S. M. Smith & J. Vaid (eds.). *Creative Thought: An Investigation of Conceptual Structures and Processes* [C]. Washington, D.C.: APA, 1997, pp. 145 – 177.

Campbell, P. N. A rhetorical view of locutionary, illocutionary, and perlocutionary acts [J]. *Quarterly Journal of Speech*, 1973, 59(3): 284 – 296.

Capps, L., J. Kehres & M. Sigman. Conversational abilities among children with autism and children with developmental delays [J]. *Autism*, 1998, 2(4): 325 – 344.

Caruthers, P. & P. K. Smith (eds.). *Theories of Theories of Mind* [C]. Cambridge: Cambridge University Press, 1996.

Charney, R. Pronoun errors in autistic children: Support for a social explanation [J]. *British Journal of Disorders of Communication*, 1981, 15: 39 – 43.

Clark, E. V. & C. J. Sengul. Strategies in the acquisition of deixis [J]. *Journal of Child Language*, 1978, 5(3): 457 – 475.

Cohen, T. Illocutions and perlocutions [J]. *Foundations of Language*, 1973, 9(4): 492 – 503.

Comrie, B. *Aspect* [M]. Cambridge: Cambridge University Press, 1976.

参考文献

Conti-Ramsden, G. & M. F. McTear. Assessment of pragmatics [A]. In K. Grundy (eds.). *Linguistics in Clinical Practice* (2nd edn.) [C]. London: Whurr Publishers Ltd., 1995, pp. 206 – 233.

Corballis, M. C. Mirror neurons and the evolution of language [J]. *Brain & Language*, 2010, 112: 25 – 35.

Cotugno, A. J. Social competence and social skills training and intervention for children with autism spectrum disorders [J]. *Journal of Autism and Developmental Disorders*, 2009, 39(9): 1268 – 1377.

Cummings, A. & R. Ceponiene. Verbal and nonverbal semantic processing in children with developmental language impairment [J]. *Neuropsychologia*, 2010, 48(1): 77 – 85.

Cummings, L. *Pragmatics: A Multidisciplinary Perspective* [M]. 冉永平导读. 北京: 北京大学出版社, 2007.

Cummings, L. *Clinical Pragmatics* [M]. Cambridge: Cambridge University Press, 2009.

Cummings, L. *Pragmatic Disorders* [M]. Dordrecht: Springer, 2014.

Damasio, A. R. & R. G. Maurer. A neurological model for childhood autism [J]. *Archives of Neurology*, 1978, 35(12): 777 – 786.

Damico, J. S. Clinical discourse analysis: A functional approach to language assessment. In C. S. Simon (eds.). *Communication Skills and Classroom Success* [C]. Basingstoke: Taylor and Francis, 1985, pp. 165 – 204.

David, S. *Pragmatics: A Reader* [C]. Oxford: Oxford University Press, 1991.

Davis, S. Perlocution [A]. In J. Searle, F. Kiefer & M. Bierwisch. *Speech Act Theory and Pragmatics* [C]. Dordrecht: Reidel, 1980, pp. 37 – 55.

Decety, J., T. Chaminade, J. Grezes & A. N. Meltzoff. A PET exploration of the neural mechanisms involved in reciprocal imitation [J]. *NeuroImage*, 2002, 15: 265 – 272.

Di Pellegrino, G., L. Fadiga, L. Fogassi, V. Gallese & G. Rizzolatti. Understanding motor events: A Neurophysiological study [J]. *Experimental Brain Research*, 1992, 91: 176 – 180.

Diamond, A., S. M. Carlson & D. M. Beck. Preschool children's performance in task switching on the Dimensional Change Card Sort Task: Separating the dimensions aids the ability to switch [J]. *Developmental Neuropsychology*, 2005, 28(2): 689 – 729.

Dipper, L. T., K. L. Bryan & J. Tyson. Bridging inference and Relevance Theory: An account of right hemisphere inference [J]. *Clinical Linguistics and Phonetics*, 1997, 11: 213 – 218.

Drain, S. & P. E. Engelhardt. Naturalistic observations of nonverbal children with autism: A study of intentional communicative acts in the classroom [J]. *Child*

Development Research, 2013.

Dronkers, N. F., C. A. Ludy & B. B. Redfern. Pragmatics in the absence of verbal language: Descriptions of a severe aphasic and a language-deprived adult [J]. *Journal of Neurolinguistics*, 1998, 11: 179 – 190.

Eyler, L. T., K. Pierce & E. Courchesne. A failure of left temporal cortex to specialize for language is an early emerging and fundamental property of autism [J]. *Brain*, 2012, 135(Pt 3): 949 – 960.

Faja, S. & G. Dawson. Reduced delay of gratification and effortful control among young children with autism spectrum disorders [J]. *Autism*, 2013, 19(1): 91 – 101.

Falmagne, R. J., J. Gonsalves & S. Bennett-Lau. Children's linguistic intuitions about factive presupposition [J]. *Cognitive Development*, 1994, 9(1): 1 – 22.

Fay, W. H. Personal pronouns and the autistic child [J]. *Journal of Autism and Developmental Disorders*, 1979, 9: 247 – 260.

Fillmore, C. J. *The Santa Cruz Lectures on Deixis* [M]. Bloomington, IN: Indiana University Linguistic Club, 1971.

Fillmore, C. J. *Santa Cruz Lectures on Deixis Reproduced* [M]. Indiana: Indiana University Linguistic Club, 1975.

Fillmore, C. J. *Lectures on Deixis* [M]. Stanford: CSLI, 1997.

Fine, C., J. Lumsden & R. J. R. Blair. Dissociation between "theory of mind" and executive functions in a patient with early left amygdala damage [J]. *Brain*, 2001, 124: 287 – 298.

Firth, U. *Autism: Explaining the Enigma* [M]. Oxford, England: Blackwell, 1989.

Flavell, J. H. Cognitive development: Children's knowledge about the mind [J]. *Annual Review of Psychology*, 1999, 50(50): 21 – 45.

Flavell, J. H. & P. H. Miller. Social cognition [A]. In W. Damon (ed.). *Handbook of Child Psychology: Vol. 2 Cognition, Perception, and Language* [C]. Hoboken, NJ: John Wiley & Sons, Inc., 1998, pp. 851 – 898.

Flynn, E., C. O'Malley & D. Wood. A longitudinal, microgenetic study of the emergence of false belief understanding and inhabitation skills [J]. *Developmental Science*, 2004, 7: 103 – 115.

Foster-Cohen, S. H. & E. Konrad. "If you'd like to burn your mouth feel free": A relevance theoretic account of conditionals used to children [A]. In M. Groefsema (ed.). *Proceedings of the University of Hertfordshire Relevance Theory Workshop* [C]. Chelmsford: Peter Thomas Associates, 1996.

Gaines, R. N. Doing by saying: Toward a theory of perlocution [J]. *Quarterly Journal of Speech*, 1979, 65(2): 207 – 217.

Gallagher, H. L., F. Happé & N. Brunswick *et al*. Reading the mind in cartoons and stories: An fMRI study of theory of mind in verbal and nonverbal tasks [J].

参考文献

Neuro Psychological, 2000, 38(1): 11 - 21.

Gallagher, T. M. *Pragmatics of Language: Clinical Practice Issues* [M]. London: Chapman Hall, 1991.

Gallese, V. & A. Goldman. Mirror neurons and the simulation theory of mind-reading [J]. *Trends in Cognitive Sciences*, 1998, 2: 493 - 501.

Garcia, L. J., L. Metthé, J. Paradis & Y. Joanette. Relevance is in the eye and ear of the beholder: An example from populations with a neurological impairment [J]. *Aphasiology*, 2001, 15: 17 - 38.

Garrison-Harrell, L., D. Kamps & T. Kravits. The effects of peer networks on social-communicative behaviors for students with autism [J]. *Focus on Autism and Other Developmental Disabilities*, 1997, 12(4): 241 - 256.

Gazzaniga, M. S. eds. *The New Cognitive Neurosciences* [C]. Cambridge, MA: MIT Press, 2000.

Goldberg, M. C., S. H. Mostofsky & E. M. Cutting *et al*. Subtle executive impairment in children with autism and children with ADHD [J]. *Journal of Autism & Developmental Disorders*, 2005, 35(3): 279 - 293.

Grant, J. B. & T. Suddendorf. Production of temporal terms by 3-, 4-, and 5-year-old children [J]. *Early Childhood Research Quarterly*, 2011, 26(1): 87 - 95.

Grice, H. P. Logic and conversation [A]. In P. Cole & J. Morgan (eds.). *Syntax and Semantics 3: Speech Acts*. New York: Academic Press, 1975.

Griffith, E. M., B. F. Pennington, E. A. Wehner *et al*. Executive functions in young children with autism [J]. *Child Development*, 1999, 70(4): 817 - 832.

Gu, Y. The impasse of perlocution [J]. *Journal of Pragmatics*, 1993, 20: 405 - 432.

Gutfreund, M., M. Harrison & G. Wells. *Bristol Language Development Scales: Manual* [M]. Windsor: NFER-Nelson, 1989.

Happé, F. G. E. The autobiographical writings of three Asperger syndrome adults: Problems of interpretation and implications for theory [A]. In U. Firth (ed.). *Autism and Asperger Syndrome* [C]. Cambridge: Cambridge University Press, 1991.

Happé, F. G. E. Communicative competence and theory of mind in autism: A test of relevance theory [J]. *Cognition*, 1993, 48: 101 - 119.

Harner, L. Comprehension of past and future reference revisited [J]. *Journal of Experimental Child Psychology*, 1980, 29(1): 170 - 182.

Harris, P. L. From Simulation to Folk Psychology: The case for development [J]. *Mind and Language*, 1992, 7: 120 - 144.

Henry, M. W. & S. A. Gelman. Knowledge acquisition foundational domains [A]. In D. Kuhn, R. S. Siegler, W. Damon (eds.). *Handbook of Child Psychology: Vol. 2. Cognition, Perception, and Language* (5th edn.) [C]. New York: Wiley, 1998, pp. 851 - 898.

Hobson, P. & J. Outson. Emotion recognition in autism: Coordinating faces and voices [J]. *Psychological Medicine*, 1988, 18(4): 911 – 923.

Hobson, R. P. On the origins of self and the case of autism [J]. *Development and Psychopathology*, 1990, 2: 163 – 181.

Hobson, R. P. *Autism and the Development of Mind* [M]. Hove, Sussex: Lawrence Erlbaum, 1993.

Hobson, R. P., A. Lee & J. A. Hobson. Personal pronouns and communicative engagement in autism [J]. *Journal of Autism Developmental Disorder*, 2010, 40: 653 – 664.

Holcomb, P. J., S. A. Coffey & H. J. Neville. Visual and auditory sentence processing: A developmental analysis using event-related brain potentials [J]. *Developmental Neuropsychology*, 1992, 8(2 – 3): 203 – 241.

Hopmann, M. R. & M. P. Maratsos. A developmental study of factivity and negation in complex syntax [J]. *Journal of Child Language*, 1977, 5(2): 295 – 309.

Hornik, R., N. Risenhoover & M. Gunnar. The effects of maternal positive, neutral, and negative affective communications on infant responses to new toys [J]. *Child Development*, 1987, 58(4): 937 – 944.

Huang, Y. *Pragmatics* [M]. Oxford: Oxford University Press, 2007.

Hughes, C. Control of action and thought: Normal development and dysfunction in autism: A research note [J]. *Journal of Child Psychology and Psychiatry*, 1996, 37(2): 229 – 236.

Hughes, C., J. Russell & T. W. Robbins. Evidence for executive dysfunction in autism [J]. *Neuropsychologia*, 1994, 32: 477 – 492.

Iacoboni, M., R. P. Woods & M. Brass *et al*. Cortical mechanisms of human imitation [J]. *Science*, 1999, 286: 2526 – 2528.

Jackson, R. L., P. Hoffman & G. Pobric *et al*. The semantic network at work and rest: Differential connectivity of anterior temporal lobe subregions [J]. *Journal of Neuroscience*, 2016, 36(5): 1490 – 1501.

Jhang, Y. & D. K. Oller. Emergence of functional flexibility in infant vocalizations of the first 3 months [J]. *Frontiers in Psychology*, 2017, 8: 1 – 11.

Kaminski, J., J. Call & M. Tomasello. Chimpanzees know what others know, but not what they believe [J]. *Cognition*, 2008, 109: 224 – 234.

Kanner, L. Autistic disturbances of affective contact [J]. *Nervous Child*, 1943, 2: 217 – 250.

Keen, D., G. Woodyatt & J. Sigafoos. Verifying teacher perceptions of the potential communicative acts of children with autism [J]. *Communication Disorders Quarterly*, 2002, 23(3): 131 – 140.

Keenan, E. Two kinds of presupposition in natural language [A]. Fillmore, C. & T.

参考文献

Langendoen. *Studies in Linguistic Semantics* [C]. New York: Holt, Rinehart & Winston, 1971.

Kissine, M. Locutionary, illocutionary, perlocutionary [J]. *Language and Linguistics Compass*, 2008, 2(6): 1189 - 1202.

Klecan-Aker, J. S. & P. R. Swank. The use of a pragmatic protocol with normal preschool children [J]. *Journal of Communication Disorders*, 1988, 21(1): 85 - 102.

Koegel, L. K. & C. M. Carter. Teaching children with autism self-initiation as a pivotal response [J]. *Topics in Language Disorders*, 2003, 23(2): 134 - 145.

Kumar, R. *Research Methodology: A Step-by-Step Guide for Beginning* [M]. London: Sage Publications, 1999.

Kurzon, D. The speech act status of incitement: Perlocutionary acts revisited [J]. *Journal of Pragmatics*, 1998, 29: 571 - 596.

Lantz, J. F. & J. M. Nelson. Guiding children with autism in play: Applying the integrated play group model in school setting [J]. *Teaching Exceptional Children*, 2004, 37(2): 8 - 14.

Lee, A. P., R. Hobson & S. Chiat. I, you, me and autism: An experimental study [J]. *Journal of Autism and Developmental Disorders*, 1994, 24: 155 - 176.

Leech, G. *Semantics* [M]. Harmondsworth: Penguin, 1981.

Leech, G. *Principles of Pragmatics* [M]. London: Longman, 1983.

Leinonen, E. & C. Letts. Why pragmatic impairment? A case study in the comprehension of inferential meaning [J]. *European Journal of Disorders of Communication*, 1997, 35: 35 - 51.

Leinonen, E. & D. Kerbel. Relevance theory and pragmatic impairment [J]. *International Journal of Language and Communication Disorders*, 1999, 34: 367 - 390.

Leinonen, E., C. Letts & B. R. Smith. *Children's Pragmatic Communication Difficulties* [M]. London: Whurr, 2000.

Leslie, A. ToMM, ToBY and agency: Core architecture and domain specificity [A]. In L. A. Hirschfeld & S. A. Gelman (eds.). *Mapping the Mind: Domain Specificity in Cognition and Culture* [C]. Cambridge, UK: Cambridge University Press, 1994, pp. 119 - 148.

Levinson, S. C. *Pragmatics* [M]. London: Cambridge University Press, 1983.

Locke, J. *A Child's Path to Spoken Language* [M]. Cambridge, MA: Harvard University Press, 1993.

Loukusa, S., E. Leinonen & N. Ryder. Development of pragmatic language comprehension in Finnish-speaking children [J]. *First Language*, 2007a, 27(3): 279 - 296.

Loukusa, S., E. Leinonen, K. Jussila & M. Mattila *et al*. Answering contextually demanding questions: Pragmatic errors produced by children with Asperger syndrome or high-functioning autism [J]. *Journal of Communication Disorders*, 2007b, 40: 357 - 381.

Loukusa, S., N. Ryder & E. Leinonen. Answering questions and explaining answers: A study of Finnish-speaking children [J]. *Journal of Psycholinguistic Research*, 2008, 37(3): 219 - 241.

Lyons, J. *Linguistics* [M]. London: Oxford University Press, 1987.

MacWhinney, B. *The CHILDES Project: Tools for Analyzing Talk* (3rd edn.) [M]. Mahwah, NJ: Lawrence Erlbaum Associates, 2000.

Marcu, D. Perlocutions: The Achilles' heel of speech act theory [J]. *Journal of Pragmatics*, 2000, 32(12): 1719 - 1741.

Marmaridou, S. A. *Pragmatic Meaning and Cognition* [M]. Amsterdam: John Benjamins, 2000.

Martin, I. & S. McDonald. Weak coherence, no theory of mind, or executive dysfunction? Solving the puzzle of pragmatic language disorders [J]. *Brain and Language*, 2003, 85: 451 - 466.

Martin, J. R. & M. Zappavigna. Embodied meaning: A systemic functional perspective on paralanguage [J]. 吴启竞、王振华译. *Contemporary Rhetoric*, 2018, 1: 2 - 33.

McConnell, S. R. Interventions to facilitate social interaction for young children with autism: Review of available research and recommendations for educational intervention and future research [J]. *Journal of Autism and Developmental Disorders*, 2002, 32(5): 351 - 372.

McDonald, S. Exploring the process of inference generation in sarcasm: A review of normal and clinical studies [J]. *Brain and Language*, 1999, 68: 486 - 506.

McDonald, S. & S. Pearce. Clinical insights into pragmatic theory: Frontal lobe deficits and sarcasm [J]. *Brain and Language*, 1996, 53: 81 - 104.

McTear, M. *Children's Conversation* [M]. New York: Basil Blackwell Publisher Ltd., 1985.

McTear, M. & G. Conti-Ramsden. *Pragmatic Disability in Children* [M]. London: Whurr, 1992.

Medina, J. *Language: Key Concepts in Philosophy* [M]. London: Continuum, 2005.

Meltzoff, A. N. Understanding the intentions of others: Re-enactment of intended acts by 18-month-old children [J]. *Developmental Psychology*, 1995, 31 (5): 838 - 850.

Mitchley, N. J., J. Barber, J. M. Gray, D. N. Brooks & M. G. Livingston. Comprehension of irony in schizophrenia [J]. *Cognitive Neuropsychiatry*, 1998, 3: 127 - 138.

Moore, C. & D. Furrow. The development of the language of belief: The expression

参考文献

of relative certainty [A]. In D. Frye & C. Moore (eds.). *Children's Theories of Mind: Mental States and Social Understanding* [C]. Hillsdale, NJ: Erlbaum, 1991, pp. 173 - 193.

Moore, C. & J. Davige. The development of mental terms: Pragmatics or semantics? [J] *Journal of Child Language*, 1989, 16(3): 633 - 641.

Morris, C. *Foundations of the Theory of Signs* [M]. Chicago: University of Chicago Press, 1938.

Morton, J. & M. Johnson. CONSPEC and CONLERN: A two-process theory of infant face recognition [J]. *Psychological Review*, 1991, 98: 164 - 181.

Moses, L. J. Executive accounts of theory-of-mind development [J]. *Child Development*, 2002, 72: 688 - 690.

Müller, N. *Pragmatics in Speech and Language Pathology* [M]. Amsterdam: Benjamins, 2000.

Ninio, A. & C. E. Snow. *Pragmatic Development* [M]. Bouldwe, CO: Westview Press, 1996.

Ninio, A., P. Wheeler, B. A. Pan, C. E. Snow & P. R. Rollins. *INCA - A: Inventory of Communicative Acts-Abridged* [D]. Cambridge, MA: Harvard Graduate School of Education, 1991.

Norbury, C. F. Atypical pragmatic development [A]. In D. Matthews (ed.). *Pragmatic Development in First Language Acquisition* [C]. Amsterdam: John Benjamins Publishing Company, 2014.

Norrick, N. R. Proverbial perlocutions: How to do things with proverbs [A]. In W. Mieder (ed.). *Wise Words: Essays on the Proverb* [C]. New York: Routledge, 1994, pp. 143 - 158.

Norris, C. & J. Dattilo. Evaluating effects of a social story TM intervention on a young girl with autism [J]. *Focus on Autism and Other Developmental Disabilities*, 1999, 14(3): 180 - 186.

Noveck, I. A. & D. Sperber. *Experimental Pragmatics* [M]. Basingstoke: Palgrave, 2004.

Noveck, I. A. & D. Sperber. The why and how of Experimental Pragmatics: The case of scalar inferences [A]. In N. Burton-Roberts (ed.). *Pragmatics* [C]. Basingstoke: Palgrave, 2007.

Ochs, E. & B. Schieffelin. *Developmental Pragmatics* [M]. New York: Academic Press, 1979.

Oh, S. & C. Lewis. Korean preschoolers' advanced inhibitory control and its relation to other executive skills and mental state understanding [J]. *Child Development*, 2008, 79: 80 - 99.

Olson, D. R. & J. W. Astington. Children's acquisition of metalinguistic and metacognitive verbs [A]. In W. Demopoulos & A. Marras (eds.). *Language*

Learning and Concept Acquisition [C]. Norwood, NJ: Ablex, 1986, pp. 184 - 199.

Osman, D. M., S. Shohdi & A. A. Aziz. Pragmatic difficulties in children with specific language impairment [J]. *International Journal of Pediatric Otorhinolaryngology*, 2011, 75(2): 171 - 176.

Ozonoff, S. & D. L. Strayer. Further evidence of intact working memory in autism [J]. *Journal of Autism and Developmental Disorders*, 2001, 31(3): 257 - 263.

Ozonoff, S., F. Pennington & S. J. Rogers. Executive function deficits in high-functioning autistic individuals: Relationship to theory of mind [J]. *Journal of Child Psychology and Psychiatry*, 1991a, 32: 1081 - 1105.

Palmer, F. R. *Modality and the English Modals* [M]. New York: Longman Group Ltd., 1979.

Pan, B., A. Imbens-Bailey, A. K. Winner & C. E. Snow. Communicative intents expressed by parents in interaction with young children [J]. *Merrill-Palmer Quarterly*, 1996, 42: 248 - 267.

Penn, C. The profile of communicative appropriateness [J]. *South African Journal of Communication Disorders*, 1985, 32: 18 - 23.

Perkins, L., A. Whitworth & R. Lesser. Conversation analysis profile for people with cognitive impairments (*CAPPCI*) [M]. London: Whurr, 1997.

Perkins, M. R. *Pragmatic Impairment* [M]. Cambridge: Cambridge University Press, 2007.

Perkins, M. R. The cognitive basis of pragmatic disabilities [A]. In W. Ziegler & K. Deger (eds.). *Clinical Phonetics and Linguistics*. London: Whurr, 1998.

Perlovsky, L. I. & R. Ilin. Mirror neurons, language, and embodied cognition [J]. *Neural Networks*, 2013, 41: 15 - 22.

Phelps-Terasaki, D. & T. Phelps-Gunn. *Test of Pragmatic Language* [M]. London: Psychological Corporation, 1992.

Pierce, K. & L. Schreibman. Using peer trainers to promote social behavior in autism: Are they effective at enhancing multiple social modalities? [J] *Focus on Autism and Other Developmental Disabilities*, 1997, 12(4): 207 - 218.

Prinz, P. & F. Weiner. *The Pragmatics Screening Test* [M]. Ohio: Psychological Corporation, 1987.

Prutting, C. A. & D. M. Kirchner. Applied pragmatics [A]. In T. M. Gallagher & C. A. Prutting (eds.). *Pragmatic Assessment and Intervention Issues in Language* [C]. San Diego: College Hill Press, 1983, pp. 29 - 64.

Rapin, I. C. Historical data [A]. In I. Rapin (ed.). Preschool children with inadequate communication: Developmental language disorder, autism, low IQ. *Clinics in Developmental Medicine* [C]. London: Mac Keith Press, 2002, 139: 5 - 97.

参考文献

Reniers, R. L. & R. Corcoran *et al*. Moral decision-making, ToM, empathy, and the default mode network [J]. *Biological Psychology*, 2012, 90: 202 – 210.

Ricks, D. M. & L. Wing. Language, communication, and the use of symbols in normal and autistic children [J]. *Journal of Autism and Childhood Schizophrenia*, 1975, 5: 191 – 221.

Rizzolatti, G. & L. Craighero. The mirror-neuron system [J]. *Annual Review of Neuroscience*, 2004, 27: 169 – 192.

Rollins, P. R., I. Wambacq & D. Dowell *et al*. An intervention technique for children with autistic spectrum disorder: Joint attentional routines [J]. *Journal of Communication Disorders*, 1998, 31(2): 181 – 193.

Roth, F. P. & N. J. Spekman. Assessing the pragmatic abilities of children: Part 1. Organizational framework and assessment parameters [J]. *Journal of Speech and Hearing Disorder*, 1984, 49(1): 2 – 11.

Russell, J. *Agency: Its Role in Mental Development* [M]. Hove, UK: Erlbaum Taylor & Francis, 1996.

Russell, J., C. Jarrold & L. Henry. Working memory in children with autism and with moderate learning difficulties [J]. *Journal of Psychology and Psychiatric*, 1996, 37(6): 673 – 686.

Russell, J., S. Hala & E. Hill. The automated windows task: The performance of preschool children, children with autism, and children with moderate learning difficulties [J]. *Cognitive Development*, 2003, 18(1): 111 – 137.

Ryder, N. & E. Leinonen. Use of context in question answering by 3-, 4- and 5-year-old children. *Journal of Psycholinguistic Research* [J]. 2003, 32(4): 397 – 415.

Ryder, N., E. Leinonen & J. Schulz. Cognitive approach to assessing pragmatic language comprehension in children with specific language impairment [J]. *International Journal of Language & Communication Disorders*, 2008, 43: 427 – 447.

Sadock, J. M. *Toward a Linguistic Theory of Speech Acts* [M]. New York: Academic Press, 1974.

Sansosti, F. J. & K. A. Powellsmith. Using social stories to improve the social behavior of children with Asperger syndrome [J]. *Journal of Positive Behavior Interventions*, 2006, 8(1): 43 – 57.

Saxe, R. & L. Powell. It's the thought that counts: Specific brain regions for one component of theory of mind [J]. *Psychological Science*, 2006, 17: 692 – 699.

Schatz, S. & M. González-Rivera. Pragmatic function impairment and Alzheimer's dementia [J]. *Pragmatics & Cognition*, 2016, 23: 324 – 342.

Schelletter, C. & E. Leinonen. Normal and language-impaired children's use of reference: Syntactic versus pragmatic processing [J]. *Clinical Linguistics and*

Phonetics, 2003, 17: 335 - 343.

Schopler, E., M. D. Lansing, R. J. Reichler & L. M. Marcus. *Psychoeducational Profile Third Edition Examiner's Manual* [M]. Hong Kong: The Commercial Press Ltd., 2009.

Schultz, T. R. From agency to intention: A rule-based, computational approach [A]. In A. Whiten (ed.). *Natural Theories of Mind: Evolution, Development and Simulation of Everyday Mindreading* [C]. Cambridge, MA: Basil Blackwell, 1991, pp. 79 - 95.

Scoville, R. P. & A. M. Gordon. Children's understanding of factive presuppositions: An experiment and a review [J]. *Journal of Child Language*, 1980, 7(2): 381 - 399.

Searle, J. R. *Expression and Meaning: Studies in the Theory of Speech Acts* [M]. Beijing: Foreign Language Teaching and Research Press, 2001.

Shields, J., R. Varley, P. Broks & A. Simpson. Social cognition in developmental language disorders and high-level autism [J]. *Developmental Medicine and Child Neurology*, 1996, 38: 487 - 495.

Short, S. J., G. R. Lubach & A. I. Karasin *et al*. Maternal influenza infection during pregnancy impacts postnatal brain development in the rhesus monkey [J]. *Biological Psychiatry*, 2010, 67(10): 965 - 973.

Shulman, B. B. *Test of Pragmatic Skills* [M]. Arizona: Communication Skills Builders, 1985.

Sigafoos, J., G. Woodyatt, D. Keen, K. Tait, M. D. Tucker & R. Pennell *et al*. Identifying potential communicative acts in children with developmental and physical disabilities [J]. *Communication Disorders Quarterly*, 2000, 21: 77 - 86.

Sinzig, J., I. Vinzelberg & D. Evers *et al*. Executive function and attention profiles in preschool and elementary school children with autism spectrum disorders or ADHD [J]. *International Journal of Developmental Disabilities*, 2014, 60(3): 144 - 154.

Smith, B. R. & E. Leinonen. *Clinical Pragmatics: Unravelling the Complexities of Communicative Failure* [M]. London: Chapman and Hall, 1992.

Sperber, D. & D. Wilson. *Relevance: Communication and Cognition* (2nd edn.) [M]. Oxford: Blackwell, 1995.

Sperber, D. & D. Wilson. Pragmatics [A]. In F. Jackson & M. Smith (eds.). *Oxford Handbook of Contemporary Analytic Philosophy* [C]. Oxford: Oxford University Press, 2005, pp. 468 - 501.

Stainton, R. J. Review Articles Pragmatic Impairments [J]. *International Review of Pragmatics*, 2011, 3: 85 - 97.

Stalnaker, R. C. Pragmatic Presuppositions [A]. S. Davis (ed.). *Pragmatics: A Reader* [C]. New York: Oxford University Press, 1991.

参
考
文
献

286

Stevens, J. *Applied Multivariate Statistics for the Social Sciences* (3rd edn.) [M].
Mahwah, NJ: Lawrence Erlbaum, 1996.

Sudhalter, V. I., L. Cohen & W. Silverman *et al*. Conversational analyses of males
with fragile X, Down syndrome, and autism: Comparison of the emergence of
deviant language [J]. *American Journal on Mental Retardation*, 1990, 94(4):
431 – 441.

Tager-Flusberg, H. Language and understanding minds: Connections in autism [A].
In S. Baron-Cohen, H. Tager-Flusberg & D. J. Cohen (eds.). *Understanding
Other Minds: Perspectives from Autism and Developmental Cognitive Neuroscience*
(2nd edn.) [C]. Oxford: Oxford University Press, 2000, p. 4.

Taylor, R. Profiles of semantic-pragmatic disorder and the investigation of
underlying psychological mechanisms [D]. Unpublished PhD thesis, University of
Sheffield, 2000.

Tesink, C. & K. Petersson *et al*. Unification of speaker and meaning in language
comprehension: An fMRI study [J]. *Journal of Cognitive Neuroscience*, 2009,
21: 2085 – 2099.

Tfouni, L. V. & R. L. Klatzky. A discourse analysis of deixis: Pragmatic, cognitive
and semantic factors in the comprehension of 'this', 'that', 'here' and 'there'
[J]. *Journal of Child Language*, 1983, 10(1): 123 – 133.

Thomas, J. *Meaning in Interaction: An Introduction to Pragmatics* [M]. London:
Longman, 1995.

Tillman, K. A. & D. Barner. Learning the language of time: Children's acquisition
of duration words [J]. *Cognitive Psychology*, 2015, 78: 57 – 77.

van Dijk, T. A. *Text and Context: Exploration in the Semantics and Pragmatics of
Discourse* [M]. London: Longman, 1977.

Verschueren, J. *Understanding Pragmatics* [M]. London & New York: Arnold,
1999.

Volden, J. & C. Lord. Neologisms and idiosyncratic language in autistic speakers
[J]. *Journal of Autism & Developmental Disorders*, 1991, 21(2): 109 – 130.

Wadsworth, H. M., J. O. Maximo, R. J. Donnelly & R. K. Kana. Action simulation
and mirroring in children with autism spectrum disorders [J]. *Behavioural Brain
Research*, 2018, 341(8): 1 – 8.

Wang, H., G. Zhang & B. Liu. Influence of auditory spatial attention on cross-
modal semantic priming effect: Evidence from N400 effect [J]. *Experimental
Brain Research*, 2017, 235(1): 331 – 339.

Wassink, T. H., V. J. Vieland & V. C. Sheffield *et al*. Posterior probability of
linkage analysis of autism dataset identifies linkage to chromosome 16 [J].
Psychiatric Genetics, 2008, 18(2): 85.

Webb, B., S. Miller & T. Pierce. Effects of social skill instruction for high-functioning adolescents with autism spectrum disorders [J]. *Focus on Autism and Other Developmental Disabilities*, 2004, 19(1): 53 - 62.

Webb, S., G. Dawson & R. Bernier *et al*. ERP evidence of atypical face processing in young children with autism [J]. *Journal of Autism and Developmental Disorder*, 2006, 36(7): 881 - 890.

Wellman, H. M., P. L. Harris, M. Banerjee & A. Sinclair. Early understanding of emotion: Evidence from natural language [J]. *Cognition and Emotion*, 1995, 9 (2): 117 - 149.

Weyerts, H. & M. Penke *et al*. Word order in sentence processing: An experimental study of verb placement in German [J]. *Journal of Psycholinguistic Research*, 2002, 31(3): 211 - 268.

Whitworth, A., L. Perkins & R. Lesser. *Conversation Analysis Profile for People with Aphasia (CAPPA)* [M]. London: Whurr, 1997.

William, J. H. Self-other relations in social development and autism: Multiple roles for mirror neurons and other brain bases [J]. *Autism Research*, 2008(1): 73 - 90.

Wilson, D. & D. Sperber. Pragmatics and Modularity [A]. In S. Davis (ed.). *Pragmatics: A Reader* [C]. New York: Oxford University Press, 1991, pp. 583 - 595.

Wolfberg, P. J. & A. L. Schuler. Integrated play groups: A model for promoting the social and cognitive dimensions of play in children with autism [J]. *Journal of Autism & Developmental Disorders*, 1993, 23(3): 467 - 489.

Wundt, W. *The Language of Gestures* [M]. The Hague, The Netherlands: Mouton, 1973.

Yang, T. & P. J. Wolfberg. Supporting children on the autism spectrum in peer play at home and school: Piloting the integrated play groups model in Taiwan [J]. *Autism: The International Journal of Research and Practice*, 2003, 7(4): 437 - 453.

Yi, L., Y. Fan & L. Joseph *et al*. Event-based prospective memory in children with autism spectrum disorder: The role of executive function [J]. *Research in Autism Spectrum Disorders*, 2014, 8(6): 654 - 660.

Yule, G. *Pragmatics* [M]. London: Oxford: Oxford University Press, 1996.

Ziefle, M. Effects of display resolution on visual performance [J]. *Human Factors*, 1998, 40: 554 - 568.

Zuo, X. N., C. Kelly & A. Martino *et al*. Growing together and growing apart: Regional and sex differences in the lifespan developmental trajectories of functional homotopy [J]. *Journal of Neuroscience*, 2010, 30(45): 15034 - 15043.

埃斯.孩子与时间 [M].林晓轩译.北京：生活·读书·新知三联书店,2017.

百度百科.儿童社会化. (https://baike. baidu. com/item/儿童社会化/1349636?fr = aladdin.)

288

卜凡帅.自闭症障碍者计算机视频教学之成效研究——以一名自闭症谱系障碍者的快餐店点餐技能为例 [J].毕节学院学报,2014,11:48-55.

陈海庆.会话语篇的互动机制及其取效行为 [J].大连理工大学学报(社会科学版),2008,4:83-87.

陈海庆.文学语篇的语用学阐释:互动性及其取效行为 [J].外语教学,2009,1:30-34.

陈巍.关于儿童模仿能力的理论解释模型及其研究展望 [J].学前教育研究,2010,12:21-26.

陈新仁.论广告用语中的语用预设 [J].外国语,1998,5:54-57.

陈新仁.国外儿童语用发展研究述评 [J].外语与外语教学,2000,12:38-41.

陈英和.认知发展心理学 [M].杭州:浙江人民出版社,1999.

陈颖,杨文登,叶浩生.具身认知视角下自闭症谱系障碍儿童的社会互动及干预策略 [J].中国特殊教育,2019,11:30-35.

程璐璐.学龄前儿童语用发展的取效行为研究 [D].黑龙江大学博士学位论文,2019.

程璐璐.学龄前儿童语用发展的取效行为研究 [M].北京:中国社会科学出版社,2021.

程璐璐,尚晓明.学前儿童语用交流行为的发展特点与取效行为理论 [J].学前教育研究,2017a,3:14-31.

程璐璐,尚晓明.儿童语用发展取效行为的语力探讨 [J].学术交流,2017b,5:163-167.

邓赐平,刘明.解读自闭症的"心理理论缺损假设":认知模块观的视角 [J].华东师范大学学报(教育科学版),2005,12:53-58.

董奇,陶沙.动作与心理发展 [M].北京:北京师范大学出版社,2004.

冯雅静,胡晓毅.国外扩大替代性沟通系统对自闭症儿童需求表达技能干预的研究综述 [J].中国特殊教育,2014,6:31-40.

何自然.语用学与英语学习 [M].上海:上海外语教育出版社,1997.

贺存,杨继平,徐光兴.地板时间疗法在自闭症儿童功能性情绪发展中的应用 [J].教育理论与实践,2011,10:46-49.

侯婷婷,杨福义.学龄前自闭症儿童的执行功能研究综述 [J].中国特殊教育,2016,3:10-16.

华红琴,朱曼姝.学龄弱智儿童语言发展研究 [J].心理科学,1998,8:130-138.

江怡.西方哲学史第八卷(下) [M].南京:江苏人民出版社,2005.

焦青.10例孤独症儿童心理推测能力的测试分析 [J].中国心理卫生杂志,2001,1:60-62.

孔令达.汉族儿童实词习得研究 [M].合肥:安徽大学出版社,2004.

孔令达.儿童对两组时间词的习得 [J].安徽师范大学学报(人文社科版),2007,6:690-693.

李红,高山,王乃弋.执行功能研究方法评述 [J].心理科学进展,2004,12:693-705.

李欢.智力落后儿童语用干预研究 [M].北京:科学出版社,2014.

李捷,何自然,霍永寿.语用学十二讲 [M].上海:华东师范大学出版社,2010.

李晓燕.汉语自闭症幼儿语言发展和交流的个案研究［D］.华东师范大学博士学位论文,2008.

李晓燕.同伴型优势视角：融合教育背景下自闭症幼儿语用交互支持方略探索［J］.内蒙古师范大学学报(教育科学版),2014,4：43－46,51.

李晓燕.高功能自闭症儿童会话发展与康复——特质中心疗养模式［M］.北京：中国社会科学出版社,2019.

连毅卿.语用学视角下的取效行为［J］.山西师范大学学报(社会科学版),2011,s1：94－95.

刘风光.取效行为与诗歌语篇：语用文体学方法［D］.东北师范大学博士学位论文,2009.

刘风光,张绍杰.取效行为与诗歌语篇［J］.外语与外语教学,2007,10：6－8,21.

刘森林.学龄前儿童语用发展状况实证研究——聚焦言语行为［J］.外语研究,2007,5：9－13.

刘学兰.自闭症儿童的教育与干预［M］.广州：暨南大学出版社,2012.

刘颖.儿童早期词汇句法习得研究［M］.济南：山东大学出版社,2015.

隆江源.汉语儿童指示代词习得研究［D］.湖南大学硕士学位论文,2018.

罗建明.社会故事法提高中度自闭症儿童等待能力的个案研究［J］.绥化学院学报,2017,10：96－98.

吕明臣.话语意义的建构［M］.长春：东北师范大学出版社,2015.

吕一慈.家长运用关键反应介入教导自闭症儿童的家庭生活技能成效之研究［D］.台湾师范大学博士论文,2008.

秦晓晴.外语教学研究中的定量数据分析［M］.武汉：华中科技大学出版社,2011.

冉永平.指示语选择的语用视点、语用移情与离情［J］.外语教学与研究,2007,5：331－337,400.

冉永平,李欣芳.临床语用学视角下语用障碍的交叉研究［J］.外国语,2017,2：28－38.

尚晓明.再论取效行为——"语用学回眸"系列研究之三［J］.外语学刊,2008,6：57－60.

尚晓明.儿童语用发展知识图式探究［J］.外语电化教学,2016,4：61－65.

尚晓明,程璐璐.发展语用学视域中的语用障碍问题研究［J］.外国语,2019,4：103－112.

尚晓明,程璐璐.语用障碍儿童心理运作机制的取效行为研究［J］.西安外国语大学学报,2020,4：44－48.

尚晓明,张春隆.语用·文体·文化［M］.哈尔滨：黑龙江人民出版社,2002.

尚云鹤.视觉诗歌的取效行为解读［J］.黑龙江高教研究,2015,3：111－113.

沈家煊.有关思维模式的英汉差异［J］.现代外语,2020,1：1－17.

沈梅英等.维特根斯坦哲学观视角下的语言研究［M］.杭州：浙江大学出版社,2012.

施嘉伟,周鹏,I. Giblin & S. Crain.儿童语言中的递归领属结构［J］.外语教学与研究,2019,3：323－333.

290

宋璐伶,曹漱芹.积木游戏治疗提升高功能自闭症儿童社交能力的成效及有效要素分析 [J].中国特殊教育,2018,9:38-45.

苏怡,莉蒂希娅·蕾格斯.汉语自闭症学前儿童语言表达能力实证研究 [J].语言战略研究,2020,2:25-34.

孙淑芳.取效行为的内涵阐释与取效行为动词 [J].解放军外国语学院学报,2009,6:30-35.

孙淑芳.取效行为的界定、分类及表达手段 [J].外国问题研究,2010,1:17-22.

汪寅,陈巍.孤独症破镜儿童述评 [J].心理科学进展,2010,2:297-305.

王桂琴,方格,毕鸿燕,杨小冬.儿童心理理论的研究进展 [J].心理学动态,2001,2:129-135.

王静梅,张义宾,郑晨烨等.3~6 岁儿童执行功能子成分发展的研究 [J].心理发展与教育,2009,1:1-10.

王梅,张俊芝.孤独症儿童的教育与康复训练 [M].北京:华夏出版社,2007.

王正元.间接言语行为取效 [J].外语与外语教学,1996,3:27-30.

王智,田婧,朱紫桥,唐辉一,倪磊.关键反应训练对学龄前自闭症儿童社交领域的个案研究 [J].河北能源职业技术学院学报,2019,2:21-25.

维特根斯坦.哲学研究 [M].李步楼译.北京:商务印书馆,2000.

魏寿洪.AAC 在自闭症儿童沟通行为中的应用分析 [J].中国特殊教育,2006,11:44-48.

魏寿洪.自闭症谱系障碍儿童社会技能的评估与干预 [M].北京:科学出版社,2017.

徐晓东,吴诗玉.语用信息加工的神经机制 [J].当代外语研究,2019,2:31-43.

杨晓岚.3~6 岁儿童同伴会话能力发展研究 [D].华东师范大学硕士学位论文,2009.

余习德,李明,夏新懿,朱一奕,高定国.儿童时间言语的发生与发展 [J].学前教育研究,2019,2:57-69.

俞建梁.语言障碍与基因相关性研究 [J].现代外语,2013,1:99-104.

约翰·塞尔.心灵、语言和社会:实在世界中的哲学 [M].李步楼译.上海:上海译文出版社,2006.

张婷.执行功能和心理理论的关系——发展和神经机制研究 [D].西南大学博士学位论文,2010.

张云秋,王赛.汉语早期儿童时间意识的开始——"了"的习得意味着什么? [J]首都师范大学学报(社会科学版),2009,1:119-124.

张云秋等.汉语儿童早期语言的发展 [M].北京:商务印书馆,2014.

赵鸣,黄莹莹,刘涛.4~6 岁儿童言语理解中世界知识运用能力的发展 [J].心理与行为研究,2018,2:202-208.

赵彦宏,赵清阳."取效行为"理论视域下跨文化交际中的第三文化构建 [J].黑龙江高教研究,2014,12:96-99.

周兢. *Pragmatic Development of Mandarin-Speaking Children from 14 Months to 32 Months* [D].香港大学博士学位论文,2001.

周兢.重视儿童语言运用能力的发展——汉语儿童语用发展研究给早期语言教育带

来的信息［J］.学前教育研究,2002,3:8－10.

周兢.从前语言到语言转换阶段的语言运用能力发展——3 岁前汉语儿童语用交流行为习得的研究［J］.心理科学,2006,6:1370－1375.

周兢.汉语儿童语言发展研究——国际儿童语料库研究方法的应用与发展［M］.北京:教育科学出版社,2009.

周兢,李晓燕.特殊儿童回声性言语的语用功能［J］.中国特殊教育,2007,3:38－43.

周念丽.自闭症谱系障碍儿童的发展与教育［M］.北京:北京大学出版社,2015.

朱曼殊,曹锋,张仁骏.幼儿对指示代词的理解［J］.心理科学,1986,3:1－6.

朱曼殊,武进之,应厚昌等.儿童对几种时间词句的理解［J］.心理学报,1982,3:294－301.

邹立志.汉语儿童早期会话中关联标记"然后"的发展个案研究［J］.首都师范大学学报(社会科学版),2018,6:134－145.

附录

INCA－A 系统、自编编码系统的类型及语用意义

附表 1　言语倾向类型及语言编码来源要素(22 种)

代码	英文全名	意义
CMO/ MS	Comforting ➤ Mental State	安慰,即安慰受话人,表达对不幸的同情(心智状态)
DCA/ CN	Discussing clarification of action ➤ Communicative Needs	讨论,澄清事实,即澄清受话人的非言语交流行为(交际需求)
DCC/ CN	Discussing clarification of verbal communication ➤ Communicative Needs	讨论对言语交流的阐述,澄清受话人模棱两可的交流,或证实受话人对其的理解(交际需求)
DFW/ IS	Discussing the fantasy world ➤ Image Schemata	讨论想象情境的事情,即进行一次想象游戏中的对话(已有图式)
DHA/ CN	Directing hearer's attention ➤ Communicative Needs	引导受话人对事物和人的注意,即引起受话人对环境中物体、人物、事件的注意,准备商议活动或者讨论焦点问题(交际需求)
DHS/ MS	Discussing hearer's thoughts and feelings ➤ Mental State	讨论受话人的想法和情绪,即就受话人不易被观察到的想法和情绪进行一次谈话(心智状态)
DJF/ SE	Discussing a joint focus of attention ➤ Social Environment	讨论当前关注的焦点,即就环境中双方都可以观察到的话题进行一次谈话,比如,物体、人物、受话人和说话人正在进行的行为、正在发生的事件(社会互动环境)

代 码	英 文 全 名	意 义
DNP/ CE	Discussing the non-present ➤ Cognitive Environment	讨论过去或将来发生的事情,即就不能在环境中观察到的话题进行一次谈话,比如,过去或将来的事件和行为,远距离的物体和人物,抽象的事物(排除有关受话人和说话人内部状态的谈话)(认知环境)
DRE/ CE	Discussing a recent event ➤ Cognitive Environment	讨论刚才发生的事件,即就刚刚发生的活动和事件进行一次谈话(认知环境)
DRP/ CB	Discussing the related-to-present ➤ Communicative Background	讨论与目前有关的事情,即讨论目前环境中物或人不能被观察到的特征或者讨论与这些事物有关的过去或将来的事情(交际背景)
DSS/ MS	Discussing speaker's thoughts and feelings ➤ Mental State	讨论说话人的想法和情绪,即就说话人不易被观察到的想法和情绪进行一次谈话(心智状态)
MRK/ PA	Marking ➤ Propositional Attitude	标号,即表达像感谢、道歉等被期望的社会化情绪或标记一些事件(命题态度)
NCS/ CN	Negotiate co-presence and separation ➤ Communicative Needs	商议共同的意见分歧,控制转变(交际需求)
NIA/ CN	Negotiating the immediate activity ➤ Communicative Needs	商议即刻进行的活动,即商议活动和行为的开始持续、结束和停止,分配共同活动中的角色,步骤和转变;评估受话人和说话人的行为是否正确,是否值得去做(交际需求)
NFA/ IS	Negotiating the activity in the future ➤ Image Schemata	商议将来的活动,即商议将来的行为和活动(已有图式)
NFW/ IS	Negotiating the fantasy world ➤ Image Schemata	商议想象情境的活动,即商议想象游戏中的活动和行为(已有图式)

代　码	英　文　全　名	意　义
NMA/ SE	Negotiate mutual attention and proximity ➢ Social Environment	商议共同关注的或接近的话题,即建立或取消一个共同关注和接近的话题(社会互动环境)
PRO/ SE	Performing verbal moves in an activity ➢ Social Environment	伴随活动发出的声音,即通过说一些合适的话在游戏或其他活动中进行言语行为(社会互动环境)
PSS/ CN	Negotiating possession of objects ➢ Communicative Needs	商议对物体的占有,即决定谁是物体的占有者(交际需求)
SAT/ SE	Showing attentiveness ➢ Social Environment	表示关注,表明说话人正在关注受话人(社会互动环境)
SDS/ MS	Speaker soliloquizing ➢ Mental State	自言自语,说话人在表达一些明显不是指向受话人的言语(心智状态)
TXT/ MS	Read written text ➢ Mental State	朗读或背诵某个内容,即大声诵读书面文章(心智状态)

附表 2　言语行为类型(65 种)

类型	代码	英　文　全　名	意　义
指令和回答 (13 种)	AC	answer calls; show attentiveness to communications	认可对方的言语和非言语交流
	AD	agree to carry out an act requested or proposed by other	同意去做,即同意执行他人要求或建议的行为
	AL	agree to do something for the last time	最后一次同意去做某事
	CL	call attention to hearer by name or by substitute exclamations	通过喊名字或大声叫引起受话人的注意
	CS	counter-suggestion; an indirect refusal	相反的建议,间接的拒绝
	DR	dare or challenge hearer to perform an action	敢于采取行动向受话人挑战

类型	代码	英 文 全 名	意 义
指令和回答（13种）	GI	give in; accept others' insistence or refusal	屈服,接受他人的坚决主张或拒绝
	GR	give reason; justify a request for an action, refusal, or prohibition	给出原因,证明对行为的要求、拒绝或禁止是合理的
	RD	refuse to carry out an act request proposed by other	拒接执行他人要求或建议的行为,包括给出拒绝的理由和不服从的原因
	RP	request/propose/suggest action for hearer, or for hearer and speaker	向受话人要求、提议、建议采取某种行为,所建议采取的行为也可涉及交际双方
	RQ	yes/no question about hearer's wishes and intentions which functions as a suggestion	关于受话人的愿望、意图的是非疑问句,以此作为建议
	SS	signal to start performing an act, such as running or rolling a ball	开始执行一个行动的信号,比如,去滚动一个球,受话人配合动作的执行
	WD	warn of danger	对危险的警告
宣告和回答（4种）	DC	create a new state of affairs by declaration	宣布,即通过宣布建立事情的一种新状态
	DP	declare make-believe reality	宣布(空想的),即通过宣布建立一种假想的现实
	ND	disagree with a declaration	对一个宣告表示反对
	YD	agree to a declaration	赞同一个宣告
标记和回答（6种）	CM	commiserate, express sympathy for hearer's distress	怜悯,表达对受话人不幸的同情
	EM	exclaim in distress, pain	因不幸、痛苦或其他消极的情感反应而惊叫呼喊
	EN	express positive emotion	亲昵的行为,即表达积极的情感

类型	代码	英 文 全 名	意 义
标记和回答 （6种）	MK	mark occurrences of event（thank，greet，apologize，congratulate，etc.）	标记事件的出现和结束
	TO	mark transfer of object to hearer	标记受话人对事物的迁移
	XA	exhibit attentiveness to hearer	显示对受话人的注意
陈述和表达 （5种）	AP	agree with proposition or proposal expressed by previous speaker	同意先前说话人表达的提议
	CN	count	计数，数数，打节拍
	DW	disagree with proposition expressed by previous speaker	不同意先前说话人表达的提议
	ST	make a declarative statement	做一个宣布性质的陈述
	WS	express a wish	表达一个愿望
言语诱导和回答 （7种）	CX	complete text，if so demanded	按要求完成正文
	EA	elicit onomatopoeic or animal sounds	诱导出模拟的声音
	EC	elicit completion of word or sentence	使受话人说出词或句子
	EI	elicit imitation of word or sentence by modeling or by explicit command	模仿词或句子
	EX	elicit completion of rote-learned text	引导读出熟悉的或学过的文章
	RT	repeat or imitate other's utterance	重复或模仿别人的话
	SC	complete statement or other utterance in compliance with request	在遵从别人引导的要求下进行陈述或说出其他话语

类型	代码	英 文 全 名	意 义
承诺和回答 （6种）	FP	ask for permission to carry out act	说话人申请同意执行行动
	PA	permit hearer to perform act	允许受话人去执行行动
	PD	promise	许诺
	PF	prohibit/forbid/protest hearer's performance of an act	禁止或阻止受话人去执行行动，反对受话人的行动
	SI	state intent to carry out act by speaker; describe one's own ongoing activity	说话人陈述执行行动的意图
	TD	threaten to do	威胁做某事
问题和回答 （13种）	AA	answer in the affirmative to yes/no question	对是非疑问句的肯定回答
	AN	answer in the negative to yes/no question	对是非疑问句的否定回答
	AQ	aggravated question, expression of disapproval by restating a question	加重的问题，通过重新问问题表示反对
	EQ	eliciting question (e.g., mm?)	诱发的问题，比如，"嗯?"
	NA	intentionally nonsatisfying answer to question	对问题的不满意回答
	QA	answer a question with a wh-question	以特殊疑问句回答特殊句问题
	QN	ask a product-question (wh-question)	以特殊疑问方式提问
	RA	refuse to answer	拒绝回答
	SA	answer a wh- question with a statement	通过陈述回答特殊疑问句
	TA	answer a limited-alternative question	对限制性选择疑问句的回答

附录　INCA－A系统、自编编码系统的类型及语用意义

类型	代码	英 文 全 名	意　　义
问题和 回答 (13种)	TQ	ask a limited-alternative yes/no question	限制性选择疑问句
	YA	answer a question with a yes/no question	以是非疑问句回答疑问句
	YQ	ask a yes/no question	以是非疑问方式提问
执行或 表现 (2种)	PR	perform verbal move in game	在游戏中执行言语行为
	TX	read or recite written text aloud	大声朗读或背诵书面文章
评估和 评价 (6种)	AB	approve of appropriate behavior	赞成合适的行为,对受话人或说话人的行为表示积极的评定
	CR	criticize or point out error in nonverbal act	批评,指出非言语行为中的错误
	DS	disapprove, scold, protest disruptive behavior	不赞成、责骂、反对造成分裂的行为,对受话人或说话人的行为表示否定
	PM	praise for motor acts, i.e. for nonverbal behavior	称赞某种表现
	ED	exclaim in disapproval	不赞成地叫喊
	ET	express enthusiasm for hearer's performance	对受话人的表现表达出热情
阐明或 澄清的 需要 (1种)	RR	request to repeat utterance	要求重复话语
修订 (1种)	CT	correct, provide correct verbal form in place of erroneous one	纠正言语错误,既可以是对形式的修改,也可以是对内容的修改
难以理 解的话 语 (1种)	YY	make a word-like utterance without clear function	不能理解的言语行为

附表3　非言语动作(9种)

代　码	英　文　全　名	意　　义
感知—动作协调阶段		
TOU	touching hearer	身体触碰
NOD	nodding	点头同意
SHA	shaking one's head to refuse	摇头拒绝
FE	facial expression	面部表情
元认知指导行为动作计划、实施和调控		
SHO	showing something to hearer	展示物品
GIV	giving something to hearer	给予物品
MOV	move position	位置移动
POI	pointing	手势指示
行为动作模仿记忆		
IAM	Imitation & Memory	行为动作的模仿与记忆

附表4　知识的言语和非言语行为(4种)

代　码	英　文　全　名	意　　义
SCK	Social Conventional Knowledge	社会规约性知识
IK	Imaginative Knowledge	想象性知识
DK	Declarative Knowledge	陈述性知识
PK	Procedural Knowledge	程序性知识

附录　INCA－A系统、自编编码系统的类型及语用意义

附表5 会话能力(28种)

类型	代码	英 文 全 名	意 义
会话 发起	KI	Knowledge Initiation	知识会话发起
	UI	Utterance Initiation	语言会话发起
	AI	Act Initiation	行为会话发起
	KUI	Knowledge + Utterance Initiation	知识 + 语言会话发起
	KAI	Knowledge + Act Initiation	知识 + 行为会话发起
	UAI	Utterance + Act Initiation	语言 + 行为会话发起
	KUAI	Knowledge + Utterance + Act Initiation	知识 + 语言 + 行为会话发起
会话 维持	KC	Knowledge Continuation	知识会话维持
	UC	Utterance Continuation	语言会话维持
	AC	Act Continuation	行为会话维持
	KUC	Knowledge + Utterance Continuation	知识 + 语言会话维持
	KAC	Knowledge + Act Continuation	知识 + 行为会话维持
	UAC	Utterance + Act Continuation	语言 + 行为会话维持
	KUAC	Knowledge + Utterance + Act Continuation	知识 + 语言 + 行为会话维持
会话 修补	KR	Knowledge Repair	知识会话修补
	UR	Utterance Repair	语言会话修补
	AR	Act Repair	行为会话修补
	KUR	Knowledge + Utterance Repair	知识 + 语言会话修补
	KAR	Knowledge + Act Repair	知识 + 行为会话修补
	UAR	Utterance + Act Repair	语言 + 行为会话修补
	KUAR	Knowledge + Utterance + Act Repair	知识 + 语言 + 行为会话修补

続表

类型	代码	英文全名	意义
修补回应	KRR	Knowledge Repair Response	知识会话修补回应
	URR	Utterance Repair Response	语言会话修补回应
	ARR	Act Repair Response	行为会话修补回应
	KURR	Knowledge + Utterance Repair Response	知识+语言会话修补回应
	KARR	Knowledge + Act Repair Response	知识+行为会话修补回应
	UARR	Utterance + Act Repair Response	语言+行为会话修补回应
	KUARR	Knowledge + Utterance + Act Repair Response	知识+语言+行为会话修补回应

附录 INCA-A系统、自编编码系统的类型及语用意义

致　谢

　　第一次近距离接触自闭症儿童，是 2017 年初夏在佳木斯大学附属第三医院的康复训练室，我发现他们缺少了本应有的天真与烂漫。与典型发育儿童相比，患儿在语言的理解和使用方面均出现困难，词汇量较小，词汇提取具有困难，无法说出合乎语法规则的句子，无法叙述故事或事件等。一阵心痛涌上心头，我当即希望能为这一群体做点有益的事，帮助他们找回本该属于他们的快乐，同时也希望在不久的将来，自闭症儿童可以利用语言做事，发挥语言所具有的功能，成功传递交际需求，实现完美交际。

　　首先，我要感谢我的二站博士后合作导师——上海外国语大学束定芳教授。束教授一直鼓励我继续从事自闭症儿童语用发展相关课题，并耐心地指导我关注自闭症儿童的隐喻、转喻发展能力。束教授是隐喻、转喻研究的开拓人，他不厌其烦地将隐喻和转喻相关研究精髓传授于我，并指导我如何将隐喻、转喻的理论与分类应用于自闭症儿童的语言实验任务之中，令我受益匪浅。

　　带我走入自闭症儿童世界的是我的博导、一站博士后合作导师——黑龙江大学西语学院尚晓明教授。尚教授让我了解了"来自星星的孩子"。《雨人》(Rain Man)这部电影让我正视自闭症儿童，更让我深入地认识到自闭症儿童的真实生活以及整个家庭的生活现实，并深刻体会到患儿父母的平凡与伟大。在研究过程中，我结识了许多患儿的父母，有些家长已与我结下了深厚的友谊。其中一位母亲最令我感动：她是一名高校教师，因为儿子患有自闭症，所以她也踏上了自闭症儿童语言康复研究之路。此外,我还认识了与我一样从事自闭症儿童语言问题研究的青年研究者,我们一起对重点、难点问题进行深入探讨,一起做科研。还记得在处理ERPs实验数据时,因为数据线连接有问题,我们一起骑着单车,去学校附近的电脑城购买新的数据线。那是我们最幸福的时光。我们愿为攻克这一世界上精神疾病发病率最高、被称为"头号杀手"的自闭症谱系障碍贡献绵薄之力。

感谢中国石油大学(华东)毛浩然教授、浙江大学马博森教授、南京大学陈新仁教授、西南大学文旭教授、南京师范大学梁丹丹教授对我的鼓励与鞭策。

自闭症儿童康复中心所有可爱的小朋友、康复师和家长的配合使得这项研究顺利完成。康复师给了我很大的帮助。PPVT智商值出现问题,她们一遍遍不厌其烦地帮忙再次测试,放弃了休息的时间。还要特别感谢我的好朋友——浙江师范大学的小贾老师和黑龙江大学的展琳琳同学在功能性核磁共振成像技术方面对我的鼎力相助。

感谢教育部人文社会科学研究青年基金项目"汉语自闭症儿童语用发展能力的评估与干预研究"(20YJC740008)对本研究的资助。

还要感谢上海外语教育出版社的领导和编辑同志对本书出版的大力支持与帮助。

事实上,语用障碍问题是自闭症儿童最突出的核心问题。该障碍对患儿今后的识字、教育、就业等均具有持续性的负面影响,甚至会伴随他们终身。有鉴于此,我们从患儿语用障碍的类型出发,从知识、语言和行为层面钩沉其表现形式,并基于符号互动论提出FSC主题互动游戏,有针对性地对患儿进行有效干预,帮助患儿更好地融入社会,适应社会化过程,全面提高其语言和社会交往能力,为患儿的言语及非言语康复贡献绵薄之力。这也是本研究的初衷所在。

最后,请允许我以文字形式记录下这难忘的研究时光。一是先后到佳木斯、延安洛川、南京、北京、杭州、上海等地的自闭症儿童康复中心等机构进行调研与语料收集,并就语用障碍儿童的表现特点及其成因与主治医师以及特教领导、教师进行讨论。二是参加国内外学术讲座及研讨会,比如,参加国际知名神经语言学家——荷兰格罗宁根大学巴斯蒂昂教授和德国波茨坦大学布雷泽教授关于失语症学以及各类语言功能障碍神经心理学模型研究的讲座;又如,参加自闭症儿童话语研究研讨会,

致谢

并在会上作了题为"Investigating Politeness Acquisition by Children with Pragmatic Impairment"的主旨发言；再如，参加第三届特殊人群话语及神经机制研究暨多模态研究讲习论坛，并作了题为《发展语用学视域中语用障碍问题研究》的大会报告。